New Sociology in the Age of Globalization

増補改訂版
グローバル化時代の新しい社会学

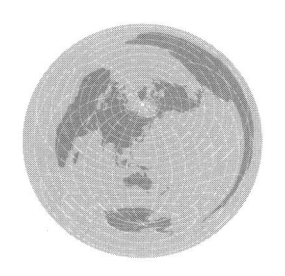

新泉社

● はじめに

　本書は,『入門　グローバル化時代の新しい社会学』(2007年) の増補改訂版である。旧版は, コンパクトに社会学の主要領域をまとめた入門書として評価をいただき, 幸いなことに版を重ねた。途中で一度, 古くなったデータを若干改訂することはあったが, 基本的に初版当時の記述を踏襲してきた。しかし, 刊行から 5 年以上経ち, グローバル化時代の急激な社会の変化に対応して社会学自身も変わりはじめている。

　そこで今回, 思い切って新たな柱を立てて大幅な増補をおこなうことにした。それが, 本書の第Ⅲ部「国際社会学の挑戦」である。この領域は, まだはっきりした形をとっておらず, 日本の多くの社会学者も手探りの状態にあると言ってよい。しかしながら, 「グローバル化時代の新しい社会学」の展開を目指す本書には不可欠な部分であり, 現在進行形の分野ではあるが, 果敢に挑戦することに決定した次第である。編者としては, こうした試みから学びながら, ぜひ読者自身が新たな領域である国際社会学の展開に「挑戦」していただきたいという思いも込めて, 「挑戦」の文字を入れた。なお, 改訂の部分は, 一部の古くなったデータを改めるにとどめ, 好評いただいた基幹部分の改訂はおこなっていない。

　本書は, 内容的なレベルを落とさずに, わかりやすさを第一とし, 図表化や年表化にも努めた。そして各項目は, 原則として, 「**基本視点, 学説展開, 歴史的現在, 展望**」という形で 4 頁でひとまとまりとなる原則を採用し, それぞれの項目の全体像が的確につかめるように努めた。もちろん, 各項目を 4 頁 (第Ⅱ部 Part 3 は 1 項目 2 頁) で論じ切るには無理がある。しかし編者としては, 研究の契機となる項目を示し, その内容の基本線を描くことに主眼があり, そこからの展開は, 時代の展開とともに読者自身がおこなってほしいとの願いを本書に込めたつもりである。そうした仕掛けを活かすのは読者自身である。教科書としての基本の発想を本書で学んだあとは, ぜひ読者自身がネット情報を含むメディア情報も活用しながら, 自らの社会学を展開することを強く望んでいる。

　以下, 本書の全体の構成に関して触れながら, 本書の内容的な特色を述べておく。本書は何よりもグローバル化時代に焦点を合わせつつ現代社会を考察するものである。私たちの日常的な社会生活はグローバル化の影響を直接・間接に受けているので, 私たちの生きる現場から, つまり生活世界の現場から, グローバル化時代の現代社会を考えていこうとする点が, 本書の内容面の大きな特色であ

る。

　I 部は，グローバル化時代の現代社会の核心が的確に把握できるように，特に現代社会において象徴的な項目を取り上げた。「グローバル化と国家をめぐる問い」「家族と生活をめぐる問題」「現代社会の新しい課題」「アジアと世界の現在」という4つのパートからなる。

　II 部は，主に現代社会学理論に焦点を当て，さらに詳しく現代社会を理解するための理論的な思考を取り上げた。「社会学の基礎理論」「社会学の基本学説」，そして「社会学の新領域」の3つのパートからなる。

　なお，I 部，II 部には，それぞれ冒頭に序や概説的な項目が設けられて，導入的な役割をもっている。そこでは，各部や各パートの狙いがどこにあるかを確かめてほしい。さらに II 部の最後のパートでは，現代社会学の新しい領域も2頁見開きでコラム風に紹介しており，社会学研究の想像力・創造力を共有できることを願っている。

　そして III 部が「**国際社会学の挑戦**」である。これが今回の増補部分である。2010年以降，とりわけ2011年の東日本大震災における地震・津波・原発事故をふまえて，ますますグローバル化する現代社会の問題を，なるべく生活世界の視角から国際社会学的に論じた挑戦的な部分である。わかりやすく身近な具体例から始めて，国際社会学する仕方を身につけていただきたいと念じている。

　このように本書は，「共に社会学する」人々と一緒に歩んでいく仕組みになるよう工夫した。本書を通じて，読者自身がぜひ「社会学する」1人の仲間として，社会学研究の思索の輪に加わってほしいと編者・執筆者一同，心から願っている。

＊　　＊　　＊

　最後になりましたが，今回も新泉社の竹内将彦編集長にはたいへんお世話になりました。また装幀に関しては，岡花見さんにお世話になりました。この場を借りて御礼申し上げます。

　　2013年2月

編者代表・西原和久識

増補改訂版　グローバル化時代の新しい社会学　●目次

I　現代社会論・入門

　I　現代社会論への誘い …………………………………………………… **010**

Part 1　グローバル化と国家をめぐる問い

- **01**　グローバル化 …………………………………………………… **012**
- **02**　社会・国家・脱国家 …………………………………………… **016**
- **03**　国民と国籍 ……………………………………………………… **020**
- **04**　人種とエスニシティ …………………………………………… **024**
- **05**　自由と民主主義 ………………………………………………… **028**
- **06**　戦争・国家・動員 ……………………………………………… **032**
- **07**　福祉国家 ………………………………………………………… **036**

Part 2　家族と生活をめぐる問題

- **08**　戦後／現代の日本社会 ………………………………………… **040**
- **09**　都市社会 ………………………………………………………… **044**
- **10**　家族 ……………………………………………………………… **048**
- **11**　現代の結婚 ……………………………………………………… **052**
- **12**　人口問題と高齢化社会 ………………………………………… **056**
- **13**　ジェンダーと性役割 …………………………………………… **060**
- **14**　逸脱行動への視線 ……………………………………………… **064**
- **15**　教育と若者論 …………………………………………………… **068**
- **16**　現代社会と宗教 ………………………………………………… **072**
- **17**　社会保障 ………………………………………………………… **076**

Part 3　現代社会の新しい課題

- **18**　現代社会の基本構図と新たな問題 …………………… 080
- **19**　NPO/NGO とボランティア ……………………………… 084
- **20**　インターネット ………………………………………… 088
- **21**　情報化・コミュニケーション・監視 ………………… 092
- **22**　教育・科学・社会 ……………………………………… 096
- **23**　科学・技術・倫理 ……………………………………… 100
- **24**　生命操作と優生学 ……………………………………… 104
- **25**　福祉と医療 ……………………………………………… 108
- **26**　現代社会と環境問題 …………………………………… 112

Part 4　アジアと世界の現在

- **27**　日本と北東アジア ……………………………………… 116
- **28**　韓国とポストコロニアル ……………………………… 120
- **29**　中国と現代化 …………………………………………… 124
- **30**　タイと東南アジア ……………………………………… 128
- **31**　スイスから見た EU …………………………………… 132
- **32**　グローバル化時代の世界とアジア …………………… 136

II 社会学理論を／で考える

Ⅱ 社会学理論を／で考えるために ……………………………………… 142

Part 1 社会学の基礎理論

- **01** 個人・集団・社会 …………………………………………… 144
- **02** 自己・他者・関係 …………………………………………… 148
- **03** コミュニケーション ………………………………………… 152
- **04** 日常世界と組織 ……………………………………………… 156
- **05** 排除と差別 …………………………………………………… 160
- **06** 権力・支配・階級 …………………………………………… 164
- **07** 社会学の理論と方法論 ……………………………………… 168
- **08** 社会調査の基本 ……………………………………………… 172
- **09** 社会調査の技法 ……………………………………………… 176

Part 2 社会学の基本学説

- **10** 社会学理論小史 ……………………………………………… 180
- **11** マルクスとヴェーバー ……………………………………… 184
- **12** テンニース，ジンメル，デュルケム ……………………… 188
- **13** フランクフルト学派 ………………………………………… 192
- **14** 機能主義と社会システム論 ………………………………… 196
- **15** ミードとシンボリック相互作用論 ………………………… 200
- **16** 合理的選択理論 ……………………………………………… 204
- **17** 社会学と精神分析 …………………………………………… 208
- **18** 構造主義とポスト構造主義 ………………………………… 212
- **19** 現象学的社会学 ……………………………………………… 216
- **20** エスノメソドロジーと構築主義 …………………………… 220
- **21** カルチュラルスタディーズ・ポストコロニアリズム …… 224
- **22** 現代社会学理論の諸相 ……………………………………… 228

Part 3　社会学の新領域

- **23** 他者の社会学 ………………………………………… **232**
- **24** 物語の社会学 ………………………………………… **234**
- **25** 感情の社会学 ………………………………………… **236**
- **26** 身体の社会学 ………………………………………… **238**
- **27** 記憶の社会学 ………………………………………… **240**
- **28** 道徳の社会学 ………………………………………… **242**
- **29** 時間の社会学 ………………………………………… **244**
- **30** 空間の社会学 ………………………………………… **246**
- **31** 情報の社会学 ………………………………………… **248**
- **32** 文化の社会学 ………………………………………… **250**
- **33** 生命の社会学 ………………………………………… **252**

Ⅲ　国際社会学の挑戦

01 国際問題の社会学 ……………………………… 256
02 環境運動の社会学 ……………………………… 260
03 脱原発の社会学 ………………………………… 264
04 被爆経験の社会学 ……………………………… 268
05 国際移民の社会学 ……………………………… 272
06 国際養子の社会学 ……………………………… 276
07 差別禁止法の社会学 …………………………… 280
08 ハンセン病の社会学 …………………………… 284
09 国際社会学の新展開 …………………………… 288
10 震災の国際社会学 ……………………………… 292

人名索引 ……………………………………………… 296
執筆者一覧 …………………………………………… 303

I

現代社会論・入門

- **Part 1** グローバル化と国家をめぐる問い … **012**
- **Part 2** 家族と生活をめぐる問題 ………………… **040**
- **Part 3** 現代社会の新しい課題 …………………… **080**
- **Part 4** アジアと世界の現在 ……………………… **116**

I 現代社会論への誘い

●**社会学の視点**：第Ⅰ部では，社会学の視点からグローバル化時代の現代社会を多角的にとらえていく。まず最初に，社会学の視点について簡単に述べておきたい（社会学理論の話は第Ⅱ部の冒頭で行う）。社会学の一般的に認められる特性，特に社会学の焦点は，関係性・日常性・現代性・事実性にあるということができる。

関係性：社会学は人間を対象とするが，心理学のように個々人を対象とするよりも，人と人との関係に焦点がある。相互行為に基づく広い意味での人間関係，あるいは社会関係ということもできる。しかし人間関係は，身近な家族や恋人との関係から，空間的に離れた外国人や時間的に離れた今後生まれてくる人との関係など，じつに多様であることを忘れないようにしよう。

日常性：社会学は日常の社会生活場面を問題にする。したがって，経済学や政治学などのように経済現象や政治理念などをメインにするのではなく，あくまでも日常世界の社会生活に焦点がある。しかしグローバル化の中で，日常生活それ自体が変化しはじめている。外国から来た人々との日常的な接触も多くなってきた。日々の食卓にのぼる食材も，多くが外国から輸入されている。社会学は，日常世界の中味が変わりつつあることに敏感にならざるを得ない。

現代性：社会学は現代社会に焦点がある。歴史学のように過去の社会に焦点があるのではない。しかしながら，現代社会の特徴をとらえるためには，過去との比較は不可欠である。過去と比べ，どこがどう変化し，どこが良くなり悪くなったのか，こうした時代比較は社会学研究にとって重要なポイントである。

事実性：社会学は実証的な知見に基づく学問である。それゆえ社会学は，単なる感想や独断的評論でもなければ，人生や生活の理想を語るだけの哲学の表明ではない。社会学者は，適切にとらえられ論証可能な（量的，質的）データに基づき，時代比較のみならず同時代の他の社会との比較も交えて社会を語る。

ただし，事実の重視とは，社会学者が現代の日常的社会関係に関して意見を述べたり，理想を語ってはいけないということではない。そもそも事実（fact）とは，一定の観点からとらえられた人為的（factitious）なものだ。大切なことは，事実のこの人為性に留意し，他の人々と論証可能な形で議論し合える場を確保して，互いの議論の前提から未来像までを語り合えるようにすることである。

●**現代社会学の課題**：以上が，社会学という学問・科学の基本的な視点・焦点である。「社会学」は歴史的には1839年にフランスのコントによって作られた言葉（の訳語）である。ラテン語のソキウス（社交・仲間）とギリシャ語のロゴス（論理・学問）を語源としてソシオロジーという語が生まれた。コントは，1820年代早々には社会を科学する学問を構想していたので，その時から考えれば，社会学は200年近い歴史をもつ。その間に，時代が変わり，社会が変わり，そして社会学もまた変化した。

しかし，どんな学問にも求められることだが，社会学を学ぶ場合にも**想像力**が必要だ。社会学は現代社会に焦点があるが，特に現代社会の特質は，身近な地域や国家の中だけに留まっていては見えてこない。グローバル化時代の社会学は，現代社会を成り立たせてきた近代社会の特質を視野に入れながら，同時にさまざまな国々の様子も把握するようにしなければならない。日本社会は，経済的にも政治的にも文化的にも，もはや日本だけで成り立っているわけではない。想像力の翼を，過去との時代比較や，世界の国々や地域との社会比較にまで広げて，私たちの身近な日常世界を見ていく必要がある。

想像力の翼を広げて現代社会を考える時，①生命のあり方までを左右する科学技術社会化，②インターネットに象徴される情報知識社会化，③高度消費社会を導く資本主義社会化，そして④戦争と平和の問題にも密接に関わる国際競争社会化，といった情況をまず念頭におく必要があるだろう。そしてさらに，過去にさかのぼって考えれば，現代社会を特徴づける「近代」の発想として，a）男性中心の人間中心主義につながる主体主義，b）数量化だけが事実を示すかのような素朴な科学主義，c）国家こそが社会の基本だと自明視する国家主義，d）経済発展を唯一の目標として動機づけを進める資本主義，などといった発想が際立つ。これらが，現代社会を含む「近代」の基本的発想であった。

地球環境問題や核・戦争・紛争の問題など生命をおびやかすリスクが忍び寄っているような現代社会。そこに生きる私たちが考えなければならない問題は何か。まず第Ⅰ部で考えたいのは，このような視点から選び取られたテーマ群，すなわち「グローバル化と国家をめぐる問い」「家族と生活をめぐる問題」「現代社会の新しい課題」「アジアと世界の現在」である。各テーマを通して，社会学の視点から現代社会の基本問題を一緒に考えていきたいと思う。　　　　【西原和久】

01 グローバル化
Globalization

基本視点

　現代はグローバル化時代であるといわれる。この「グローバル化」という表現は，グローバリゼーション，あるいはグローバライゼーションなどとも表記される。こうした言葉は，特に1990年以降の世界の変化とともに一般化してきたものである。では，その変化とは何か。グローバル化時代の現代社会の様子をまずこの面から考えていこう。

　まず，グローバル化（globalization）とは，国際化（internationalization）とは区別されて，人・物・金・情報・サービスなどが国境を越えて全球的・脱国家的に拡がる事態である。他方，国際化とは，国家の存在を大前提にして，国家間の交流が活発になる事態を指す。

　このようなグローバル化それ自体に対しては，賛否両論がある。グローバル化に関する代表的な考え方の類型を示してみよう。

　賛成論：グローバル化は自由主義経済の発展の必然的な展開であり，特に自由主義と民主主義の普及のために重要であるとみる視点。新自由主義（ネオ・リベラリズム）を唱える人々によって，この立場は強く支持されている。そこで，この立場は，グローバリズム＝グローバル主義（globalism）と批判的にとらえられることがある。

　反対論：他方，グローバル化とは，実際には世界のアメリカ化にすぎず，アメリカの経済戦略や帝国主義的展開であるとみる視点，あるいは，グローバル化によって，各国の経済や社会文化の伝統が破壊されたり，経済力の弱い下層の人々にしわ寄せがきたりする困った事態であるという批判的な視点。こうした立場からは，現代のグローバル化は否定的に語られる。

　中立論：交通機関や情報化の進展によって，これまでの狭い国民国家の枠が取り払われ，人や物などの交流が進展するのは歴史必然的な事態であり，賛否以前の客観的な変化であるとみる視点。

　懐疑論：そもそもグローバル化はかつてから存在したものであって，必ずしも現代社会の特徴ではないとして，現代社会をグローバル化の時代だととらえること自体を疑う視点。特に，19世紀半ばから20世紀前半の帝国主義の時代の方が，人・物・金の移動が多かったという見方すらある。

学説展開

　社会学は近代の国民国家の枠組みの中で，国家内部の市民社会を論じる学問として発展してきた。それゆえ，19世紀半ばから20世紀の前半には，むしろ帝国主義の展開としての植民地化の問題が重要であったにもかかわらず，社会学は主に西欧を中心とした近代国民国家内部の秩序を問題とする学問であった。

　したがって，グローバル化という論点は，20世紀前半までの社会学ではそれほど着目されてはこなかった。非西欧に社会学が導入された際にも，近代国民国家の形成やそこにおける秩序形成に役立つ学問として社会学が用いられた。ただし，一部ではマルクス主義系の社会学も成立しており，そこでは帝国主義段階の資本主義への批判がなされていた。この陣営では，インターナショナリズム（国際主義）が強調されていたことは付け加えておくべきだろう。

　そうした中で，グローバル化という事態が着目されるようになったのは，主に1960年代以降で，石油をめぐる多国籍企業などが注目されるようになってからである。ファストフード（例：マクドナルド）やコンビニ（例：セブン-イレブン），あるいはスポーツ用品メーカー（例：ナイキ）などの世界展開が今日では注目されている。論壇では1970年代から1980年代に，ウォーラースティンの『世界システム論』やアンダーソンの『想像の共同体』論などが着目された。

　だが，1990年前後からは事態がさらに大きく変化した。すなわち，東欧・ソ連の激変による冷戦の終結，中国の改革開放政策に基づく経済発展，そしてさらにEUの成立と通貨統合といったように社会政治的情況が大きく変化した。

　もちろん，1992年にはリオデジャネイロで，いわゆる地球サミットが開催され，地球環境問題が意識されるようになった。つまり，CO_2の排出に伴う地球温暖化が問題視され，環境問題がグローバルに強く意識されるようになった。同時に，環境問題を含む「リスク社会」という認識もベックの同名の書による提唱以降，共有されはじめた（ベック［1998］）。

　さらにもう1つ重要なのは，インターネットの発展を背景として情報社会化が1990年代にはグローバルな形で展開されはじめたことである。1960年代に，マクルーハンは情報社会の到来を予測し，グローバル・ヴィレッジ（地球村）という表現を用いていたが，今や情報社会化は本格化し，通信面だけでなく，産業のあり方それ自身も大きく変えはじめているのである。

01 Globalization

歴史的現在

　ここでは，「人の移動」を中心として，グローバル化に関するわかりやすい例として，日本のデータを取り上げることにする。

　外国人登録者数：日本における外国人居住者数は，1990年に約100万人であったが，その後，急速に増加して15年後の2005年には2倍の200万人を超えた。その後，リーマンショックなどで一時的な減少も見られたが，現在は基本的に，総人口の2%弱の200万人程度が外国人登録者数である。

　日本人海外旅行者：1980年には300万人台であった日本人海外旅行者数は，1990年には1,000万人を超え，2000年代に入ってSARSなどの影響で一時的に減ったとはいえ，1,600〜1,700万人程度となっている。政府は，2006年は「観光立国推進基本法」を成立させ，2008年には観光庁もスタートさせた。

　訪日外国人旅行者数：他方，日本を訪れる外国人は1970年には約66万人にすぎなかったが，1980年には倍の約131万にとなり，さらに1990年には約324万人となった。その数は，2000年代になっても増え続け，2001年には500万人を超え，現在は多少の増減はあるものの800万人前後となっている。とはいえ，観光庁が目ざしている2,000万人という目標とはまだかなりの差がある。

　国別の訪日旅行者数：2010年時点のこの概数は，韓国244万人，中国141万人，台湾127万人，アメリカ73万人，香港51万人である。2000年代に入って韓国からの訪日旅行者が第一位を占めてはいる。ただし，中国・台湾・香港の中国人系は合計で300万人を超える点にも着目できる（データは観光白書）。

　在日外国人留学生の推移：日本への留学生（高等教育機関に在籍する者の数）の推移もみておく。留学生は1980年代中頃までは2万人にも満たない数で，当時の中曽根首相は留学生10万人計画を立てた。1990年に4万人を，2000年に6万人を超えて，ようやく2003年に10万人を超えた。現在（2010年）は14万人に達しており，出身国別では，中国が約9万人，さらに韓国，台湾，ベトナム，マレーシアと続く（日本学生支援機構のデータによる）。文部科学省は2020年には留学生が30万人になるよう目標設定し，大学の国際化も大きな課題となっている。

　グローバル化は，さらに国際結婚数，海外駐在員数などの人の移動や，輸出入の物の移動などをみることで，より多角的に捉えることができるだろう。

展望

　前頁で，人の移動を中心に日本のグローバル化の一端を見た。確かに日本も，大きな変化の渦中にある。しかし日本は難民受け入れが極端に少なく（2003 年，アメリカ約 28,400 人，カナダ 10,730 人に対して，日本はわずか 10 人である。法務省 HP 参照），外国人に閉ざされた国だといわれる。実際には，1990 年の入国管理法の改訂によって，日系外国人労働者やいわゆる研修名義の外国人労働者は増加しており，その数は今や 100 万人といわれて，決して少数ではないが，外国との交流は全般的にきわめて少ないといわざるを得ない。

　グローバル化は，先に見たようにさまざまな問題点も含んでいるが，同時に人々が国家という枠を越えて交流し，相互理解を進める良い機会でもある。グローバル化を活用して，むしろ積極的に国家の枠を越えた交流を進めていくべき時代が現代なのではないか。そのような交流は相互理解に役立ち，戦争の世紀であった 20 世紀の諸問題を乗り越える可能性ももつ。昨今では，「持続可能な発展」という言葉が環境問題などで語られるが，それは何よりも平和であることが条件である。核時代において，平和なくしては持続可能性もない。グローバル化をチャンスとして，環境問題を含めた地球社会の今後を考える時代がきている。

　もちろん，一気に全世界を考えることは現時点では難しい。まずは，近隣の諸国との関係を豊かにしていくことが現実的だろう。日本の近隣諸国とは，いうまでもなく他のアジア諸国である。欧州で EU が成立し，北米で NAFTA が機能している現在，アジアや東アジアの関係はどうあるべきか。「東アジア共同体」が語られはじめている今日，過去の歴史を見つめ直しながら，新しい関係をアジアで作り上げていくことは，日本にとっても大きな課題だ。　　　　【西原和久】

文献
ベック，U.［1998］『危険社会』東廉他訳，法政大学出版局
ベック，U.［2005］『グローバル化の社会学』木前利秋他訳，国文社
ブルデュー，P.［2001］「新しい社会運動：ネオリベラリズムと新しい支配形態」『ピエール・ブルデュー来日記念講演 2000』加藤晴久編訳，藤原書店
ギデンズ，A.［1990］『近代とはいかなる時代か』松尾精文他訳，而立書房
ヘルド，D.／マッグルー，A.［2002］『グローバル化と反グローバル化』中谷義和他訳，日本経済評論社
西原和久・宇都宮京子編［2004］『クリティークとしての社会学』東信堂

02 社会・国家・脱国家

Society, Nation State, Post-Nation

基本視点

　前項で，グローバル化とそれに対する見方の一端を見てきた。ここでは，グローバル化と国家をめぐる問いに関する「新しい社会学」の基本的視点をとらえなおしておきたい。

　社会学は，現代社会の日常的社会関係を事実に基づき考察する学問だった。そして今日，その社会関係がグローバル化という変動の中にある。そこで，このような事態の中で，どういった社会関係が問われているのかを考えてみたい。社会関係には，大きく分けて，パーソナル，ローカル，ナショナル，リージョナル，グローバルといった層がある。まず，最初の3つを見てみよう。

　パーソナル：一対一の二者関係は，最小の社会関係である。恋人関係，夫婦関係などがすぐに思いつくであろう。グローバル化の時代には，国際結婚が目立つようになり，結婚という最小の二者関係のあり方がこれまでとは変化しはじめている点もある。さらに，三者関係も重要だ。三者関係においてはじめて，仲間はずれといった「排除」が可能になる。仲裁なども三者関係で生じる事態だ。とはいえ，「社会」は，このようなミクロの場面だけで展開されているわけではない。

　ローカル：複数の家族や世帯からなる地域社会が，ローカルな社会関係においてすぐに思いつく例である。多くの人が日々暮らしているのは，このローカルなレベルである。そこは，学校や企業や，また地方自治に関わる行政や政治の場でもある。しかし，グローバル化によって，外国人労働者が地域に住み着くようになったところも少なくない。そこでは，新たな社会関係の機会が出現する。そうした事態に人々はどう対処すべきか。歓迎・共生から敵対・排除にいたるまで，さまざまな対応が見られる。ヨーロッパでも大きな問題になっている。

　ナショナル：とはいえ，これまでは基本的に「ナショナル（国家的）な枠」が強くあって，その内部で「社会」が営まれるというのが一般的であった。共通言語，公的な学校教育を通じて得られた共通の歴史認識や文化観，さらには日々のメディアから伝えられる情報の共有が，そうした「ナショナルな枠」を支えてきた。その「枠」に変化の兆しが見えてきたのが，現代社会である。であるとするならば，私たちはどのように現在の社会と未来の社会を生きていくのか，それが改めて問われている問題だといってよいだろう。

学説展開

　これまでの社会学は、「ナショナルな枠」の内部の「社会」を主な研究対象としてきた。具体的には、家族や地域社会、あるいは学校組織や企業組織のあり方、そして日本社会の特質ないしは他の国家との比較研究といった領域である。もちろんそこに、無視できない社会学的知見が蓄積されている。

　しかしながら、現代社会においては、そうした枠では対処できない社会関係が数多く生じてきている。その関係は国際関係などとして、国を超える関係の問題であるといえよう。だが国際関係といっても、国連加盟国は190ヵ国を超え、65億を超える世界人口の全員が関係をもつことは難しい。そこで、現代社会において課題となっている「国際関係」（というよりも「グローバルな関係」と言いたいが）については、2段階に分けて考えておく方が意味があるし、現実的であろう。それが、リージョナルという段階とグローバルという段階である。

　リージョナル：ここでいう「リージョナル」とは、国家とグローバルな全体との中間領域のことで、複数国家・地域などの結合からなる広域的地域を指す。典型例がヨーロッパ共同体（EU）だ。それに近い形としては、NAFTA（北米自由貿易協定）や ASEAN（東南アジア諸国連合）などがある。アフリカや南米でも連合の動きは進んでいる。特に ASEAN は 2015 年には EU 型の共同体の形成を目指しており、また ASEAN＋3（日中韓）＋1（インド）などの形での東アジア全体の連合にも意欲を示しているリージョナルな関係性である。ただし、日本にはかつて「大東亜共栄圏」などと称した帝国主義的支配を正当化する言説もあったので、その面では留意すべき点があることも付け加えておこう。

　グローバル：グローバルな関係性の代表例は、国際連合（United Nations）である。しかし、国連はその名の通り「国家の連合」である。国家を超えることは現実的には非常に難しい面もある。ただし、国家を超える試みは各種の任意団体や NGO など多様に展開されつつある。その点に関しては次頁で考えよう。

```
                     グローバル
                     リージョナル
  主権 ········ ↓↑ ナショナル ↓↑ ········ 安全
                     ローカル
                     パーソナル
           移動              依存
```

02 Society, Nation State, Post-Nation

歴史的現在

　ここでは，グローバルな結びつきの現在を考えてみたい。グローバル化は，既存の国家・社会の文化や伝統を破壊する面をもつ。ローカルな食文化が，マクドナルドのようなファストフードで部分的に代替されていくシーンは世界各地に見られる。これは，グローバル化がもつ問題点を象徴的に表す点であろう。

　しかし，経済発展という側面だけでなく，地球環境問題や「戦争と平和」といった問題を考えていくと，地球規模での対応は不可欠な時代になっていることもまた確かである。「国益」やナショナリズムに代表されるような「国家の威信」といった「ナショナルな枠」によって，グローバルな発想が進まないとすれば，これまでとは別の道を考える必要もあるだろう。

　現在，EU 型の国家連合がいくつかのリージョナルなレベルで模索されている。それは，一種の「脱国家的」な試みといってもよい。しかし脱国家な試み，つまり国家の抱える問題点を国家を超える発想で解決していこうとする試みは，1つとは限らない。むしろ，このような国家連合的な発想とともに，必要不可欠なつながりは，社会学的に見れば国際政治などとは別の所にあるのかもしれない。その意味で，実際，歴史的な視点に立って現在着目できる活動としては，一種のヴォランタリー・アソシエーションの諸活動が挙げられる。NGO はこうしたアソシエーションの代表的なものだ。「アムネスティ」や「グリーンピース」あるいは「国境を越える医師団」などの活動はよく知られている。これらは，国境を越えたリージョナルおよびグローバルな活動を展開している。

　これまでの社会学において，「社会」という言葉は，国家の内部にある「市民社会」を指すことが多かった。「社会」という概念自体，西欧の絶対主義国家の国王・貴族・聖職者層に対して，18 世紀前後に台頭してきた産業者階層（資本家階級）が自分たちの権利を主張するために用いられてきた。政治的・思想的には，人格をもった主体としての政治的主権者である市民・個人が自覚されるのと同時に，そうした個人が社会を契約によって作り上げるという社会契約説の登場とともに，国家と区別される（市民）社会が意識されはじめてきた。それは，民主主義という考え方ともパラレルであった。その後，マルクス主義的な労働運動も加わり，民主主義は労働者や農民にも当然の権利として拡大されてきた。だが，市民や人権とは何か。最後に，国家との関係で，この問題を考えたい。

展望

 19-20世紀に,多くの地域に国民国家,市民社会が本格的に成立した。その政治的基盤は民主主義であり,国民が政治的な主権者・主体とされた。しかし,そこには考えなければならない大きな問題がある。例えば,イギリスは,国内的には17世紀以来,公民権的・政治的な権利を拡大し民主主義を進展させてきたが,同時に植民地を数多くもつ帝国主義的な国であった。植民地では,民主主義とは縁遠い野蛮な統治が行われてきた。つまり,国内的には民主主義,国外的には戦争と支配の植民地主義(コロニアリズム)ではなかったのか。

 市民権(シティズンシップ)は,18世紀に公民的権利のスタートとして,19世紀には政治的権利への道として,そして20世紀にはさらに社会的権利一般への適用として,拡大されてきたといわれている。だが,グローバル化の中で国境を越えて移動する難民,移民,外国人労働者たちは,移動先の国家で「市民」と同じ権利をもつことができるのか。現時点では,ほとんどの国で不可能である。同じ人間として生きる権利をもつ存在であるにもかかわらず,「国民」であることが優先される現在の国家システム。16,17世紀に確立しはじめた近代国民国家システムが,21世紀に不適合な仕組みになってきてはいないか。

 ロバートソンは,現代社会を「グローバルな場」としてとらえて,「国民国家的な諸社会」と「個々の自我」とに対して,「諸社会の世界システム」と「人間(人という種)」を他の2頂点においた四角形を描いた。ターナーは,国家的人権体制ではなく,また国際的人権体制でもないグローバルな人権体制を,人間のヴァルネラビリティ(可傷性,傷つきやすさ,弱さ)を前提にして,義務(納税等の国家への貢献など)と結びつかない生への権利(「人権=人間的権利」)の保障を論じはじめている。つまり,グローバルな視点が模索されている。

 このような方向性を念頭に置いて,国家,社会,市民,集団,人権などの社会学基礎概念も再検討される時期にきているのではないだろうか。　　【西原和久】

文献

マーシャル,T. H. 他 [1993]『シティズンシップと社会的階級』岩崎信彦他訳,法律文化社
ロバートソン,R. [1997]『グローバリゼーション』阿部美哉訳,東京大学出版会
Turner, B. S. [2006] *Vulnerability and Human Rights,* Pennsylvania State University Press

03 国民と国籍

Nation and Nationality

基本視点

　「日本人」を辞めることはできるのか。そう問われたら，あなたはどう答えるか。その答えの中には，私たちが普段「日本人」をいかなる集団としてとらえているかについての見解が示されているはずである。このとらえ方が違えば，当然それを辞められるかについての答えも変わってくる。そこでまず，「日本人とは何か」を考えることから始めよう。それによって同時に，「国民（nation）」という言葉の意味についてもとらえなおしてみたい。

　では，私たちが「日本人」という言葉を用いる時，いったいいかなる集団が思い描かれているのだろうか。その1つとして，例えば「日本に暮らしている人々」という答えが考えられるだろう。実際，私たちは「日本人」という言葉を，世界中に暮らしているすべての人々を指すために用いたりすることは決してしないだろうし，またその言葉を，少なくとも日本以外に暮らしている人々だけに限定して用いたりもしないだろう。その意味で，この領土という要因は，私たちが「日本人」という集団の範囲を定めていく時の1つの手がかりになり得る。

　ただし，「日本に暮らしている」ことが，「日本人」であるための十分な条件とも，必要な条件ともいえないようなケースは数多く考えられる。例えば沖縄で暮らしている米兵たちは「日本人」になるのか，あるいは南米へ働きに出かけた移民たちは「日本人」ではなくなるのか，と考えてみてほしい。おそらくその時私たちは，領土以外の別の条件にも目を向けることになるだろう。それは例えば，肌の色や体格といった身体的な要因かもしれないし，あるいは「日本語」とか，伝統や文化の共有といった文化的な要因であるかもしれない。

　とはいえ，これらの複数の条件を次から次へともち出してきても，それによって「日本人」の輪郭が何か明確な姿をとって立ち現れてくるわけではない。実際，そもそも身体，言語，ないし文化を「共有」しているとは，いかなる意味なのか。例えば，日本人が話す「方言」とか「若者言葉」と，外国人が話す「流暢な日本語」との違いは，どこにあるのか。また，「外国人の顔つき」と「日本人離れした顔つき」とは，いったいどこがどう異なるのか。つまり，それぞれの条件についても，その判断基準はひどく曖昧であることが多いのである。にもかかわらず私たちは通常，ある人が「日本人」であるか否かについて識別できると信じているし，実際にそうした判断を行ってもいる。

学説展開

国民の意味：私たちは自分たちを同じ「日本人」として語ったり，他の人たちを「外国人」と呼んだりする時，いったい何を実践しているのだろうか。国民を「1つの想像された政治共同体」ととらえるアンダーソンの議論を手がかりにして（アンダーソン［1997: 24］），国民という枠組みを通して世界を眺めることが，いかなる実践を意味するのかについて考えたい（下図を参照）。

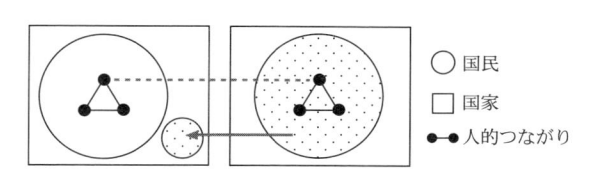

○ 国民
□ 国家
●—● 人的つながり

第1に，国民とは「想像された」ものである。つまり，国民なるものは，その成員たちが本当に共通の何かをもっているかどうかよりも，そうした共通点があると信じる人々の想像力によって支えられている。実際，私たちがともかく「日本人」と思っている集団の中には，これまで出会ったことも，お互いの類似性を確かめたこともない人々がたくさんいる。つまり，国民という集団は，私たちが直接経験できる範囲を越えているのである。そこに国民のつながりが，（たびたび似たものとして語られる）家族や友人関係とは異なる点がある。

第2に，国民とは，空間的に限りなく拡がっているものではない。それは「1つの共同体」，つまり他から明確に区別される，ある均質な集団として想像される。そこでは「整数にならない半端な存在」（例えば3分の1「日本人」である）は許されない（アンダーソン［2005: 59］）。どんな個人も，国民か外国人かという二者択一で割り切れる，そう思われている。この文脈でいえば，ある人を「日本人」と呼ぶ行為は，その人を1つの共同体へと囲い込む行為であり，逆にいえば，その人を別の共同体との結びつきから閉め出す行為でもある。

第3に，どの国民に所属するかが，その人の「政治的」運命を大きく左右する。というのも，近代の国民国家（nation-state）体制のもとでは，国家が外国人よりも国民の利益を優先し，その生命や財産を保証することが理想とされるからである。この体制は，外国で働く移民だけではなく，本国の治安能力や労働市場が不足している国民にとっても，その生活機会を大幅に制限するだろう。

03 Nation and Nationality

歴史的現在

　国籍の現在：あらゆる個人を国民と外国人とに選別し，1人の国民に1つの国家を割り当てるという考え方が最も明確に表れているのは，国籍 (nationality) に関する法制度であろう。私たちの多くは通常，生まれてすぐに1つの国籍を自動的に付与され（出生帰属），1つの国家に所属する成員として登録される。それは，私たちが自分の意思で選択したものではない。むしろ，それは私たちの親の国籍か（血統主義），それとも私たちが生まれた国か（出生地主義），あるいはその両方によって決められる。実際に確実な根拠があるかどうかは抜きにして，私たちがともかく国民の存在について信じている理由の1つも，この選択されざる帰属にある。それは判断以前の自明さともいえよう。

　ただし，これは出生に基づく国籍が，後に変更可能であることを否定しない。各国が定めている帰化 (naturalization) という法的手続きを通じて，別の国籍を取得できることもある。例えば日本国憲法第22条は，「何人も，外国に移住し，又は国籍を離脱する自由を侵されない」と規定している。つまり，国籍の観点から国民をとらえる限り，「日本人」を辞めることは可能である。

　国籍の基準は，各国において多様である。ブルーベイカーは，移民とその子孫に対するフランスとドイツの国籍法の違いを，血統主義を出生地主義で補っている程度に求めている（ブルーベイカー［2005］）。ドイツはこれまで血統主義を採用し，国籍はその子がドイツ民族に帰属しているかどうかに左右されていた。ドイツでの出生は，親が長い間居住していても，国籍を与える要件ではなかった（2001年以降変更）。そのため非ドイツ人移民の2世，3世がドイツ国籍を得るには，帰化する必要があった。これは伝統的な移民国，例えばアメリカが通常，その領土内で生まれた人すべてに対して国籍を与えてきたのとは対照的である。フランスも基本的には血統主義を採用しているが，かつてのドイツに比べると領土内での出生や居住が考慮されるシェアが大きい。なお日本の国籍法は戦後，その血統主義を急速に強め，旧植民地出身者とその子ども（多くはいわゆる「在日」）から日本国籍を剥奪した。現在これらの「外国人」にも永住権が認められているが，日本で生まれ育った2世，3世でさえ，片親が日本人でなければ帰化を通じてしか国籍を取得できない。

展望

　各国の国籍法の違いについて見てきたが，これは何も血統主義が出生地主義より移民に対して閉鎖的であるという意味ではない。

　第1に，ドイツの国籍法は，「民族的ドイツ人」と定義される移民に対しては門戸を開いている。それは東欧や旧ソ連邦から，ドイツ民族に文化的に帰属しているという理由で追放された人たち，もしくはそう思われている人たちである。これらの難民や被追放者の流入は，たとえ彼らが他国で長い間暮らし，そこで別の国籍を取得していたとしても，単なる外国人の移住とは異なる。ある意味でそれは，いわば分裂していたドイツ民族の「帰還」のようなものである。

　第2に，フランスの国籍法には，フランス革命以来の「単一にして不可分の国民」という理想がしみ込んでいる。そのため領土内の文化的異質性は，例えばイギリスのように多民族国家の理想を抱いている国に比べて，一層脅威をもってとらえられる。それでもフランスが出生地主義を取り入れてきた理由の1つに，フランス生まれの外国人を軍隊や教育を通じて「真のフランス人」へと変えることができるという同化への信頼がある。逆にいえばそこに，たとえ国籍上「フランス国民」であっても，フランスの伝統や文化に同化しない移民2世や3世たちが，「偽のフランス人」として非難されたり差別されたりする文脈もある。

　移民やその子孫に対する国籍のあり方を考える時，血統主義と出生地主義の問題と並んで，彼らの文化的差異についての権利をどこまで認めるか，つまり同化主義（assimilationism）と多文化主義（multiculturalism）の問題についても考慮する必要がある。例えば国籍の取得が，両親や祖父母の出身国との文化的つながりと矛盾する時，あえて外国籍を選択することが，多くの面で差別や不利益を受けるとしても，自らの民族的アイデンティティを維持するための積極的意義をもつかもしれない。「国籍としての国民」と「文化としての国民」。グローバルな労働力の移動が進む中で，両者の食い違いが重要な争点となってきている。

【阿部純一郎】

文献

アンダーソン，B.［1997］『増補 想像の共同体』白石さや他訳，NTT出版
アンダーソン，B.［2005］『比較の亡霊』糟谷啓介他訳，作品社
ブルーベイカー，R.［2005］『フランスとドイツの国籍とネーション』佐藤成基他訳，明石書店

04 人種とエスニシティ
Race and Ethnicity

基本視点

　2001年のいわゆる同時多発テロ以降，アメリカで「アラブ人」や「イスラム教徒」への差別や嫌がらせが増加した時，そこで標的とされた人々の中には，インド系のシーク教徒が何人か含まれていたという。多くの論者は，こうした「とりちがえ」が起こった理由の1つとして，彼らの外見を挙げている。つまり，その浅黒い肌，ターバンの着用，そして長い口ひげが，「アラブ人」や「イスラム教徒」のイメージを連想させたというのである。この文脈で見れば，当時ガソリンスタンドが「白人」たちの抗議の場として選ばれたという点についても，単なる偶然では済まされないところがある。つまり，この場合はアラブ＝石油という連想である。

　もちろんそれを単に，ある社会が混乱から脱するまでの一時的な現象にすぎないと見なすこともできよう。つまり，それは悲劇的ではあるが，あの当時の，しかも一部のアメリカ人にだけ見られた例外的な出来事にすぎないのだ，と。おそらくこのようにして人は，自らには受け入れられない現実を，日常生活からは切り離された遠い出来事として，ひとつひとつ忘れ去っていくのだろう。

　しかし振り返ってみれば，このような「アラブ人」や「イスラム教徒」に対するイメージは，私たち日本人にとっても，決して他人事ではないはずである（もしかしたら私たちはそこに，ラクダとか砂漠までも連想するかもしれない）。この種のステレオタイプは，それがいかに幼稚に見えようとも，私たちが異なる「人種」や「エスニシティ」について語ろうとする時，たびたび無意識の前提として入り込んでくるように思われる。

　もしも人種やエスニシティの基準についてもう少し自覚的であれば，異なる集団を混同するという事態は避けられたという意見があるかもしれない。だが，人種とエスニシティという用語は，未だ研究者の間でさえ，その定義に関して十分な合意が得られていない概念の1つである。ある集団を「〇〇人種」と呼んだり，異なる集団の関係を「人種的」と呼べるのは，いかなる場合なのか。ある集団が「人種」ではなく「エスニシティ」と見なされるのは，いかなる基準によるのか。いやそもそも正確な用語法など存在するのだろうか。異なる時代や集団ごとに複数の解釈があるという論者もいる。だがもしそうなら，私たちは何をもってさまざまな事例を，同じ「人種」問題として並べたり比較したりできるのか。

学説展開

　この人種とエスニシティの境界線をめぐる問いに直面しつつも，多くの研究者は，ひとまず下表のような区分に沿って研究を進めてきたといえる。

人種とエスニシティの区分

	基準	学問分野	集団のとらえ方	歴史的なイメージ
人種	身体	自然（形質）人類学	先天的，固定的	白人中心主義，植民地主義
エスニシティ	文化	文化人類学（民族学）	後天的，流動的	文化相対主義，多文化主義

　第1に，「人種」を身体面での差異に基づく分類とし，「エスニシティ」を文化面での差異に基づく分類とする考え方がある（関根［1994］）。ここでいう身体には，皮膚の色，顔の形や体格，毛の色や形状といった目につきやすい特徴から，骨格や血液型やDNAといった見えにくい特徴まで含まれる。これに対して文化は，言語や宗教，伝統や慣習，生活様式（服装・食事・住居）や行動様式をすべて含む総体である。例えば，私たちは普段何気なく「黄色人種」という言葉を用いることがあるが，その場合は主に，肌の色の違いが1つの手がかりになっている。しかし私たちは同じ「黄色人種」とはいっても，そこには言語や生活様式などの面で多様性があることも認めているだろう。後者の差異こそが，ひとまずこの文脈でいう「エスニシティ」である。「エスニシティ」はたびたび，日本語では「民族」と訳される場合もある。

　第2に，上の分類は学問の専門化とも結びついている。日本の人類学では現在，人間の身体ないし生物学的側面を扱う自然人類学と，（主に「未開社会」と呼ばれていた地域の）伝統文化や風俗習慣を扱う文化人類学ないし民族学とを区別するのが一般的である（竹沢編［2005: 229-45］）。第1の議論を踏まえるなら，前者は「人種」を，後者は「エスニシティ」を研究する学問分野であるといえる。

　第3に，身体と文化という分け方から，「人種」はその人の「生まれ」（血や遺伝）に基づく先天的なもの，それゆえ，容易には変更できない固定的なものと見なされることがある。他方「エスニシティ」は，その人が「育ち」（環境や教育）の中で習得していく後天的なもの，それゆえ少なからず流動的で，場合によっては取り外しができるものと考えられたりもする（関根［1994］）。

04 Race and Ethnicity

歴史的現在

　歴史の問題にも目を向けておこう。それは「人種」という集団の分類が，今日その信憑性を疑われているという問題である。この疑いは早くも1930年代，すなわちナチス・ドイツの反ユダヤ主義に対抗していく文脈で登場している（現在否定的な意味で用いられている「人種差別主義（racism）」という用語が普及・定着したのもそれ以降である）。戦後すぐに発表されたユネスコの声明（1951年）は，人種の性格について一般的にもたれていた概念を否定するものであった。全人類は単一の種（ホモ・サピエンス）に属している。それゆえ生物学的な原因に基づいて，生まれつきその人の能力や文化が決定されているという議論には根拠がない。身体的な違いでさえ，遺伝と環境の双方が影響している。異なる人種間に先天的な優劣が存在するとか，そもそも人種が明確に区別できるという発想自体が，歴史的に作られた虚構にすぎない（竹沢編［2005］）。

　と同時に，それに代わって用いられるようになった分類が，じつは「エスニシティ」，もしくは新たな意味づけを与えられた「文化」なのである。クリフォードは，20世紀初頭の西欧において，人類の価値ある領域を指していた「文化」という言葉が，その白人中心の世界観から徐々に切り離されていったと指摘している（クリフォード［2003］）。高尚で貴重な文化，大切に保護されるべき文化，それは以前なら近代ヨーロッパの一部の産物だけを指していたが，今や全世界の住民へと拡大され得るものとなった。それは白人の独占物としての単数形の文化から，複数形でとらえられる文化への移行でもある。それによってはじめて，西洋とそれ以外の社会とが，お互いに比較され相対化し合う，同等の価値をもつ「諸文化（cultures）」として並置されるようになったのである。

　人種やエスニシティという概念を理解するには，この歴史的な文脈を押さえておく必要がある。それらは単なる分析概念ではなく，価値評価を多分に含んでいるのである。「人種」という概念は，ナチズムや白人中心主義（米国の黒人差別や南アフリカのアパルトヘイト）の記憶と結びついている（バリバール／ウォーラースティン［1997］）。それゆえ，ある集団の行動や意識を「人種的」と表現する時，それは「暴力的」「非人道的」といった軽蔑的ニュアンスを含みがちだ。他方「エスニシティ」や「文化」という表現は，その集団の主張を正当化する響きをもつ（少数民族や文化遺産の保護は，人道的な活動と見なされる）。

展望

　ある集団を人種ではなくエスニシティと呼ぶ行為は、その集団や集団関係のイメージを操作する行為にもなり得る。それゆえ私たちは、そもそも人種とエスニシティとが分析的に区別できるという想定自体を問いなおす必要がある。例えば公共の場で、日本人と外国人との差異について語るのに、どうして肌の色とか目の色とかをもち出すのがはばかられ、言葉や価値観をもってくるのは許されるのか。それは時に、現実の差別を隠蔽する婉曲的な表現になっていないか。

　歴史的に遡ってみても、人種を生物学的意味に限定して用いるべきだという考え方は自明ではない。19世紀ヨーロッパにおいて人種は、今日ならエスニシティとか文化の用語でとらえられる差異ばかりか、地位や階級の不平等をも説明する役割を果たしていた。戦前の日本でも、「日本人種」「大和人種」「亜細亜人種」「東洋人種」など、国家や地域に関わる分類に人種というラベルが貼られていた。そう呼ぶことの効果は、人間の差異や不平等をあたかも「自然なもの」として自明視させる点にある。

　だが、グローバルな相互接触が進む中で、人種やエスニシティの概念が前提としてきた、明確で均質なまとまりというイメージをもち続けることが難しくなっている。かつてのように特権をもった（主に西洋の）専門家が、その人がいかなる人種でエスニシティであるのかを、反駁を怖れずに決められる時代は過ぎ去った（クリフォード［2003］）。第三世界の知識人たちが、白人中心の科学的言説に疑いを投じて以来、学問それ自体の政治性が問い直されている（サイード［1993］）。もはや安息できる定義などない。あらゆる判断がくり返し論争にさらされていく。今や私たちは、この異なる複数の声が、お互いの足場を不安定にしつつ、自らの発言権を主張しあう世界の中で生きていかなくてはならない。

【阿部純一郎】

文献

バリバール，E./ウォーラーステイン，I.［1997］『人種・国民・階級』若森章孝他訳，大村書店
クリフォード，J.［2003］『文化の窮状』太田好信他訳，人文書院
サイード，E.［1993］『オリエンタリズム（上・下）』今沢紀子訳，平凡社
関根政美［1994］『エスニシティの政治社会学』名古屋大学出版会
竹沢泰子編［2005］『人種概念の普遍性を問う』人文書院

05 自由と民主主義
Liberty and Democracy

基本視点

　自由という概念は，一般に2つの異なる意味をもっているといわれる。つまり他者や社会から干渉されないという「消極的自由」と，自己実現という「積極的自由」である。これらは各々，人々をその個性の違いによらず「等しく＝平等に」尊重することと，それぞれの個性を「異なった形で＝不平等に」尊重することという，容易に調和できない要請をしばしば突きつける。

　一般に自由主義的な民主主義（リベラル・デモクラシー）と呼ばれる社会は，この2つの要請を，人間の基本的自由を保証する諸制度（人権規範，憲法，権力分立）と，民衆の自己統治を意味する民主主義を組み合わせることで調和させようとする試みとして理解できる。だがどちらの要請を重んじるかに応じて，リベラリズム（liberalism）とコミュニタリアニズム（共同体主義 communitarianism）の間で，主にアメリカにおいて論争が展開されてきた。

　「善に対する正義の優位」を特徴とするリベラリズムは，諸個人は各々異なる価値観（善）をもつが，同時にまたそれらの多様な善を保証する基本的なルール（正義）について理性的に判断し合意する能力をもつと考える。つまりリベラリズムにとって民主主義の意義は，価値中立的な普遍的ルールに関する合意形成にある。そして自由とは，その枠内で各々の善が干渉されないことを意味する。

　それに対し，コミュニタリアニズムにとって，自由は諸個人が公共的決定に参加する時にはじめて達成されるものである。個人は常に特定の伝統や文化の中に生まれ落ち，そして諸個人のアイデンティティはそうした共有された価値観（共通善）の中で獲得される。それゆえ民主主義の意義は，共通善に関する決定への参加と，それを通じた諸個人の自己実現にある。そしてその意味で民主主義には，「われわれ」意識とパトリオティズム（愛国心のような共同体への愛）が必要であるとされるのである。

	主体モデル	重視する価値	問題視するもの
リベラリズム	理性	消極的自由	干渉
共同体主義	社会化	積極的自由	アトミズム・アノミー
多文化主義	社会化	相違への権利	マイノリティの抑圧

（多文化主義は後述）

学説展開

リベラル―コミュニタリアン論争：1960年代の公民権運動，ベトナム反戦運動を契機としたアメリカの社会的不安の中で，社会的正義のあり方を提示したロールズの『正義論』［原著1971年］以降，リベラリズムは幅広い支持を得た。しかし1980年代頃からコミュニタリアニズムの立場から批判が突きつけられ，両者の間で論争が展開された。

その批判は以下のようにまとめられる。まずリベラリズムの想定する主体は特定の文化的文脈から切り離された「負荷なき自己」であり，そのような自己にはそもそも判断能力などありはしない（サンデルの考え）。また基本財やその配分の正・不正も特定の文化的意味づけに依存している（ウォルツァーの考え）。だから価値中立的な正義のルールなどありはしない。むしろリベラリズムは「中立性」「普遍性」の名のもとに特定の（欧米先進諸国の）価値観を密輸入している懸念がある。援助と引き換えに欧米の価値観を押し付ける「人権外交」に対する批判が示すように，リベラリズムもまた「戦う一宗派」（テイラーの言葉）ではないかということである。このような批判を通じて，リベラリズムの側でも，ある程度その文化特殊性を認めるよう強いられた節がある。

だがもちろん，コミュニタリアニズムにも問題がある。例えば，権利・正義の基準を完全に廃棄してしまうなら，少数派や個人の自由が多数派の合意によって抑圧されること（「多数者の専制」）になったり，自分たちの文化を絶対化して悪しきナショナリズムや原理主義に陥る危険がある。

とはいえ，コミュニタリアニズムも人権や権力分立の意義を基本的には受け入れており，その意味で両者の論争はリベラル・デモクラシーの認識を深めたとはいえ，その枠を越えるものではないといえる。言い換えると，双方とも基本的に国民国家という枠組みを前提とし，公共空間を合意の空間と見なしている。

しかしながら，グローバル化によって噴出したエスニシティの問題，およびジェンダーや宗教をはじめとする価値観の多様化は，国民アイデンティティに根本的な異議申し立てを突きつけている。このような状況において，近年注目されているのが，多文化主義（multiculturalism）である。これについては，頁を改めて見てみよう。

05 Liberty and Democracy

歴史的現在

多文化主義：近代社会は基本的に，人々への抑圧や差別に対して，彼らに市民権を付与し，国民の正当な一員とすることを「解放」と見なしてきた。それに対し多文化主義は，そのような「解放」のはらむ抑圧と排除の問題を指摘し，むしろ「異質な公衆」の承認，特殊な文化集団の一員として生きる権利の承認といった個別的な取り扱いを要求する。というのは，共通の合意にこだわる限り，それに参加できない少数派は排除されてしまうし，またその存続のために多言語政策など特殊な措置を必要とする集団があるからである。また，すでに不平等が存在する場合（例えば，教育に投資できる経済力の有無），公平な処置への固執（例えば，入試の点数）は，抑圧や不平等を存続させかねず（経済的に恵まれた人が良い大学に行きやすい），そこでむしろ，異なった処置が求められるからである（「積極的差別是正措置（affirmative action）」）。

このように多文化主義は，均質のナショナル・アイデンティティに疑問符を突きつけ，グローバル化時代の新たな民主主義の可能性を示しているが，またさまざまな批判も招いている。一方では，例えばアメリカ連邦最高裁が積極的差別是正措置を憲法違反とする判決を下したように，これは逆差別ではないかという批判がある。また，仮に一定の文化集団の自治を認めれば，今度はその内部のマイノリティはどうなるのかという問題もある。つまり，多文化主義者は国民のアイデンティティは相対化しても，今度はエスニシティやジェンダーといったアイデンティティを本質化しているのではないかということである。

他方で，あらゆる文化をただ文化というだけで尊重するのは，じつは文化の個性を軽んじる態度ではないかという批判もある。例えば多文化主義を公式に採択しているオーストラリアでは，「白人移住者」と「先住民」の間の決定的な対立点が，多文化主義によって曖昧にされかねないという批判が先住民から挙がった。

グローバル化の影響のもと，多文化主義は，ナショナル・アイデンティティを相対化することで，人々を「平等に」尊重することと，各々の個性を「異なったふうに」尊重することという対立しあう諸要求に，より先鋭化された仕方で直面しているといえる。これに対し，むしろすべてのアイデンティティを問題視するのが，ポストモダンの立場に立つポストモダニズムの考え方である。

展望

ポストモダニズムとグローバルな公共性：リベラリズム，コミュニタリアニズム，多文化主義が，それぞれ個人・集団レベルでアイデンティティを前提とするのに対し，ポストモダニズムはすべてのアイデンティティを問題視する。それは，いかなるアイデンティティも，理性や文化のような「本質」によって支えられるのではなく，むしろ「他者」に対する「差異」によって構成される恣意的で偶然的なものだとする。そしてそれが見失われると，異質な要素の抑圧と排除が生じる。それゆえ，ポストモダニズムは，アイデンティティの偶然性を自覚することで相対化し，諸々の差異の絶えざるせめぎ合いを主張する。

ポストモダニズムのラディカルな本質主義批判は幅広い影響を与えたが，しかし同時に激しい批判も招いた。例えば，弱者が抵抗のために特定のアイデンティティに依拠することは必要不可欠なことだという「戦略的本質主義」からの批判がある。また「本質の不在」を根拠にしたアイデンティティ批判は，むしろそれ自体が本質主義そのものではないかという批判もある。というのはアイデンティティがそもそも本質に基づかないのなら，本質の不在はアイデンティティを否定する理由にはならないはずだからである。

そうだとすればポストモダニズムは，既存の立場に対する代替案というよりは，認識を深めるための契機をもたらしたと見なすべきだろう。リベラル・デモクラシーを支える諸々の制度や概念，さらにアイデンティティ概念などに問題があるとしても，私たちはそれらを手直ししながら一歩ずつ歩んでいくしかないだろう。そしてそのためには，私たち1人ひとりが「今・ここ」の偶然性を自覚することによって，他者性への感受性を育むことが必要である。そうして新たな差異に開かれた「公共性」の空間を地球規模で立ち上げること，このことがグローバル化時代におけるリベラル・デモクラシー（自由主義的な民主主義）に求められているといえよう。

【檜山和也】

文献

井上達夫［1999］『他者への自由――公共性の哲学としてのリベラリズム』創文社
マッキンタイア，A.［1993］『美徳なき時代』篠崎榮訳，みすず書房
斎藤純一［2000］『公共性』岩波書店
杉田敦［1998］『権力の系譜学』岩波書店
テイラー，C.［1996］『マルチカルチュラリズム』佐々木毅他訳，岩波書店

06 戦争・国家・動員

War, Nation State and Mobilization

基本視点

　動員は元来軍事用語で、戦争やそれに類する緊急事態に備えるため、軍隊を平時編制から戦時編制に切り換えることを意味する。中世ヨーロッパの戦争は傭兵による局地戦だった。フランス革命で国民皆兵となり、徴兵制が確立した。動員令が発令されると、市民たちは招集を受けて軍隊の編制に入るようになった。産業革命の結果、鉄道網が整備され、国中の兵力を速やかに集めて戦争準備に入る総動員（general mobilization）が可能になった。「総動員令」が発せられるということは、国家が総力を挙げて戦争に突入することを意味した。ここでは、近代国民国家を、戦争と国民の動員という面から考えたい。

　20世紀に入ると、飛行機や戦車の登場など科学技術の発達により、従来の戦争は様相を一変させた。第一次世界大戦中のヨーロッパでは、参戦諸国の国土全体が戦場になり、前線（戦闘地域および軍人）と銃後（非戦闘地域および非戦闘員）の区別は失われた。それは、非戦闘員もさまざまな方法で戦争に駆り出されることを意味した。戦争を遂行するには国家の所有する資源、すなわち人・物・金などのすべてを効率的に動員する必要が出てきた。これらは具体的にいえば、教育・産業・金融などである。これらあらゆる資源の総動員は国家体制として、「総動員体制」と呼ばれることとなった。

　第一次世界大戦で敗戦国となったドイツでは、復興のための産業合理化運動が進められた。今日の日本では独占禁止法で禁じられているカルテルは当時、価格競争を最小限に抑えることで産業界全体の早期復興を図る手法として、ドイツで開発された。このように総動員体制の特徴が顕著だった分野は、統制経済による経済政策だった。

　またロシア革命（1917年）後に成立したソビエト社会主義共和国連邦では、1928年から第1次5カ年計画をスタートさせた。そのソ連と対峙し合う関係の満州に日本は1932年満州国を樹立し、総動員体制による国造りを開始した。戦後日本に帰り敗戦後日本の復興を手がける岸信介（のちの総理大臣）らが当時の若手官僚として満州国の経済運営にあたった。教育は日本本土と同様、植民地（台湾、韓半島）でも画一的な一斉教育が行われた。その理念は、天皇を尊敬し国家の正統性を基礎づける皇民教育であった。

学説展開

　総動員体制は軍事思想から派生し，主として経済政策において制度化され，やがて政治制度として固められていった。このため1920年代から30年代の日本の社会学では，社会生活の実態の研究に先立つファシズムのイデオロギー研究として日本型ファシズム，ムッソリーニのイタリア，ナチス・ドイツとの比較が行われた。この代表的論者の1人として，社会学においては，新明正道（『ファシズムの社会観』［1937］）がいる。

　ついで満州事変以来，中国大陸が主戦場となるに従い，民族を基礎とした東アジアが社会学の関心を集め，高田保馬（『民族論』［1942］），新明正道，小松堅太郎（『民族と文化』［1939］）らが研究を行った。また法律学に基礎をおく国家論の立場から尾高朝雄（『国家構造論』［1936］）が行った研究も重要である。

　こうした研究を，当時の日本の社会科学にとって必然性のある研究であったと位置づけたのが，秋元律郎の『日本社会学史』である。これは戦争協力との関連から，この時期の社会学を「日本主義社会学」として一括して批判的に扱う河村望の『日本社会学史研究』と対照的である。秋元はまた，戦闘としての戦争から「総動員戦争」への思想的変化の意味を探究した加田哲二（『人種・民族・戦争』［1940］）にも注目した。

　1990年代に入ると，冷戦後の世界システムを模索する中で，グローバル化の歴史的な検討が社会科学のテーマとして採り上げられるようになり，総動員体制の研究は新たな局面を迎えた。マルクス主義の歴史観の再検討から出発し，社会がシステムとしてもつ暴力性の研究へと歩を進めてきた山之内靖は，1992年から日米の歴史家による国際共同研究を開始し，その成果は1995年に『総力戦と現代化』にまとめられた。

　大蔵省出身のエコノミスト野口悠紀雄は，1995年『1940年体制』（副題は「さらば戦時経済」）で，戦後の日本的な政治経済システムがじつは1940年代に形成された戦時体制の遺産であると論じた。この研究傾向は21世紀に入ってからも衰えず，従来から戦後日本の経済政策のモデルとして満州国に着目していた小林英夫『帝国日本と総力戦体制』の満鉄（南満州鉄道株式会社）研究や，満州国の経営学と戦後「日本型経営」と呼ばれた経営システムとの思想史的連続性を綿密に検討した裴富吉『満州国と経営学』などが発表されている。

06 War, Nation State and Mobilization

歴史的現在

　さて，独立国の体裁をとった満州国では，最高学府として建国大学が創立され，五族協和・王道楽土の実現を目指した教育が行われた。満州における産業合理化では，鮎川義介の日産コンツェルンなどが官民一体となった産業政策の推進に努めた。産業界を支える労働力の確保に関しては，労働現場における労使協調が推進され，労働者の主体性に依拠した身体的／精神的な動員が重視された。ここで労働者の誠意のバロメーターとされたのが能率であり，能率の向上と労働力の効率的な配置のために満州能率協会が設立された。

　こうした活動は戦後，日本能率協会に引き継がれていく。合理化推進は労働現場から家庭にまで及んだ。1920年に文部省が設立した生活改善協会は労働力再生産の場としての家庭に注目し，科学と合理性に基づく改善への意欲が伝統的な道徳やジェンダー役割の固定化に依存して，体制に都合のよい環境作りが目指された。この運動は戦後，さまざまな企業主導の「新生活運動」として続けられた。

　法律的には1938年の国家総動員法によって，国民生活のあらゆる資源が動員可能となった。労働問題も物価も，物資の生産および配給も，そして言論出版も，国家の統制下に置かれた。1940年には近衛新体制のもとで大政翼賛会と大日本産業報国会が結成され，政治経済文化のすべてが統制を受けることとなった。

　こうした動きは，当時日本と密接な関係にあったアジア諸国にも影響を及ぼした。総力戦では非戦闘員も戦闘員と一体となって戦争への精神統一を図る必要から，強制的な日本語教育や創氏改名などによって台湾や韓半島など植民地地域の伝統文化が破壊され，日本文化への帰属が求められることになった。また国内における植民地の人々の強制連行，強制労働と同様に，中国大陸その他の被占領地域でも現地住民の労働動員が行われた。こうした行為は戦後，現地出身の軍属や従軍慰安婦への補償問題を引き起こし，現在でも解決をみるに至っていない。

　アジア太平洋戦争を通じて最終的には独自の経済圏を形成し得なかった日本は，戦後も継続した総力戦体制のもとで，ODA（政府開発援助）を背景に企業の現地進出を通じて東アジアに経済圏を形成してきた。その結果，日本国内におけるよりも顕著な環境破壊の輸出が行われ，現地共同体の解体をもたらす一方で，日本への出稼ぎをめぐって人権の問題が生じている点も見逃すことができない。

展望

　ナポレオンと闘ったプロイセンの将軍クラウゼヴィッツは『戦争論』で，戦場における作戦指導より上位の戦略概念を提唱し，戦争を国際政治の道具と位置づけた。第一次世界大戦のさなかフランス首相クレマンソーが，戦略は国家を挙げて取り組むべき課題だとして文民政治家による戦争指導の必要性を訴えた。イギリス人リデルハートは戦後，戦争を通じて平和を実現するため，国家の保有するあらゆる政治的・軍事的・経済的・心理的資源を用いる「大戦略」の概念を唱えた。このような戦略に基づく戦争が「総力戦（total war）」であった。

　「総力戦」および「総動員」の概念は日本でも採用され，欧米諸国にならって戦争遂行を目的とした国家体制の整備が進んだ。それが集約的に表れたのが産業部門であり，また人的資源の供給元である学校，その人的資源の産出および補修に関わる病院であった。総動員体制は，やがてナチスの政策に源をもつ「福祉国家」概念へと姿を変え，戦後に受け継がれる。日中戦争から第二次世界大戦に至る日本は15年にも及ぶ戦争の継続があり，平時と戦時との区別がつかなくなった。非戦闘員である市民，なかでも女性や子ども，さらに日本が東アジアに有した植民地の住民などを総力戦に動員する国家総動員体制が進行した。こうして敗戦までに日本がもたらした災禍は，戦後日本と東アジアとの平和で友好的な関係の構築に障害となった。

　だが，核兵器の登場により，戦争勃発の初期段階で相手の戦闘能力を壊滅させる必要が絶対的となり，今日，文字通りの意味での「兵力の総動員」は意味を失った。現在では戦争に代わり，野口が指摘した「1940年体制」以外の点では，安全保障の観点から平時の情報戦や国際政策，平和維持活動や反テロ対策などの名目で動員が行われているのである。

【今井隆太】

文献
秋元律郎［1979］『日本社会学史』早稲田大学出版部
裴富吉［2002］『満州国と経営学』日本図書センター
河村望［1973／75］『日本社会学史研究（上・下）』人間の科学社
小林英夫［2002］『帝国日本と総力戦体制』有志舎
野口悠紀雄［2002］『新版　1940年体制』東洋経済新報社
山之内靖他編［1995］『総力戦と現代化』柏書房

07 福祉国家

Welfare State

基本視点

福祉国家とは何か：2005年，日本はついに出生数が死亡数を下回る人口減少国家となり，高齢者の増加に伴う年金の分配や医療費の増大が大きな社会問題となっている。

現在では，年金の分配や医療費に政府が取り組むことは当然のこととなっている。だが，すべての国民に対して政府が積極的に福祉政策に介入する国家体制は，第二次世界大戦後に拡大していったものであり，その歴史はそれほど長くはない。福祉や医療のような社会保障を政府が行う国家は，福祉国家（welfare state）体制と呼ばれる。

福祉国家は，次のような2つの特徴をもつものとして定義される。すなわち，第1に，福祉国家は国民（nation）の福祉増進とその確保を国家目的とする。第2に，福祉国家の政府は完全雇用と社会福祉政策に対して責任を負う。

福祉国家誕生の歴史的背景：福祉国家は，しばしば戦争国家（Warfare State）と対比される。イギリスの司教テンプルは，1941年に当時のナチス・ドイツを戦争国家または権力国家（Power State）と呼び，それと対比した国家理念を福祉国家として指し示した。

しかし，この段階では福祉国家は理念にとどまっていたともいえる。具体的な福祉国家像は，1942年以後に提出される通称ベヴァリッジ報告（Beveridge Report）によって指し示されていくことになる。ベヴァリッジ報告の普遍主義的な取り組みは，日本をふくめた多くの資本主義国家に影響を与えた。

表1　福祉国家の構成要素

制度	社会保障制度の確立
運用	中央政府や地方政府による運用
思想	基本的人権の承認や法制化
経済	国家介入の正当化・完全雇用の国家目標化
政治	議会決定を基軸とする大衆民主主義の成立

藤村[1998]より

学説展開

福祉国家収斂論：ウィレンスキーは『福祉国家と平等』[原著1975年]において福祉国家の収斂理論(convergence theory)を展開している。ウィレンスキーによれば，異なる文化や歴史をもつ国家でも産業化が進展するのに従って福祉事業への公的支出が増大する。国家体制やイデオロギー，軍事費などに関わりなく経済発展が福祉国家にたどりつくという収斂理論は，各国において高度経済成長が進行した1950年代から70年代までの福祉国家体制を説明する理論となった。

福祉国家の危機：このような収斂理論に代表されるように，経済発展によって進行していくと思われた福祉国家ではあったが，1973年と1979年に世界規模で生じたオイルショックは福祉国家論にも影響を与えることになった。そのころから，先進諸国の経済は高度成長から低成長に移ることになった。

1981年にOECD（Organization for Economic Cooperation and Development：経済協力開発機構）は『福祉国家の危機』を発表した。そこでは，低成長によって社会保障費の削減が余儀なくされ，福祉国家は財政的な危機を迎えると指摘された。それと歩調を揃えるかのように，ロブソンは政府が主導する福祉国家と，コミュニティを中心とする「福祉社会（welfare society）」を対比し，両者の相互補完による福祉の実現を主張した。

世界経済の進展と一国福祉国家の崩壊：1980年代以降，「福祉国家の危機」が叫ばれたが，実際には福祉国家体制が崩壊することはなかった。経済の高度成長という基盤が失われた結果，先進諸国はそれぞれの条件のもとで多様な福祉政策をとった。1980年代以降に各国がさまざまな福祉政策で対応することで，先進諸国が類似した福祉国家になるというウィレンスキーによる収斂理論は成り立たなくなった。このような事態を，ゴールドソープは「収斂の終焉」と呼んだ。

「収斂の終焉」は，福祉政策を1つの国家のみからとらえる一国福祉国家観が説明力を失ったことを意味している。1990年代以降，先進諸国では慢性的な失業問題が発生し，福祉体制の再編を求められた。また，発展途上国では経済発展がすすみ，多様な福祉政策がとられるようになってきた。こういった状況において，福祉国家体制の理論的な検討では各国の歴史的な変遷や地域的な特徴を踏まえた比較が必要となってきた。そこで注目されているのが，福祉国家レジーム論をはじめとした比較研究である（次頁参照）。

Welfare State

歴史的現在

福祉国家の諸概念：福祉国家概念の誕生に着目をすると，各国において，それぞれの社会問題に沿って福祉国家概念が出てきたことがわかる。メリアンは，福祉国家の成立をフランス型，ドイツ型，イギリス型の3つに分けている。

表2　福祉国家概念の歴史

	社会問題	福祉国家との関係
フランス型 Etat-providence	フランス革命による中間集団の廃止	相互扶助（連帯）への国家の積極的介入
ドイツ型 Sozialstaat	労働者への保険	保険の見返りとして国家へ忠誠を求める
イギリス型 welfare state	市民全体の保障の実現（ベヴァリッジ報告）	すべての人への救済国家→「市民権(citizenship)」

メリアン［2001］より

福祉国家レジーム論／福祉レジーム論：エスピン-アンデルセンは，『福祉資本主義の三つの世界』［原著1990年］において福祉国家の社会政策を「労働力の脱商品化」と「階層化」によって類型化した。脱商品化とは，人々の労働力がどれほど商品性を免れているかを指標化したものである。階層化とは，職種や階層に応じて給付やサービスに差が生じているかを指標化したものである。

表3　エスピン-アンデルセンによる福祉国家類型論

	脱商品化	階層化	代表的な国
社会民主主義	高い	フラット	スウェーデン，ノルウェー
自由主義	低い	二重構造	アメリカ，カナダ
保守主義	中位	階層を反映	オランダ，ドイツ

エスピン-アンデルセン［2001］より

福祉国家類型は福祉国家レジーム論と呼ばれ，福祉国家の比較研究を基礎づける研究となった。その後，エスピン-アンデルセンは国家政策以外の側面にも着目をし，その成果は福祉レジーム論として展開されている（『ポスト工業経済の社会的基礎』）。

展望

　福祉国家は1990年代以降に経済のグローバルな変化に対峙してきた。これまで，福祉国家論は近代の国民国家を単位として考えられてきた。しかしながら，現在の福祉政策は1つの国民国家のみを単位とすることが困難になり，国家という枠組みにとらわれないローカルな／グローバルな福祉政策との関係が，福祉国家をめぐる新しい課題となっている。

　まず，ローカルな取り組みについて考えてみよう。現在では，福祉社会の実現のためにNPO活動や地域福祉のようなローカルな取り組みが欠かせなくなってきている。NPO活動は，福祉国家による政策では手の届かなかった福祉の実現に取り組んでいる。また地域福祉の実現のために，国家から地域への分権化がすすめられている。だがその一方で，これまで福祉国家が担ってきた社会保障をNPOや地方自治体が全面的に代替することは不可能だろう。

　次に，人々が移動・移住するグローバル化の進展がある。移動・移住の増加によって，国家を超えたNGO活動が行われており，さらに国際人権規約（ICCPR: International Covenant on Civil and Political Rights）や国際労働基準（通称：ILO条約勧告）のような基準の設定が必要とされる。だが，国際的な基準は現存する先進諸国と途上国の格差によって最低基準にとどまってしまう危険性がある。また，基準の遵守のためには国家間で連携した国際的な監視が必要である。

　以上のように，グローバル化によって福祉国家はその役割を終えているわけではなく，変容していると考えるべきだろう。福祉国家をめぐる社会学には，ローカルな取り組み／ナショナルな取り組み／グローバルな取り組みなどを視野に入れた福祉社会の構想と実現という課題が突き付けられている。　　　　【渡辺克典】

文献

エスピン-アンデルセン，G. [2001]『福祉資本主義の三つの世界』岡沢憲芙他監訳，ミネルヴァ書房
藤村正之 [1998]「福祉国家・中流階層・福祉社会」『社会学評論』49巻3号
ゴールドソープ，J. H. [1987]『収斂の終焉』稲上毅他訳，有信堂高文社
メリアン，F. [2001]『福祉国家』石塚秀雄訳，白水社
ロブソン，W. A. [1980]『福祉国家と福祉社会』辻清明他訳，東京大学出版会
ウィレンスキー，H. L. [2004]『福祉国家と平等』下平好博訳，木鐸社

08 戦後／現代の日本社会

Postwar/Contemporary Japanese Society

基本視点

　日本人論が好きな日本人とよくいわれる。近代日本において，欧米と比較しつつ，いかにして「富国強兵」「殖産興業」を達成して実質的な「脱亜入欧」を果たすかという至上命題の中で，日本人の特殊性が意識され強調されはじめたのだろう。戦前の10年ごとの戦争や日本の産業革命の進展が日本意識を強化した。とりわけ1930年代には，和辻哲郎『風土』，九鬼周造『いきの構造』，新渡戸稲造『武士道』など，日本の特殊性を謳い上げた名著が目立つ。

　だが，社会構造が大きく変化したのは，戦後である。第二次世界大戦後，日本社会はさまざまな点でドラスチックに変化した。連合軍の占領下で，新憲法，新民法が制定されて民主化が進み，農地改革，教育改革などの近代化の措置がとられた。そして人々の日常意識も，時には急激に，時には少しずつ変化してきた。特に1960年代を中心とする戦後における経済の高度成長は，日本の社会構造を大きく変容させた。

　この高度成長期は，産業構造においては就業構造の変化，つまり第1次産業の就業者割合の急速な減少と第2次，第3次産業の就業者割合の増大となっている。そして同時にそれは，「向都離村」として都市化という現象をもたらし，さらに都市を中心に家族の小規模化を引き起こした。いわゆる核家族化として指摘されてきたことだ。小家族化の中心となった少子化は，子どもへの教育投資の増大と重なり，高学歴化が進んだ。と同時に，結婚観も大きく変化した。いわゆるお見合い結婚と恋愛結婚の割合が逆転するのもこの時期である。

　しかし，高度成長後の日本には，さらなる変化が待っていた。それは，消費社会の出現といった日本国内だけの問題ではなく，国際化，グローバル化が関わってくる事態である。そしてそれに情報化の波が押し寄せてくる。少子化・高齢化という問題も現実的な問題となり，年金の問題が大きくクローズアップされる。

　以上のような戦後日本社会の変化を，図式的に次のように示しておこう。

　　①第1段階：1945年からの民主化と近代化の段階
　　②第2段階：1960年頃からの経済成長と都市化の段階
　　③第3段階：1975年頃からの経済大国化と消費社会化の段階
　　④第4段階：1990年頃からのグローバル化と情報社会化の段階

学説展開

　以上のような戦後日本社会，とりわけ現代日本社会の変化は，社会学においても常に論じられてきた論題であった。日本の社会学者のほぼ全員が加入している日本社会学会の学会誌『社会学評論』（1950年創刊，年4回刊行）が「特集」として取り組んだ論題を見てみると，戦後日本社会の変化が見えてくる。

　1950年代には，創刊号で「日本社会の非近代性」が論じられ，その年度の最後には「日本村落問題の焦点」といった特集が組まれている。しかし，1960年代に入ると，すぐに「社会変動」がテーマとなり，1962年には「都市化の理論」が論じられている。「都市問題」は1970年代に入っても取り上げられており，また70年代前半には「青年問題」も取り上げられている。

　しかし70年代後半には「生活環境破壊」が取り上げられ，1980年代には「高度情報社会」が論じられはじめている。と同時に，80年代後半に「女性と現代」という題目で特集が組まれたのも特筆すべきことであり，さらに1990年代に入ると「情報化社会」「エスニシティ」「環境問題」「福祉国家」といった論題が際立つ。なお，特集が多く組まれるようになった2000年代に入ってからは，「21世紀」「グローバル化」「個人化」などといった論題が取り上げられている。

　さて，話を社会学会の周辺に広げて，日本人の自画像についてふれておこう。本項の冒頭で日本人論が好きな日本人に言及した。戦後すぐには，アメリカの人類学者ベネディクトの『菊と刀』がベストセラーとなった。罪を重視する欧米人と恥を重視する日本人の対比であった。さらに，高度成長期の1960年代から1970年代にかけては，中根千枝『タテ社会の人間関係』，土居健郎『「甘え」の構造』などがベストセラーとなり，日本人の特殊性および同調社会・日本という自画像が定着しはじめる。

　しかし経済大国化した1980年代以降は，むしろ日本社会の成功の秘密を解き明かし，日本人と日本社会の優越性を論じるものが出てくる。ヴォーゲルの『ジャパン・アズ・ナンバーワン』はその代表例である。だが，その時期以降は，日本人論それ自体に疑問を呈する著作も現れてくる。杉本良夫らの『日本人は「日本的」か』（1982年，後に『日本人論の方程式』）以降，1990年代に入ってからは，小熊英二『単一民族神話の起源』や吉野耕作『文化ナショナリズムの社会学』など，冷静にこれまでの日本人の自画像を再検討する著作が現れた。

08 Postwar/Contemporary Japanese Society

歴史的現在

戦後日本社会や現代日本社会について，定義なしで語ってきた。「戦後」とはいつのことなのか。1956年の『経済白書』は，「もはや戦後は終わった」という有名なフレーズで知られる。しかし，現在の学生に聞くと「戦後」でイメージするのは，高度成長期が終わる頃までとすることが多い。もちろん，1995年には「戦後50年」という自覚が高まった。「戦後60年」という表現もメディアでは用いられる。時代区分としての戦後は現在も生きているが，日常感覚では，そして特に若い世代には「もはや戦後ではない」というべきだろう。

同様に，「現代」という表現もいつのことなのだろうか。一般には，江戸時代を中心とする「近世」，明治時代以降の「近代」，そして第二次世界大戦後の「現代」という区分が妥当な線だろうが，中国では，1840年の阿片戦争以降が「近代」，1949年の中華人民共和国成立以降が「現代」，そして今の時代を「当代」と表現することが多い。日本語の時代区分では「当代」という表現は用いられないので，「現代」の用法は日本語では広義だ。終戦以降，高度成長期以降，そしてさらには1990年以降という幅がある。

1990年代以降は，グローバル化と情報化が際立つ時代である。1990年前後の東欧・ソ連の社会主義体制の終焉が1つの大きな要因で，中国の改革開放政策の本格化も加わり，世界が資本主義体制で一元化しはじめる時代である。加えて，94年がインターネット元年とも呼ばれるように，情報社会化が急速に進展するのもこの時期だ。携帯電話の普及も情報化を後押しする。人・物・金・情報などのグローバル化が進展する。狭義に現代という場合には1990年代以降を指すといえよう。

下表のように，1950年，1975年，2000年の各種データの概要の比較をしてみると，この間の変化が見えてくるだろう（詳細は各自で調べよう！）。

	産業別就業者割合 第1次・第2次・第3次 (%)			普通世帯の人員数 (人)	百万人以上の都市の数 (市)	高等教育・大学進学率 (%)	平均寿命（歳） 男 ・ 女	
1950	48.5	21.8	29.6	5.02	4	10.1 (1955)	59.57*	62.97*
1975	13.8	34.1	51.8	3.48	10	37.8	71.73	76.89
2000	5.0	29.5	64.3	2.70	12	49.1	77.72	84.60

＊ 1950〜52の平均

展望

インターネットの検索機能が充実してきた今日，社会構造に関わる各種のデータはネット検索が容易になった。社会学を学ぼうとする学生にとっては，基礎的なデータが比較的簡単に入手可能になったことは望ましい。

しかし，データをそのまま鵜呑みにする危険性もまた増大している。戦後日本は「核家族化」が進んだといわれてきた。確かに家族は子どもの数が減り，小家族化した。だが子どもの数が多かった戦前において，親と同居できる兄弟姉妹は限られているので，それ以外は「核家族」を構成した。したがって，戦前も「核家族」が過半数を占めていたのだが，そのことはあまり語られない。

青少年をめぐる社会問題が話題になる時，核家族化が原因であるといった言説が語られがちだが，どこまでこの言説は妥当するのか。さらに，離婚の急増，幼児虐待や子殺しの増加，非行の増大・低年齢化，9割中流意識論など，戦後社会において声高に語られてきた社会問題は，その統計データの問題点をキチンと把握しなければ，単なる評論に終わってしまう。離婚率は世代構成と関係があること（少子化や離婚可能年齢層の人口構成など），非行はその認知（件数）が取り締まる側との相関関係にあること，中流意識論は選択肢の構成に問題があること（上，中の上，中の中，中の下，下という5区分は妥当か）など，留意が必要だ（西原［1994］）。調査主体が誰で，どんな形で，誰に対して，どのくらいの規模で調査が行われたかなどは，データを読み解く際の基本事項である。

以上のような留意点にもかかわらず，各種のデータは2005年後半からの人口減少突入のように，日本社会が現在大きな転換期にあることを示している。またグローバル化時代には，日本社会の過去・現在を社会学的にとらえると同時に，国際的な視野に立って考えていくことも重要だ。家族と生活をめぐる問題を中心に，以下では国際的かつグローバルな視野で日本社会の現在の一断面を見たいと思う。

【西原和久】

文献

西原和久［1994］『社会学的思考を読む』人間の科学社
小熊英二［1995］『単一民族神話の起源』新曜社
杉本良夫／マオア，R.［1995］『日本人論の方程式』ちくま学芸文庫
吉野耕作［1997］『文化ナショナリズムの社会学』名古屋大学出版会

09 都市社会
Urban Society

基本視点

　都市は社会学を規定する重要な研究分野であるといえる。近代社会とともに成立した社会学は，その重要な一側面である都市化について研究を蓄積してきた。例えばジンメルは，大都市が貨幣経済と高度な分業の中心地であることを指摘した。ジンメルは大都市の人々は雑多な刺激にさらされるために無感動（blasé）になるという。また，貨幣経済の中で生きる都会人は個性を発達させ，主知主義的態度を身につけるという。都市の高度な分業の例として，ジンメルはパリの「14番目」という職業の例を挙げている。これは宴会などの人数がたまたま13人になった時のお呼ばれ役である。13は不吉な数なので，「14番目」は，数合わせをする。いつ声がかかっても，出勤できるように盛装して注文を待つという。これが生業として成り立つのは，人々の数が多く，また多くの活動がくり広げられる都市ならではの特徴である（ジンメル［1976］）。

　シカゴ学派の都市社会学：都市固有の物理的特徴が独特の社会構造と社会心理に寄与するという考えは，シカゴ学派に継承された。本項目ではシカゴ学派の都市研究を中心に，都市社会の変容を見ていきたい。

　シカゴ学派は20世紀初頭に生態学の発想法を借用し，都市生態学を確立した。都市生態学が自然科学の生態学から引き継いだのは，さまざまな集団とその環境との関係に対する関心である。生物が競争を経てそれぞれの生態的地位を確立するように，都市生態学では，さまざまな社会集団の接触や対立や競争のパターンから都市独特の空間分化が帰結すると考えられた。産業は原材料や輸送手段にアクセスしやすい地域に集中する。労働者は職場の近くに住居を構える。比較的裕福な中流階級は，都市中心部に密集する企業やそこで働く労働者層を避けて郊外へ移っていく。中心ビジネス地区を軸として，都市は同心円のゾーンに分化して発展していく，という同心円理論がシカゴ学派によって提示された。

　生態学的考え方とともにシカゴで発達した考え方に，都市空間の規模，密度，異質性といった特徴が，そこに住む人々の生活様式に作用するという，生活様式としてのアーバニズムの理論がある。これはワースによって展開された考えで，都市における接触の非人格性や伝統的共同体の衰退がさまざまな社会病理につながるという考え方であった。

学説展開

　都市生態学もワースのアーバニズム論も，その後の研究で限界が指摘された。両者に共通するのは，都市の規模，密度，異質性を説明変数とする発想であるが，初期シカゴ学派以降の研究はこの考え方に対する批判を積み重ねた。例えばフィッシャー[2003]は，都市居住者と小規模町村の住民のパーソナル・ネットワークを調査し，都市生活が孤立に結びつくという「コミュニティの喪失」論は誤りだという。彼によれば，都市居住者と小規模町村のパーソナル・ネットワークの差異は，ライフスタイルの差異であって質的に優劣のあるものではない。都市は規模の小さな町や村では見られない多様な下位文化を発達させる。例えば人口全体では必ずしも多数ではない芸術家や知識人，性的少数者も，都市では共通の関心をもつ人たちによって担われる下位コミュニティに参加する機会が多い。

　ウェルマンもパーソナル・コミュニティ研究を通じて都市の人間関係が，「コミュニティの喪失」というよりは「コミュニティの解放」という事態に近いことを見いだしている。すなわち都市住民の人間関係は緩やかで，1人の人が状況において人間関係を使い分けるような形になっているが，そのことは人間関係の希薄化を直ちに意味するものではない，というのである（Wellman［1999］）。

　これらの研究によって都市社会学は今日，地域を分析単位として都市の物理的特徴から社会過程を説明する都市生態学的試みから，個人を分析単位として都市化過程の帰結を研究する「ネットワーク論的転換」を経験している。これらの研究は，近年急速に発達している関係資本に関する研究とも関係が深い。その第一人者であるパットナムは関係資本の「衰退論者」であり，米国社会の関係資本が衰退しつつあり，その遠因に郊外化などの都市の変容があると論じているが，ウェルマンはこれを批判する。ただし，パットナムが悲観的でウェルマンが楽観的という整理は必ずしも妥当ではない。パットナムは例えばインターネットがもたらす新しい紐帯の可能性を考慮しており，ウェルマンは20世紀後半に見られる，コクーニング（cocooning）というきわめて選択的な人間関係の形成パターンを指摘している。彼自身の表現を借りれば，「かつてはみんな映画館に行って帰りにピザ屋に寄ったのに，今ではビデオを借りてピザの宅配を頼む」のである。選択性の高い都市型の紐帯が，「コミュニティ喪失」のラベルになじまないにせよ，関係資本にどのような影響を及ぼすかは今後の重要な研究課題になるだろう。

09 Urban Society

歴史的現在

　前頁で述べたような両義性は，シカゴ学派の評価についても存在する。シカゴ学派にはワースに代表されるように，社会病理を都市の物理的構造と関連させる傾向があるが，シカゴ学派が全体として「コミュニティ喪失」論であったという整理は素朴だろう。都市という環境が人間にどのような影響を与えるかという問いを，シカゴ学派はジンメルからパークを経由して受け継ぐが，そのジンメルはベルリン子であり，都会人が計算高く冷たく無感動である一方で，個性豊かで理知的であることを指摘した。今日の学問の手続きからいえば印象論的だとの批判を免れないが，都市的生活様式の病理に拘泥する議論でないことは明白だ。

　また，パークの新聞論は，都市に特徴的な新聞の自然史であり，媒介されたコミュニケーションによって成立する新しい紐帯に着目している。後のアンダーソンの「想像の共同体」を彷彿とさせる関心がうかがえる。さらに，初期シカゴ学派の産業の立地に対する関心は，20世紀後半の情報社会化を受けて，情報社会論的アプローチに継承されている。この分野の代表的論者のサッセンは，情報化が都市における階層分化の過程に寄与しているという（Sassen [2001]）。サッセンはまた，情報技術は都市機能の分散をもたらすようにみえるが，実際にはニューヨーク，ロンドン，東京という「グローバル都市」への資本の集中が進むと論じる。情報技術の普及により，企業は空間の制約から自由になるかのようにみえる。しかし実際には，企業が必要とする情報技術は高度な物理的基盤に依存しており，そうした物理的基盤を供給できる場所は限られている。

　また，超国家的企業の経営を支援する生産者サービス――金融，保険，広告，法務，会計，特許などのサービス――は，高度な専門知識を必要とするために，専門家の共同作業が必要になることが多い。その際に必要なものは，簡単に転送できる「データ」ではなく，文脈に依存する「現場情報」である。これらの事情があいまって，情報化時代に企業の本社機能が一握りのグローバル都市に集中するという事態が起きているのである。

　グローバル都市で生産者サービスを提供する専門職従事者は，多くの場合高度なサービスを提供する「エリート」である。「ある人が法律家であるだけでなく，どこで法律業を営むかということが大事なのだ」という表現で，サッセンは専門職内部の位階構造とグローバル都市の関連を指摘しているのである。

展望

　グローバル都市には選りすぐりの専門職従事者が集まり，それを顧客とするアメニティが発達する。これらのアメニティは移民を含む低賃金の労働者を大量に雇用する。したがって，グローバル都市には高賃金の専門職従事者と低賃金の労働者が共在し，結果として都市内部の格差が拡大する傾向が認められると前頁でみたサッセンは論じている。「14番目」のような特殊なサービスは，今日の都市でも日々生まれている。ペットの散歩，眉のお手入れサービスなどが仕事として成立するのである。また，専門職従事者を顧客とする高級レストランやブランド店が都市に集中する。

　日本の都市社会学の発展は，グローバル都市東京を擁することからしても，アメリカの都市社会学を「受容する」といった受身のものではない。サッセンにとって東京はフィールドの1つである。日本の都市社会学者も積極的に，ウェルマンやフィッシャーらの理論を日本の都市に応用する試みに取り組んでいる。

　しかし，アメリカを中心に一般化されてきた命題を他の社会がどのように検討するかという課題を，日本の都市社会学はヨーロッパやアジア諸国の都市社会学とともに抱えている。都市の歴史も親族間の関係も国家の都市政策も，アメリカと日本では大きく異なる。例えばアメリカの都市社会学では，エスニック・グループの分離，いわゆるセグリゲーションが重要なテーマとならざるを得ない。また，都市空間の分化過程における移民の役割も，日本とは歴史と規模が異なる。研究の範囲を確定したうえで，世界の都市共通の課題と，固有の要素の関係を見極めることが今後の都市社会学研究には要請されるだろう。　　　　【秋吉美都】

文献
フィッシャー，C. S. [2003]『友人のあいだで暮らす』松本康他訳，未來社
パーク，R. [1986]『実験室としての都市』町村敬志他訳，御茶の水書房
Sassen, S. [2001] *The Global City: New York, London, Tokyo*, Princeton: Princeton Univeristy Press
ジンメル，G. [1976]「大都市と精神生活」『ジンメル著作集12』白水社
Wellman, B. [1999] "From Little Boxes to Loosely Bounded Networks: The Privatization and Domestication of Community," in Abu-Lugod, Janet (ed.), *Sociology for the Twenty-first Century: Continuities and Cutting Edges*, Chicago: University of Chicago Press
ワース，L. [1978]『都市化の社会学（増補版）』鈴木広編，誠信書房

10 家族 Family

基本視点

　私たちは通常，家族の一員としてこの世に生を享ける。結婚すると自分の家族ができる。いつか自分の家族に見送られて人生の終わりを迎える。家族とは，私たちが当たり前と考える人生の節目に深く関わる存在である。

　だが私たちが当たり前と考えるこのような家族の見方は，遠い過去から受け継がれ，未来へと続いていくものではない。また世界中の人々が共通して思い描く家族のとらえ方でもない。例えば日本では，家族とは第二次世界大戦以降になって広く使われるようになった新しい言葉である。家族という言葉より「家」という言葉の方が長い間使われてきたからだ。人類学では，世界の国や地域によって家族のあり方があまりに多様なので，家族の定義がなくなっている。

　それでは社会学は家族をどのように定義しているのだろうか。じつは社会学でも，すべての時代，あらゆる地域に共通する家族の定義を考える作業は，事実上，放棄されている。家族を「夫婦関係を基礎にして，親子，きょうだいなど少数の近親者を主要な成員とし，成員相互の深い感情的包絡で結ばれた，第1次的な福祉追求の集団である」（森岡・望月 [1983]）と考えることはできる。

　けれどもこの定義には，2つの大きな問題がある。

　第1に，現在日本では親族と家族との区別が明確ではないことである。日本の法律（民法725条）では，本人を中心にした六親等内の血族，配偶者および三親等内の姻族を親族として規定している。けれども親族のどこまでを家族というのかというと，その範囲を示す法律上の規定はない。

　第2の大きな問題は，家族に対する人々の価値観が多様なことである。例えば親に殺された子どものことを考えれば，すべての人にとって家族というものが第1次的な福祉追求の集団であるとはいえないだろう。

　しかし（この点は強調しておきたいのだが），たとえ期間限定的で地域限定的な見方であっても，調査や観察によって家族がもつ共通の特性を見つけ出し，その共通の特性がもつ意味を考えることには大きな意義がある。家族のもつ共通の特性は，私たちが生きている現在の社会がどのような状況にあるのかを，家族という日々の営みの場から示しているからだ。家族は，ある時代の社会の特性を示す1つの鏡でもある。

学説展開

　社会学は，社会の特性を映し出す家族をどのように論じてきたのだろうか。

　はじめに考えておかなければならないのは，私たちが一般的であると考える家族の見方が，（産業革命と市民革命以後の西洋社会がたどった）近代という1つの時代の所産であることだ。社会学ではこの近代という時代に一般的であると見なされている家族のあり方を「近代家族」と呼ぶ。

　近代家族は，社会史研究者であるショーターが提示した用語である。ショーターは，近代家族を「ロマンス革命，母子の情緒的絆，世帯の自立性」を条件にして成り立つ家族であると定義した（ショーター［1987］）。ショーターの定義に従って，近代家族を，市民革命以降の民主的な社会の誕生，個人化，恋愛観の変化，あるいは産業革命がもたらした母親の生産労働からの解放といった西洋・近代社会の特性を背景に成り立った家族のあり方である，と考えることができるだろう。

　ただし社会学における近代家族観については，用語の定義に先行する家族研究の源泉が少なくとも2つある。

　第1の源泉は，バージェスらが提示した「友愛家族」の概念である。ここでは制度や法によって統合された制度家族と対比されて，愛情や親密さによって統合されている友愛家族という概念が提示された。そして友愛家族に，個人の自由な選択や民主的な関係のあり方といった近代的な特徴が見いだされた。

　第2の源泉は，マードックの「核家族」概念である（マードック［1978］）。マードックは，「一組の夫婦と未婚の子どもからなる社会集団」に核家族という用語を付与した。そして彼は，核家族を多くの社会に共通する普遍的な概念であると考えた。マードックの核家族概念をもとに，パーソンズは家族を手段的機能（父）と表出的機能（母）といった機能面を中心にとらえた。そのうえで，家族のもつ諸機能が社会のあり方とどのように関わるのかを示した。

　もちろん近代家族は，ある社会においてさえ普遍的に通用する概念ではない。特に近代家族という概念が胚胎している，女性の家事労働を自明視して成り立つ父性中心的な家族観は，フェミニズム論者から激しく批判された。ただし近代家族は，夫婦や親子の友愛を基盤に成り立つ（と考えられている）現在の家族の特性を（一部分にせよ）示してはいる。家族研究においても複数の地域での比較調査によって，家族のあり方をとらえる努力がなされているといえよう。

10 Family

歴史的現在

アフリカの大地に，二足歩行によって印された足跡の化石が遺っている。この人類進化の歴史を証明する足跡は，一組の子どもと大人のものである。だが彼らを現在確認できる「人類初の家族」と見なすことはできないだろう。種を遺し生き延びるために人類は集団で暮らすことを選択したが，家族は人類が選択したこの集団生活から"派生"した最小の集団であり，一組の夫婦を起源として発生した集団ではない。人類進化の歴史は，それぞれの集団から，集団の維持に不可欠な次世代の再生産のために家族という集団内の最小集団が生じたことを明らかにしているが，それぞれの集団をとりまく環境や子どもの生育条件によって，家族のあり方は多様な形をとる。

例えば，レヴィ＝ストロースが「未開」社会の研究によって明らかにしたように，それぞれの地域にその地域の社会集団にとって合理的な家族のあり方や結婚の習慣がある。けれどもどのような集団にあっても，家族はその起源以来背負ってきた「集団の利害」という問題から完全に解き放たれてはいない。

近代になると，西洋社会では家族に新たな機能が明確に課せられるようになった。家族に課せられた新たな機能を，近代を代表する哲学者の1人であるヘーゲルは，「愛」という言葉で表現した。ヘーゲルはいう。「家族は精神の直接的実体性として，精神の感ぜられる一体性，すなわち愛をおのれの規定としている」（ヘーゲル［2001: 34］）。さらにヘーゲルは，「愛」を「私と他者とが一体であるという意識」であると定義し，個人が1人の自我として独立するためには，この一体感が不可欠であり，それが家族の機能であると指摘した。

ヘーゲルが愛という言葉で表現した機能を課せられて，近代以降の西洋社会に出現した近代家族は，愛あるいは友愛という名のもとに（日本を含め）多くの国々に広がった。ただしヘーゲル自身が看破していたように，「愛は矛盾の惹起であると同時に矛盾の解消である」（ヘーゲル［2001: 35］）。家族への愛は，しばしば人を自己矛盾の葛藤へと追い込む。また家族それ自体にとっても，家族との一体性が家族の成員たちの相互依存性と結びつき，自我の独立を妨げる。ここで注意しておかなければならないのは，家族への愛が（私たちの目に見えないところで）集団の利害と結びついていることである。そしてそれは，私たちが日々くり返す行為の中で醸成されている。

展望

　愛がもたらす矛盾は，民主主義社会が抱える自己矛盾でもある。民主主義社会は，独立した自我をもつ個人を構成単位として構想されている。だが，（ヘーゲルの指摘に従えば）人は他者との一体性をもとに1人の自我となる。自我をもった構成員の育成のためには，他者との同一性が必要とされる。民主主義社会は，次世代の育成に必要とする成員たちの独立性と同一性という矛盾した状況をその構成原理としてしまうのだ。ところが実際には，この独立した自我の育成と他者との同一性という民主主義社会が抱える矛盾は，家族，さらにはその成員である個人に帰せられている。現在の民主主義社会にあっては，次世代の育成という機能を担ってきた家族が，民主主義社会が抱える矛盾を映し出す鏡となってはいないだろうか。

　ところで，次世代の育成という機能のほかにも，家族には民主主義社会に起因する矛盾を引き受ける理由がある。それは，ある個人が1人の自我となり，自我であるためには社会的役割を果たすことが必要であることだ。個人は，家族内で社会的役割を実行することによって，家族という最小集団の中での自我というその人にとっての第1次的な自我を取得する。

　けれども，家族内の社会的役割を実行する日々の実践は，個人を家族という他者との同一性の場に括りつける。現在の民主主義社会における家族は，民主主義社会の矛盾だけでなく，家族の成員たちが抱えるこの矛盾をも保持している。だが安直に矛盾の解消を求めることは，むしろ危険であろう。家族に似せて作られた国家と国家に似た家族とが他者との同一性の場を共有した（擬制の）「家族国家」の帰結は，60年前の日本で人々が経験した歴史的教訓だったのではないだろうか。

【德久美生子】

文献
ヘーゲル，G. W. F. ［1967］『法の哲学』藤野渉他訳，中央公論新社
レヴィ＝ストロース，C. ［2000］『親族の基本構造』福井和美訳，青弓社
マードック，G. P. ［1978］『社会構造』内藤莞爾他訳，新泉社
森岡清美・望月嵩編［1983］『新しい家族社会学（初版）』培風館
パーソンズ，T. ／ベールズ，R. F. ［1981］『家族―核家族と子どもの社会化』橋爪貞雄他訳，黎明書房
ショーター，E. ［1987］『近代家族の形成』田中俊宏他訳，昭和堂

11 現代の結婚
Marriage in Modern Society

基本視点

近年の日本では，結婚をしない人が増え続けている。人々は結婚への意志を失ってきているのだろうか。それとも結婚はしたいが条件がそろわないのだろうか。本項では，社会学的な結婚の見方について考えてみよう。

そもそも人々は何を求めて結婚をするのだろうか。伝統的な社会，特に父系的な社会では，結婚は家という一種の「組織」を維持するための戦略という側面が強かった。こういった社会では女性は健康な働き手や跡継ぎを産む手段として家に迎え入れられたのであって（だから産めない時は生家に送り返されたりした），結婚についての意思決定も組織の統率者である家長（たいていは当事者の父親）が行うことが普通であった。

ところが近代化に伴い，結婚は徐々に結婚当事者の合意によってなされるものに変化してきた。もちろん「相手が好きだから結婚する」という面が重要なものだろう。近年のほとんどの結婚は，それがたとえお見合い結婚であっても，恋愛感情を前提としている。しかし単なる恋愛関係と違う結婚の特性は，そこで「総合的な満足」を満たすことが期待されているということだ。人は空気を食べて生きているわけではないのだから，「好きだから」でカバーできる範囲と，できない範囲がある。近代社会において当事者たちが結婚に期待するものとしては，大きく分けて以下の5つがある。

・収入（生活の安定）
・家事・育児・介護サービス
・性的満足
・メンタル・サポート（精神的安定）
・子ども

このうち経済収入と家事・育児・介護サービスは，「男が働き女が家を守る」という性別役割分業規範のもと，夫婦間で交換がなされてきた。ところが，社会環境の変化がこういった古典的な結婚のあり方に変化をもたらしつつある。その変化とは，「家事サービスの市場化」と「女性の社会進出」（このどちらも「女性労働の市場化」と言い換えられる）である。これらがもたらし得る影響については，次頁で説明していこう。

学説展開

「結婚に期待するもの」について，もう少し広い理論的枠組みから考えてみよう。

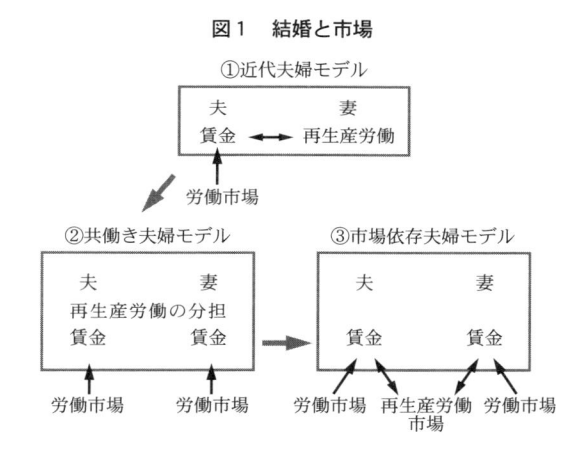

図1　結婚と市場

①近代夫婦モデル

夫	妻
賃金 ⟷	再生産労働

↓労働市場

②共働き夫婦モデル

夫	妻
再生産労働の分担	
賃金	賃金

労働市場　労働市場

③市場依存夫婦モデル

夫	妻
賃金	賃金

労働市場　再生産労働　労働市場
　　　　　市場

図1の中の「再生産労働」とは，いわゆる家事労働のことである。なぜこういう言い方をするのか。それは，食事の用意を「家事」と呼んでしまうと，外で食事をすることがうまく表現できなくなるからだ。食事・清掃・洗濯などを再生産労働と呼べば，「再生産労働を家庭で調達するか市場で調達するか（あるいは政府から供給を受けるか）」といった問題設定を論じやすくなる。

さらに図を見てほしい。性別役割分業が意味をもつのは①，女性の社会進出が進むと，夫婦は②のモデルを経験する。公平な夫婦であれば，夫婦それぞれが家庭に持ち込む賃金や労働時間に応じて家事分担の量が決まるはずであるが，日本においては，妻は夫と同じ程度働いていてもほとんどの家事をこなしているのが現状だ。平均的にいえば，男性の家事の量は女性の約8分の1程度である。男性は結婚すれば女性に家事の負担を求めることが多い。あるいは分担する気持ちはあっても，家事スキルの欠如からくる非効率性のために，妻が家事を引き受けているという事情もあろう。結婚が働く女性の負担を重くするだけなら，女性の側が結婚に強い動機をもてなくなるのは不思議なことではない。

11 Marriage in Modern Society

歴史的現在

　日本の現状は，前頁の②のモデルに近く，③のような再生産労働の大半を外部から調達しているような夫婦はまだ数少ない。再生産労働は依然として家庭内で調達されることが多い。男女共同参画社会の実現には家庭内での共同参画，つまり公平な家事分担が必要であるという問題意識から，社会学では家事分担についての研究が盛んになされてきた。しかし分担の公平性は一向に実現しない。この理由について，以下で国際的な観点から見ていきたい。ただし，その前に家事分担に関して，もう少し検討しておこう。

　家事分担を説明する要因については，いくつかの仮説が実証されてきた。例えば，以下の要因が確認されている。

　　①夫婦の収入格差
　　②夫婦の労働時間格差
　　③その必要性
　　④性別分業イデオロギー

　①や②は「収入格差や労働時間の長さに応じて家事分担が決まる」というもので，理解しやすいだろう。③は子どもが生まれるなど，必要に応じて夫が家事を負担するというもの，④は「そもそも家事は女性がやるものだ」という価値観による，とする考え方である。

　この４つの要因は，日本でも諸外国でも家事分担を決める要因であるが，じつは家事分担のうちこういった要因で説明できる部分は実際には非常に少ない。簡単にいえば，「日本ではどんな家庭でも（たとえ夫婦の収入が同じ家庭でも）女性が家事の大半を行っている」というのが現実に近い。

　欧米などの諸外国でも家事の分担は女性に偏っているが，その度合いは日本よりもずっと小さい。その理由は，女性が結婚してもフルタイムで就業することが多いからではない。わかりやすくいえば，欧米では「共働きの夫婦は平等に分担し，他方で専業主婦は家事を多く引き受ける」という公平性の原理が日本よりもずっと強い。家事労働が市場化されつつあるとはいえ，家事の公平な負担が男女共同参画の推進剤になることには間違いない。そこでは「意識改革」が１つのキーとなっている。

展望

　日本と欧米の結婚を比べた時，最も顕著な違いは結婚そのものの形というよりは，「同棲」である。欧米では，結婚せずに同棲のまま子どもを作り，老後を迎えることは別段珍しくもないし（図2参照），少なくとも結婚の前に同棲を経験するという筋道が一般的である。

図2　4カ国の同棲率比較

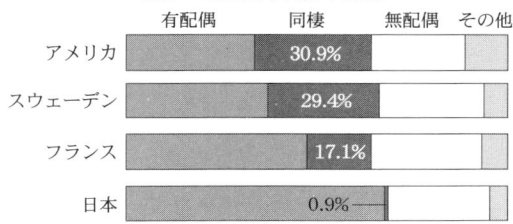

	有配偶	同棲	無配偶	その他
アメリカ		30.9%		
スウェーデン		29.4%		
フランス		17.1%		
日本		0.9%		

　欧米を中心に同棲が増えている理由は単純だ。そもそも結婚が「両性の自由な合意」となった時から，結婚が公式的な結婚である必要性はなくなったといってもよい。伝統的な価値観からの抵抗が薄れるにつれ，人々が結婚にこだわらなくなるのはむしろ自然なことであるといえる。

　また，欧米において「最終的には結婚したい」と考えている人でも，結婚の前には同棲を経験するのが普通である。多くの人がこの「同棲→結婚」というコースをとることの1つの理由は，同棲することによって相手との相性をチェックしたいという思いがあるからだ。結婚して生活をともにするということは，関係を解消する際にかかるコストも大きいということである。それならば，結婚相手の選択の段階において，離婚のリスクを減らそうと考えることもまた，自然な方策であるといえるのではないだろうか。

【筒井淳也】

文献

内閣府［2006］『少子化に関する国際意識調査』
　　（http://www8.cao.go.jp/shoushi/cyousa/cyousa17/kokusai/ishiki.pdf）
国立社会保障・人口問題研究所［2006］『第13回出生動向基本調査』
山田昌弘［1996］『結婚の社会学』丸善ライブラリー

12 人口問題と高齢化社会

Population and Aging Society

基本視点

　人類の歴史上類を見ない「人口減少社会」が今到来しつつある。日本は2005年を境に人口が減りはじめ，同時に他の社会が経験したことのない「超高齢社会」を迎えつつある。

　人口問題を理解するためには，何よりも「人口転換理論」を把握することが肝心である。人口転換理論とは，社会は高出生率・高死亡率の「多産多死」の状態（第1段階）から，過渡的に高出生率・低死亡率の「多産少死」状態（第2段階）を経由して，最後に「少産少死」の状態（第3段階）に到達する，という考え方である。

　死亡率の低下をもたらしたのは一般には公衆衛生の発達による乳児死亡率の低下，経済成長（所得増大）による栄養状態の改善があると考えられている。他方，少子化をもたらすのは，大きく分けて晩婚化（あるいは非婚化）と夫婦出生力の低下であると考えられており，日本では前者の影響が無視できないほど大きいが，北欧のように同棲状態で子どもをつくるケースが多い社会ではこの図式は当てはまりにくい。

　夫婦出生力の低下をもたらした要因についても諸説がある。産業化（脱農業社会）・義務教育制度によって，子どもをたくさん作って働かせることが利益を生まなくなり，同時に子どもを育てるコスト（養育費）も肥大化することがまず挙げられる。ほかにも避妊の普及など複合的な要因が考えられている。

　人口学者の間では，少産少死の第3段階で人口は一定状態に落ち着くと考えられていたが，実際にはこの予想は外れてしまった。人口置換水準を下回っても，多くの先進国では出生率が下げ止まらなかった。早くから産業化が徐々に進んできた国々（イギリスやフランス）は子育てしやすい社会制度を充実させて出生率を回復させたが，戦後急激に経済発展したドイツ，イタリア，日本，そして最近になって急速に成長した東アジアの国々（韓国，台湾）は，驚異的な出生率の落ち込みを経験している。イギリスやフランスのように出生率が徐々に下がってきた国では高齢化の影響は緩和されるが，出生率が急激に下がるということは，高齢者の多さに比して若者が非常に少ない社会が到来する，ということだ。人口問題については理解すべきさまざまな専門用語がある。次頁で簡潔に解説しておこう。

学説展開

合計特殊出生率（TFR: Total Fertility Rate）：一般的には「女性が一生に産む子どもの人数」であるとして説明されるが，正確には，ある時点で，出産可能年齢（一般に 15-49 歳）の女性について年齢ごとの平均出産数を合計したものである。

各年齢の平均出産数がすべて 0.06 人だとすれば，TFR は 0.06 × 35 で 2.1 となる。一般に TFR が 2.08 で「人口置換水準」であるといわれる（出生率の国際比較に関しては次の【歴史的現在】を参照のこと）。人口置換水準とは，社会の人口が一定であり続けるための TFR の値である。日本の TFR は 2000-05 年で 1.3 となっており，イタリア（1.3）や韓国（1.2）とともに人口置換水準を大きく下回っている。

高齢化社会：高齢化については統一された定義が存在するわけではないが，65 歳以上の人口が全人口に占める割合（高齢化率）が 7％を超えた場合に「高齢化社会」と呼ぶことが多い。日本の 2005 年の高齢化率は約 20％であり，先進国の中でも一足早く「超高齢社会」に突入しつつある。

表は，2005 年および 2050 年の時点で年齢中央値（年齢が上の者から並べた時，ちょうど半分に当たる者の年齢）の推計値が国連加盟国中，上から 1 位 2 位 3 位と下から 1 位 2 位 3 位の国のリストである。日本の 2050 年の予想年齢中央値は 52 歳を超えている。人口の半分以上が 50 歳以上という，ある意味で異常な社会が到来しようとしているのである。

2005 年，2050 年の年齢中央値

	2005		2050	
1 位	日本	42.9	韓国	53.9
2 位	イタリア	42.3	イタリア	52.5
3 位	ドイツ	42.1	日本	52.3
1 位	ウガンダ	14.8	ブルンジ	20.3
2 位	ニジェール	15.5	ウガンダ	20.5
3 位	マリ	15.8	リベリア	20.9

United Nations [2005]

12 Population and Aging Society

歴史的現在

　グローバルな視点から見た時，現在の人口構造変化は2つの問題を抱えている。1つは先進国における少子高齢化である。下図に示したように，近年急激な経済成長を遂げた国々ほど出生率の急落を経験しており，一部の国々ではTFRが1.2を下回る事態となっている。低出生率が経済成長や社会保障の維持に影響を及ぼす可能性については後にもふれる。ここでは，もう1つの人口問題である人口爆発について説明しておこう。

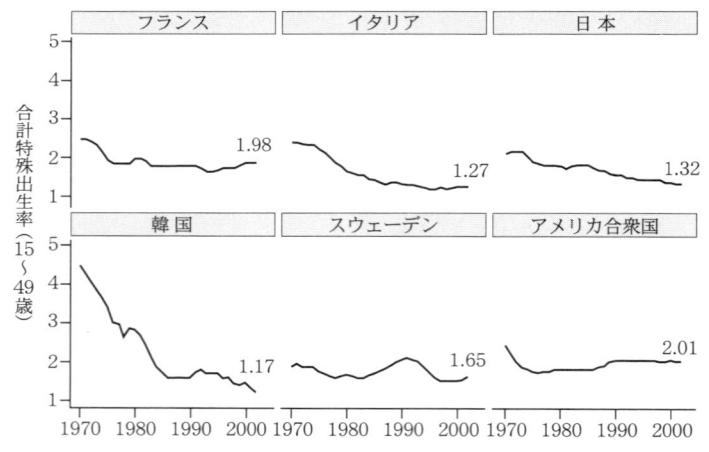

TFRの国際比較（1970年代～2002年）

フランス	イタリア	日本
1.98	1.27	1.32

韓国	スウェーデン	アメリカ合衆国
1.17	1.65	2.01

合計特殊出生率（15～49歳）

　多くの発展途上国では20世紀中に非常に高い出生率を経験しており，この傾向は未だに継続している。人口爆発はアメリカ合衆国や日本などの先進国も経験しており，その後の経済成長の中で出生率は下がっている。しかし途上国での人口爆発は事情が異なる。まず，多くの途上国はグローバル化の流れの中で経済成長を鈍化させている。現在の先進国は，多かれ少なかれ保護主義的な政策をとることで自国の経済インフラを整備してきた面がある。他方で現在の途上国では，IMFなどの世界機関が世界規模の市場化（いわゆるグローバリズム政策）を推し進めてきたせいで，思うように経済成長を経験できていないのである。

展望

　グローバリズムのもとでの歪んだ経済発展で，途上国では貧富の格差が極端に拡大し，また国民的な規模での教育水準の向上も産業化も進まない。そして高い出生率が維持される。途上国は子を数多く作ることで生活を維持させようとする家庭が多く，またこのことが結果的に経済成長を鈍化させている。

　他方で，途上国がかつての先進国並みの経済成長を実現できたとしても，これはこれで別の深刻な問題を引き起こしてしまう。環境破壊，特に温暖化である。環境破壊は国境を越えて人類全体の安全に深刻な影響を及ぼす。いずれにしろ人口問題はグローバル化の問題と切っても切り離せない問題である。

　最後に，日本などが経験しつつある少子高齢化社会の問題について見ておく。少子高齢化の問題には2つの側面がある。マクロな側面とミクロな側面である。

　マクロな問題としての少子高齢化の問題とは，人口構成比が高齢層に傾くことにより，社会保障水準を維持することが困難になることだ。赤川は，出生率低下を国家レベルの問題としてとらえる見方に対して「出産と育児を無理に促進するくらいなら少子化を前提とした制度作りをし，生まないという選択をした者が不利になることがないようにすべきだ」と提言した（赤川［2004］）。しかし他方で，そのために経済的豊かさを損ねる可能性も吟味する必要がある。産む人と産まない人を差別しないライフスタイルの中立的な制度設計と，ある程度の経済成長や社会的安心を両立させるという困難に対処する課題もある。

　ミクロな問題は，親族構造の変化をも引き起こす点である。少子化は親族の減少を意味する。ここで問題となるのが，日本では伝統的に介護などの福祉サポートを市場や国家ではなく親族に頼ってきた点だ。少子化によってこうしたサポート構造は立ちゆかなくなる。サポート提供源を市場，国家，あるいは市民団体などに移していかないと，親族の有無で格差が生じてくる恐れがある。　【筒井淳也】

文献

赤川学［2004］『子どもが減って何が悪いか』筑摩書房
内閣府［2006］『平成18年度版高齢化社会白書』
United Nations Department of Economic and Social Affairs / Population Division [2005] *World Population Prospects: The 2004 Revision*, NewYork: United Nations

13 ジェンダーと性役割
Gender and Sex Role

基本視点

「ジェンダー」という概念：社会学の課題が「当たり前」なものを「当たり前」とは異なることがあると示すことであれば，性別に関わる社会的な事柄は，社会学のまさに中心的テーマである。私たちは普段，「女」としてあるいは「男」として社会的生活を送る。生活のどんな一場面も，性別をめぐる「当たり前」とは無関係ではない。そんな性別をめぐる「当たり前」を考える道具が「ジェンダー」概念である。

「ジェンダー」という言葉はもともと文法的な性を表す語だが，1960年代から展開された第2波フェミニズム運動を経て，生物学的性別（「セックス」）とは区別された文化的・心理的・歴史的性別を示す言葉として使われるようになった。ジェンダー概念は，性別による区別は自然的・生得的なものではなく，きわめて社会的なものであるという主張を含む構築主義的な考えの代表選手である。

ジェンダー概念によって疑問に付される性別をめぐる「当たり前」は，おおざっぱにいって次の2つに分類できる。第1に，「女は〜だ」「男は〜だ」といった，「自然」の性別を根拠とした常識である。『話を聞かない男，地図を読めない女』という本が少し前に話題になったが，「女／男は〜が苦手／得意」とか「〜は女／男の方が向いている」といった表現を，よく耳にする。第1の論点は，生物学的性別と人の行動様式パターンの必然的結びつきへの問い直しである。

第2は，生物学的性別そのものへの問い直しである。ジェンダー概念によってジェンダーは社会的構築物として認識されるようになったが，自然で生物学的な性別である「セックス」そのものが社会的構築物だという主張が，バトラーをはじめとするフェミニスト研究者から展開された。「セックス」は，ジェンダー化された言説によって形成されるカテゴリーであり，「自然」と思っている生物学的性別もまた，社会的なものなのである，と。

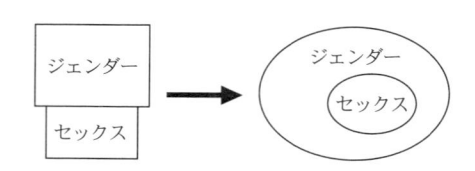

学説展開

性役割：ジェンダー概念が生まれた背景には、「性役割」への問題意識が大きく関わっている。性役割とは、生物学的性別を理由に社会的に割り振られた一連の行動様式のパターンをさすものである。

第1波フェミニズム運動は、フランス革命から20世紀初頭まで、法律上の男女平等を求めて展開された運動である。アメリカ合衆国では婦人参政権が1920年に認められたにもかかわらず、1960年代になって法律上の明確な性差別がなくなっても、社会における女性の実質的な地位はなかなか向上しなかった。

そのような状況の中で、社会の中に根強く存在する家庭責任・育児責任を含めた性役割の男女間の相違が、結果的に社会における地位の差を生み出しているのではないか、という気づきが生まれた。ここから、1960年代から主として先進諸国で展開された運動が第2波フェミニズム運動といわれる。

この運動の中で生まれた女性学の初期には、公的領域における性別による相違に焦点をあてた性役割論が展開された。類似の用語に、女性学による「性別分業」があるが、家事が労働であるという意味合いを強く含む。

家事：社会学は、近代社会とは人々が属性や出自によりしばられなくなることを特徴の1つとして記述する。しかし女性にとって、近代化とは性役割により強くしばられる過程であったともいえる。

「家事労働」が市場労働とは区別された形で形成されたのは、そう古いことではない。家庭でもっぱら家事労働を行う「専業主婦」層が形成されるようになるのは、産業化と密接なつながりをもつ。欧米では19世紀、日本では大正時代に一部の高収入サラリーマン層から始まる。日本で専業主婦が一般化し、一方で男性が家事から遠ざかったのは戦後の高度成長期であった。フェミニズム運動は、主に女性が担ってきた家事を「労働」として位置づけ、それが社会的に有用でありながら、支払われない労働（アンペイド・ワーク）であることを発見し、さまざまな成果を上げてきた。

性別分業体制下で主婦によって無償で担われることが期待される再生産労働＝家事労働は、「家父長制」における女性抑圧の物質的基盤として、主としてマルクス主義フェミニズムによって探求がなされた。

13 Gender and Sex Role

歴史的現在

　ジェンダーをめぐる研究や運動は，主として女というカテゴリーをめぐって展開されているが，先進諸国で起こった第2波フェミニズム運動が拡大していくにつれ，フェミニズム内部でさまざまな批判がなされるようになる。批判の対象は，「女」という同一性の自明性である。

　「女性の抑圧」というけれども，第2波フェミニズム運動が指す女性とは，豊かな先進国の中産階級白人女性を暗黙に指しているのではないのか。フェミニズム思想の中にレイシズムが潜んでいるのではないか。同じ「女」であっても，エスニック・マイノリティや非欧米諸国の女性，発展途上国の女性はそれぞれまったく異なるリアリティの中で生きているのではないのか。さらに，初期のラディカル・フェミニズムは「異性愛」を女性抑圧の源泉として批判はしたものの，異性愛の自明性は問わなかった。レズビアン・フェミニストからは，「強制的異性愛」の制度が女性抑圧の根源との主張がなされるようになる。「女という同一性」に基づいた研究や運動への批判はジェンダー論に深みと広がりを与え，さまざまな研究成果を生み出している。

　ジェンダーは，「差別する男性と差別される女性」という単純でわかりやすい図式では考えきれないたくさんの課題を含む。上に挙げたレイシズムや強制的異性愛のほかにも，グローバル化に伴う労働力の国際移動に関わる労働の問題の複雑化，リプロダクティブ・ヘルス／ライツや先端生殖医療技術をめぐる問題，ドメスティック・バイオレンスやセクシュアル・ハラスメント，性暴力や性の商品化の問題などを挙げることができる。

　また，労働とジェンダーという古くからある分野についても，格差はより複雑な形で現れてきている。日本では1986年に男女雇用機会均等法が，1999年には改正均等法が施行され，賃金の男女格差は少しずつ縮小している。しかし，フルタイム労働者においては性別による差別が減少しつつある一方，これまで「女性社員」が担ってきた地位の低い仕事を派遣社員やパート労働者に担わせるという傾向も多く見られ，結果的に派遣労働者の7割を占める女性が経済の底辺を支える，という事態は相変わらず継続していると見ることができる。雇用の非正規化は性別にかかわらず私たちの労働に影響を与えているが，より複雑にジェンダー化された労働を分析する視角が必要とされている。

展望

ジェンダー論における構築主義と本質主義：ジェンダー概念は，性の本質主義に対する構築主義的視点からの批判としての意味合いをもつ。ジェンダーは性別に意味を付与する私たちの知識から成り，その知識の構築は主として言語を通じて絶え間なく行われている。構築主義的観点では，私の「女らしさ／男らしさ」，私の「性別」は，常に進行中の行為（doing）の中でのみ存在するのであり，ジェンダーとはこれらさまざまなふるまいのパターンの蓄積にすぎない。

とはいえ，ジェンダー論において本質主義的な議論を完全に否定できるかといえばそうともいえない。市井に生きる私たちが経験するリアリティは性別によって異なり，女／男として生きるがゆえの問題も実際多い。もし，「女／男であるからコレコレの困難を経験した」とか「性別で差別されている」と語ったり異議申し立てをするというふるまい自体が「女」や「男」という性別を構築するとしたら，異議申し立てはとても難しくなる。また，ゲイ・スタディーズにおいて「戦略的本質主義」（第Ⅱ部の21の項を参照）が用いられることも多い。

ジェンダーと相互行為：ジェンダーという道具を使いながら，性別に関する私たちの「当たり前」は，さまざまな方面から「当たり前ではないもの」として脱自明化されてきた。しかし，日常の相互行為において私たちがジェンダーを構築するメカニズムは，十分解明されたとはいいがたい。

フーコーは『性の歴史』においてセクシュアリティについての言説を検討し，またエスノメソドロジーは会話分析によって会話の中のジェンダー構築過程を分析している。しかし，ある言説のヴァージョンがいかにして流布したり，また「真理」と見なされたりするのか，私たちはそれらの言説をどのように参照してジェンダーを構築するのかなど，具体的な過程のさらなる探求が求められる段階にきている。

【瀧則子】

文献
バトラー，J. [1999]『ジェンダー・トラブル』竹村和子訳，青土社
江原由美子・山崎敬一編 [2006]『ジェンダーと社会理論』有斐閣
フーコー，M. [1986]『性の歴史（1・2・3）』渡辺守章訳，新潮社
加藤秀一 [2006]『ジェンダー入門：知らないと恥ずかしい』朝日新聞社
上野千鶴子 [1990]『家父長制と資本制：マルクス主義フェミニズムの地平』岩波書店

14 逸脱行動への視線
Perspectives to Deviant Behavior

基本視点

　かつて日本の共同体内には「若者組」という未婚者集団があった。資料的には，近世後期あたりからこの言葉が散見されるようになる。この集団にはだいたい15歳以上の未婚者が集い，互いに切磋琢磨して鍛錬したり，地域の祭りや防災などを受けもち，時には先輩から性的な教示を受けたりするもので，明治期以降は「青年会」や「青年団」に受け継がれていった。この集団は共同体の秩序維持に貢献することも多かったが，逆に時として集団心理も手伝い，例えば人騒がせな乱痴気騒ぎにエスカレートすることもあったようだ。当然のことだが，そうした場合は共同体の迷惑の種でもあったに違いない。

　このような史実的リアリティから考えても，共同体の担い手となるべき若者は，先輩たちから秩序的世界を構成する〈制度〉(institutions) を確固と継承しつつも，そうした制度を改良・変革する主体であると同時に，そうした制度的世界からはずれていく逸脱行動の主体でもあった。こうして古来より若者と逸脱現象は縁深いものであったし，これからもそうであろう。ただし，若者論は次の項に委ねることになっているので，ここでは逸脱行動の主要な主体としての若者観を確認するにとどめて，「逸脱とは何か」という根本問題を議論することにしよう。

　私たちには，通常，自分自身を〈普通の人〉と自明視したうえで，誰かを〈どこか違っている，どこかズレていてちょっと変な人〉と決めつけてしまう性向があるようだ。しかし，そもそも〈普通の人〉とはどんな人だろうか。〈普通の人〉であることを証明してもらった人がどこにいるだろうか。こうした問いに明確に答えることは不可能である。にもかかわらず，単に〈自分たちと違っている〉と感じられたにすぎない人を〈変な人〉に仕立て上げてしまう性向が認められるのである。こうしたマイナスの決めつけを押しつけられてしまった人のことを〈逸脱者〉という。言い換えれば，〈逸脱者〉とは〈普通の人〉と比べて何か違っていたり，〈普通の人〉が考えたりやったりすることからズレ＝偏倚していたりする (deviate)，と見なされる人のことである。そして，「逸脱行動」(deviant behavior) とは，「社会規範に違反する行動」や，「標準から大きくかけ離れていると見なされる行動」のことである。

学説展開

　逸脱論とは，逸脱現象や逸脱行動をめぐる議論の総称であり，そこでは通常「人はなぜ逸脱を犯すのか？」（原因論）とか，「どのようにしたら逸脱者に再び逸脱を犯させないようにできるのか？」（矯正論）をめぐって展開されてきた。

　17，18世紀西洋の啓蒙主義（社会契約論）の影響を受けた刑法学の古典学派では，犯罪行為は「合理的理性」をもった個人が自由意思に基づいて犯すものととらえられた。そこでは，「犯罪者」を問うというよりも，「犯罪行為」に対する道義的・道徳的責任が問われた。

　だが，軍隊・刑務所・精神病院などで医師として，法医学教室の大学教授として活動した19世紀イタリアのロンブローゾは，受刑者や精神病者など可能な限り数多くの人間の身体特徴を計測した（数値化）。そうしてロンブローゾは，彼らに顔面左右非対称，小頭，前額異常，耳の形の異常といった共通的な身体特徴を見いだした。こうした諸特徴は，隔世遺伝（祖先返り）のゆえであり，原始人に退化してしまったのだという。それゆえ，彼らは複雑化した近代社会的状況に対応できない存在として，つまり生来的な異常者として誕生したという。これが有名な「生来性犯罪人論」の骨子である。今日こうした素朴な考えを採用する者はほとんど存在しないが，「犯罪者を考察の対象に措定して，なぜそうなったのかを実証的に問う」という〈近代的逸脱論〉の道程を開いた意義は大きい。

　それに対して，デュルケムの社会学的立場は，分析単位を個人ではなく個人の行為を決定づける「社会的事実」に置くもので，「方法論的集合主義」といわれる。社会的事実は，個人に還元して説明することはできない。この構えから，きわめて個人的な行為と思える自殺や犯罪などの逸脱行動も，個人的次元に還元して説明することは許されない。それは，『社会分業論』における「犯罪だから集合意識を傷つけるのではなく，集合意識を傷つけるから犯罪なのだ」といった記述や，『社会学的方法の規準』における「犯罪は公共的な健康の一要因であり，およそ健康的な社会にとって不可欠な一部分をなしている」といった記述に表現されている（犯罪の正常性，犯罪の潜在機能）。さらにこうした構えは，好況期における自殺の増加を説明する際に，個人の置かれた欲望の無規制状態＝アノミー（anomie）を取り上げた『自殺論』にも貫かれている。

14 Perspectives to Deviant Behavior

歴史的現在

　同心円地帯理論などで知られる「シカゴ学派」の議論は，人の移動（mobility）と逸脱現象の関係に着目した。ヨーロッパからの移民や南部からの移住により，大都市シカゴでは，官庁やオフィス・ビルなどのあるビジネス地区中心（Ⅰ）を取り巻く地域（Ⅱ）に人口集中が起きる。後続の流入もⅡを目指してやってくる。それゆえ，そこでは多民族・多人種が集まり，文化的ぶつかり合いが生じ，スラム化も起きる。そのために，犯罪などの逸脱の温床にもなる。人々は経済的に成功すれば，そこから郊外（Ⅲ）に逃げ出す。すると，空いたところに次の移動者が入り込み，またスラム化が進む。このようにⅡの地域は常に人の出入りが活発で過渡的な特徴をもつため「遷移地帯」と名付けられ，そこに犯罪，病気，自殺などのさまざまな問題が発生するとされた。

　こうした論点は，以下の「文化としての逸脱」の議論へと発展する。
- 犯罪は相異なる文化的な葛藤により生ずるという議論（文化葛藤論）
- 自ら所属する下級の労働者階級特有の文化（焦点・関心）に従うことにより，（中流階級の文化から構成・解釈される）社会的規則への違反となってしまうという議論（下級階級文化の理論）
- 犯罪文化との接触とそこにおける犯罪行動の学習の結果として犯罪をとらえる議論（分化的接触論）
- 労働者階級に属しながらも社会的価値（中産階級の価値）とのあいだを揺れ動く少年の姿を描き，中産階級の価値に対する反動形成が非行副次文化を生み出し，それが非行を促進するという議論（非行副次文化の理論）
- アメリカ社会における「文化的目標」として金銭的成功を共有している一方で，これを実現する高等教育という「制度的手段」が階層的に不平等に配分されているところに由来する社会的緊張状態が逸脱を誘発するという議論（マートンのアノミー論）……など。

　ロンブローゾによって展開された〈近代的逸脱論〉は，身体測定に見られるようにいささかグロテスクではあるが，数値化という近代科学的手法を駆使した実証的研究の走りであった。こうした実証的研究の方向性はデュルケムの逸脱論を経由して，シカゴ学派に始まるアメリカ逸脱論にも連綿と受け継がれ，今日の社会学的研究の基礎を作り上げてきた。

展望

 これまで概観してきた原因論（過去）や矯正論（未来）を前提とした逸脱論は，私たちに逸脱現象をめぐってどれだけの確実性や信憑性をもたらしただろうか。つまり，真の逸脱原因はつかめただろうか。逸脱者は矯正され，本当に再び同じ過ちを犯さないのだろうか。こうした問いに対して，いつも消極的な応答がなされてきた。それゆえ，別様の問いの形式が求められることになる。それが「いったい誰が逸脱を規定するのか」というものである。

 逸脱論においてレイベリング論（ラベリング論）の登場は，一大エポックであった。すなわち，「逸脱とは人間の行為の性質ではなくして，むしろ，他者によってこの規則と制裁とが『違反者』に適用された結果」なのだというベッカーのレイベリング論は，逸脱原因を当該行為者に内属する問題性から説明することを否定し，むしろ逸脱とは他者の誰かによるレッテル貼り＝規定によりもたらされる点を指摘するもので，逸脱論における視座転換を迫るものであった。

 こうしたレイベリング論の議論から，「社会問題」とは，「これが社会問題だ」と申し立てを行い（クレイムし），人々による相互行為において／よって定義していく諸活動の産物だとする「社会問題の構築主義」が登場してくる。

 さらに，犯罪原因を探究することによって矯正教育に生かすことを主張してきた従前の犯罪学や，逸脱論の不確かさを前提に，そうした視座よりも犯罪・逸脱の「機会」を減ずることによって，その被害にあうことから逃れることを目指す視座が登場する。「環境犯罪学」の視座だ。例えば，犯罪成立の3条件として，動機をもった犯罪者，ちょうどいい標的，監視者の不在を挙げ，これらの3条件に具体的にどのように対処していくかで犯罪予防策を講ずることになる。そこでは，「犯罪者」そのものにアプローチするというよりも，犯罪者を取り巻く環境に着目し，「犯罪行為」のチャンスを減らすことが考えられるのである。

【佐野正彦】

文献

ベッカー，H. S.［1978］『アウトサイダーズ』村上直之訳，新泉社
マートン，R. K.［1961］『社会理論と社会構造』森東吾他訳，みすず書房
佐野正彦［2003］『逸脱論と〈常識〉』いなほ書房
矢島正見他［2004］『よくわかる犯罪社会学入門』学陽書房

教育と若者論

Education and the Youth

基本視点

　1990年代に入ってから，日本の若者が議論の俎上に載せられ，それを非難する言説も数多く見られる。「オタク」「フリーター」「パラサイトシングル」「ゲーム脳」「援助交際」「青少年犯罪」「若者の反社会性」「ニート」「イジメ」などは，日常用語と化したのみならず，若者像に不安の影を落としている。これらの現象は，若者の「モラル低下」「意欲のなさ」「社会的スキルの欠如」「自己中心性」などの，いわば自己責任の視点から批判される。さまざまな若者現象を混交し，その共通の原因を自己責任の欠如という単一の理由に還元する人は少なくない。ニート，フリーター，オタクなどは社会性欠如の象徴であろう。だが，若者は本当にそのような「けしからん」存在なのであろうか。

　浅野智彦は，メディアによる若者に関する現象の取り上げ方を「若者バッシング」という（浅野編［2006］）。だが，そのようなバッシングに反発する人は少ないとも述べている。女性は子どもを産む機械だとする政治家がいれば猛反発する人が多いのに対し，2004年に自民党幹事長がフリーターをサマワ（イラク）に送ればいいというような発言をしても，反応を示すメディアは少なかった。「今時の日本の若者は……」とつい思ってしまう人は，少なくないのだろう。

　しかし，それらの現象は，そもそも日本固有の問題だろうか。「ニート」というのは，元々イギリスで作られた NEET という記号に由来している（ただし日本の用法とは異なる。本田他［2006］参照）。さらにイジメ問題も，日本の問題であると同時に，中国や韓国の社会問題でもあるのではないか。オタク文化も世界に広がりつつあるのではないか。それらの問題は，日本の枠組みを越えて探究されるべき問題でもあるのではないだろうか。

　国際比較を利用し，日本人の若者の実態を把握しようとする論者もいるが（中里・松井［1999］），日本の若者の弱点を指摘することで終わる。しかし興味深いことは，モラルの低下や意欲のなさなど日本の若者固有の問題とされている点が，他国では若者一般ではなく，国民の特定部分に見られる傾向である点だ。例えば，フランスにおいては，郊外に多いアラブ系フランス人の若者は，モラルがなく，犯罪を起こし，規律を守らず，頑張ろうとしないと思われることが多い。保守政治家は，彼らを人間の屑呼ばわりしたうえで，愛国心，規律，努力や自己犠牲という価値観の重要さを訴えている。

学説展開

　若者の意識，価値観，態度の変化を論じる若者論は，社会学の1ジャンルとして確立された。だが「若者」という言葉は，「大人」や「老人」などと対比されるとしても，社会学的に見て決して明白な概念ではない。子どもでもなく大人でもない若者は，1970年代頃には「青年」と呼ばれた。学生運動の決定的挫折を象徴する72年の連合赤軍事件までは，その青年に関する問題がテーマとなった。60-70年代の青年論と呼ばれるジャンルでは，青年問題が労働，文化，政治の視点から論じられた。

　70年代の論者たちの多くは，問題とされた青年現象——学生運動，自分探しなど——を理解しようとすることよりも，それらの問題に対する処方箋を見つけようとした（小谷編［2003］）。この頃は，大人の側から青年をどう社会に取り込むかという問題意識に基づく学説が少なくない。青年期は，個人心理レベルで，大人になるのが困難で，健全な大人になるまでのモラトリアム（≒猶予）期間だと定義され，そしてその期間が段々長くなっているとされた。心理学，特にエリクソンのアイデンティティ発達論の影響を受けたそうした言説は，モラトリアム人間という概念にまで展開される（小此木［1978］）。

　脚光を浴びたこうした言説は，1980年代には「新人類」（マーケティング論で最初に用いられた後，筑紫哲也が『朝日ジャーナル』編集長を務めていた時に，その表現を使ったことで幅広く普及した）の登場である。発達論を離れ，青年という言葉も避けられ，「若者」という概念が普及したのはその頃である。しかも，幼児性の称揚が80年代文化の1つの特徴でもあった（小谷編［2003］）。本田和子は，その80年代の若者の文化は，秩序の総体にとっての脅威ではないとし，無害な子どもの世界の奥深い魅力をも語る（本田［1982］）。さらに本田は，若者の「他者性」を論じ，しかもその「他者性」は大人にとって目新しいもので，大人の文化を「活性化」させるとも述べた。また一般にも，メディアを使いこなせる若者は，情報化社会に対応できる存在だと期待された。

　だが，その「バラ色の若者像」は1989年の（少女誘拐殺人の）宮崎事件が起こって以来，変容し，オタク批判が再燃して，上述した90年代の若者論へと至ったのである。

15 Education and the Youth

歴史的現在

　日本においては，問題を起こす若者がけしからぬとされ，その若者の自己責任が問われながら，教育が問題だと嘆くことが通念になっているように思われる。教育によって個人が社会の一員としての自覚をもち，秩序を乱さない可能性が高まるという社会学者デュルケム的な視点，あるいは社会の道徳や倫理を教えることが重要だとする教育学者ヘルバルト的な視点から考えると，一理ある説だ。

　だがデュルケムはまた，教育を学生が吟味される装置だとも位置づけた。学生の能力や知能に応じて，彼らの進むべき道に導くのが教育の役割でもある。日本の受験教育も，人生のさまざまな決定が委ねられる教育である。西洋では子どもの能力に教育を合わせるのが平等だとされているのに対し，かつて日本では大学に入るまでどの子も同じように扱うのが平等とされていた。努力さえすれば，誰でも一流の大学に入ることができると思われていた。

　貧困問題がまだ社会問題として考えられていた1950-60年代には，下級層出身の子どもの成績が劣ることは意識されていた。しかし，日本が豊かになればなるほど，特に日本人の9割が中流意識を抱き，高校進学率も9割を超えた70年代，階層の影響は視野に入りにくかった。「教育爆発の時代」といわれた1960年代は，社会で出世するチャンスが教育によって平等になる希望があった。西洋では教室の中に社会階級が再現したため，そうした希望は散っていったのに対し，日本には階級・階層とはまったく縁のない学校文化の成立があったため，その希望が抱かれ続けてきた。だが苅谷剛彦の調査が証明するように，東大をはじめとする一流大学に合格する学生は私立高校出身者が年々上昇するのみならず，両親が恵まれた環境で育っていたという点もすでに70年代の事態であった（苅谷［1995］）。彼は，戦後において，そういう子どもの有力大学進学可能性が一般の子どもよりも3.5倍であり，機会均等の理念に反している事態がずっと続いていると論じる。

　ではわれわれは，若い世代と教育問題をどのように考えればいいのか。次に考えなければならないのは，この点だ。昨今，教育問題に関しては，「自己中」の子どもを「更正」させるために「ゆとり教育」を推奨する人々や，学力低下を嘆き「叩き込み教育」を推奨する人々がいる。しかしこうした方向で，問題は解決するのか。この点を最後に考えたい。

展望

　ゆとり教育の目的は，子どもを受験から解放し，子どもが関心のあることを学び，友だちと遊ぶことによって発達していくようにすることである。だが，大人が「ゆとり生活」を送っていない日本社会で，そうしたことが可能なのか（小谷編［2003］）。他方，叩き込み教育は，教育が国家エリートを生み出す過程だと考え，一種の国家主義的発想となる。大学進学が上昇する中，そのような思想を抱く人は過去の理想にとらわれているのではないか。仮に教育により日本の子どもの成績が世界一になったところで，それが現代日本で本当に必要なことなのか。21世紀は，むしろ豊かな想像力の方が重要なのではないか。

　労働市場の影響が学校のあり方をも左右し，グローバリズム，雇用不安，少子高齢化などで，若者は将来への不安や空虚感に襲われる。そこで「頑張れ，責任を取れ，大人になれ」といい，愛国心を促そうとしても，大人の世界が，若者に希望に満ちた夢の抱ける社会を提示しない限り，不安解消はありえない。また企業が，フリーターなど30％の非正規社員を必要とするにもかかわらず，彼らを軽蔑し正社員になる道を閉ざすとすれば，働く意欲も促されない。非社会的な存在と貶められている彼らは，社会との絆を脆弱なものにしてしまう。

　経済問題や環境問題などがもはや1つの国の問題ではない時代において，むしろ国際協力・国際交流にこそ夢の可能性があるのかもしれない。日本という枠を越えて世界に目を向けることが，今重要なのではないか。英語の勉強は受験科目だからではなく，外国人と交流のためだとすれば意欲も異なろう。市場主義，競争原理の受験教育ではなく，人間的交流に富んだ教育はいかにして実現可能か。これが今日本の教育で問われている点の1つであろう。　【シルヴァン・ブラン】

文献
浅野智彦編［2006］『検証・若者の変貌』勁草書房
本田和子［1982］『異文化としての子ども』紀伊國屋書店
本田由紀他［2006］『「ニート」って言うな！』光文社新書
苅谷剛彦［1995］『大衆教育社会のゆくえ』中公新書
小谷敏編［2003］『子供論を読む』世界思想社
中里至正・松井洋［1999］『日本の若者の弱点』毎日新聞社
小此木啓吾［1978］『モラトリアム人間の時代』中央公論新社

16 現代社会と宗教
Contemporary Society and Religion

基本視点

　現代社会において、「宗教（religion）」はどのような位置を占めているのだろうか。例えば、現在の日本を見れば、首相の靖国参拝やオウム真理教（現・アーレフ、ひかりの輪）のような「カルト」問題などの話題が頭に浮かぶ。とはいえ、宗教が日本社会で果たす役割は大きくないとされており、各種の世論調査でも自覚的に信仰をもっている日本人の割合は、20％台にすぎない。

　近代以降の「社会と宗教」の関係を説明する時、宗教研究者の間では「世俗化（secularization）」という概念が用いられる。これは、近代化による社会の機能分化や科学的知識の普及などによって、宗教が公的領域から撤退し、社会的影響力を失い、信仰が私的なものになることである。単純化していえば、近代化の進展によって、宗教が衰退していくという見方である。一方、こうした見方に対して、宗教は自己アイデンティティの形成や社会統合に不可欠のはたらきであると考え、宗教は不滅であると考える立場もある。

　こうした世俗化論が1960年代に欧米の研究者を中心に議論された。ところが、1979年のイラン革命に見られるように、1970年代以降、宗教衰退説に逆行する宗教復興という事態が世界各地で発生した。2001年のイスラム過激派によるアメリカ同時多発テロ事件は、まだ記憶に新しい出来事だろう。現在、私たちは、宗教の公的領域への再進出に立ち会っているのである。

　ここで、そもそも「宗教」とは何なのだろうか、という根本的な問題に立ち返ってみたい。じつはこれは難問で、宗教研究者の数だけ、「宗教」の定義があるといわれているほどだ。宗教の本質的な特徴は何だろうか。それをここでは、「聖なるもの」と考えてみよう。神や仏、霊魂など、古代から人間は自分を超えた聖なる存在に畏敬の念をもち、信仰してきた。この聖なるものに関する信念、実践、組織からなる社会現象を、「宗教」と規定しておく（デュルケム［1941］）。

　つまり、日常的な俗なるものと区別され、非日常的な聖なるものをめぐる社会現象が宗教であり、その聖なるものが人々に価値観や意味体系を提供し、社会秩序や政治制度を正当化していた世界から脱したのが、近代世界である。そして、世俗化論が想定した事態に逆行するような出来事が立ち現れているのが、現代世界である。すなわち、現代の「社会と宗教」の関係は、世俗化（脱聖化）と脱世俗化（再聖化）の拮抗関係として考えることができる。

学説展開

 次に、この聖なるものがどのように研究されてきたかを概観しよう。
 19世紀末から20世紀はじめに活躍した社会学の創始者たちにとって、聖なるものの研究は重要な課題だった。前述したデュルケムは、宗教が人々によって集合的にイメージされた聖と俗という世界認識から成り立つ社会現象であることを示し、宗教のもつ社会統合の力を明らかにした。近代世界を特徴づけているのは、聖と俗との分離である。ただし、両者の関係性を丁寧に見ていくことが重要だ。俗なる資本主義を成立させた原動力となったのが、宗教的エートスに基づくキリスト教徒の聖なる実践（世俗内禁欲）であるという逆説を明らかにしたのが、ヴェーバーの『プロテスタンティズムの倫理と資本主義の精神』［原著1905年］である。聖なるものと俗なるものとの一様ではない関係性が、近代世界の形成を読み解く鍵であることがわかる。さらに、人間にとっての聖なるものの顕われを、「ヒエロファニー（聖体示現）」と名づけ、ここに宗教の本質を見たのが、エリアーデである。近代の非宗教的な人間は世界を非聖化したと、『聖と俗』［原著1957年］で論じている。
 これらの研究者たちの議論を統合して、宗教を「聖なるコスモスを確立する人間の事業」であると定義したのが、バーガーの『聖なる天蓋』［原著1967年］である。彼によれば、社会を成立させている日常的な意味秩序（ノモス）を宇宙全体に投影したものがコスモス＝聖なる天蓋であり、この聖なる天蓋が個々人の生活や社会全体を意味づけ、安定させる。ところが、世俗的な領域が宗教の支配から離脱する世俗化によって、聖なる天蓋が消失し、宗教は個人化し、選択や趣向の問題となった。また、聖なるコスモスの基盤がもはや社会ではなく、個人であり、世俗化を宗教の個人化と考えたのが、ルックマンの『見えない宗教』［原著1967年］だ。宗教とは人間が生物学的性格を超越し、自己アイデンティティを形成する普遍的な機能であると説明された。こうした議論に対して、1980年代以降の世界各地におけるキリスト教の動向を取り上げ、宗教が公的領域に積極的に関わっていると分析したのが、カサノヴァの『近代世界の公共宗教』［原著1994年］である。宗教が果たす役割の再考が提起され、世俗化論が問い直されている。
 以上から、聖なるものが近現代世界の中でどのような役割を果たし、どのように変化してきたのかが、さまざまに論じられてきたことがわかるであろう。

16 Contemporary Society and Religion

歴史的現在

　では，実際に，現在の「社会と宗教」の関係をめぐる動向を見ていくことにしよう。ここでは，宗教の個人化と公共化の同時進行という観点から説明してみたい。これは，前述の世俗化（脱聖化）と脱世俗化（再聖化）の拮抗関係を敷衍したものである。従来の研究では，近代以降の「社会と宗教」の関係は，世俗化（脱聖化）→脱世俗化（再聖化）と単線的に説明されてきたが，現在，世俗化と脱世俗化が同時並行して進んでおり，2つの潮流を複眼的に見ることで，現代宗教の動向はよりクリアに理解できる（荒木［2001］）。

　宗教の個人化を象徴するのが，先進資本主義諸国に共通に見られる「スピリチュアリティ」である。日本語では「霊性」や「精神性」と訳されるが，ここでは超越的な（あるいは自己内在的な）存在や力とのつながりによって，自己変容をもたらす体験や意識，感覚と規定しておく。具体的には，ヒーリング，セラピー，代替医療，ヨガ，瞑想などである。スピリチュアリティ文化は，1960年代のアメリカのニューエイジを源流とするが，現代では欧米のみならず，日本や韓国にも広がっている。これは，個人での取り組みを基本とする宗教体験である。

　他方，宗教の公共化を象徴するのが，「ファンダメンタリズム」と「カルト」である。前者は，公共的な社会生活の中に本質的な原理＝宗教的要素を強化しようとする傾向のことである。もともと19世紀末から20世紀初頭のアメリカでのプロテスタント神学の動向を意味する言葉だったが，1970年代以降に勢力を伸ばしたイスラム勢力に用いられるようになり，現在では西アジアや南アジアの過激な政治活動を行う一部のイスラム勢力を指す。ただし，現代のアメリカでも宗教右派と呼ばれるキリスト教勢力が伸長し，大統領選挙にも影響を与えている。また，「カルト」とは元来，宗教集団の類型を表す学問的概念だったが，現在では反社会的・違法的な活動を行う宗教集団を意味する。「カルト」教団も公的領域への関与を重視している場合が多く，「カルト問題」は先進資本主義諸国に共通する現象である。

　以上のような宗教の個人化と公共化は，現代社会の変容を反映したものだ。前者は社会の個人化を反映しており，後者は冷戦構造の終結やグローバル化に伴う世界的な社会秩序の流動化に対する反動である。世俗化と脱世俗化の同時進行とは，俗なる社会の変容に伴う聖なるものの現代的展開なのである。

展望

 最後に、日本における聖なるものの現状と展望について考えてみたい。戦後直後の日本で信仰をもつ日本人の割合は、70％を超えていた（NHK世論調査）。それが現在、20％台まで減少していることはすでに紹介した。では、現代の日本人が、日頃まったく無宗教な生活を送っているかというと、そうではない。日本人の宗教性を考える場合、墓参や初詣、祭りのような民俗宗教的な慣行を考える必要がある。西山茂は、民俗宗教と密接に結びついた聖俗未分の家郷（イエやムラなどの伝統的な基礎的共同社会）の解体に、日本の脱聖化（世俗化）を見つつも、その民俗的宗教性が都市コミュニティの祭りや企業神社での儀礼として存続し、先祖祭祀を重視する霊友会のような新宗教教団として再編されていることを指摘した（西山［1988］）。つまり、脱聖化は進みつつも、民俗宗教的な聖なるものに関わる割合は今日でも高いのである。なお、宗教の個人化の傾向は日本でも進展しており、スピリチュアリティのブーム化はその顕著な例である。

 では、脱世俗化（再聖化）の傾向はどうだろう。ファンダメンタリズム的な宗教教団は、一部の教団を除いては、日本では見当たらない。ただし、靖国神社の国営化推進に見られるように、特定の戦没者への追悼を目的とする国家儀礼や、2006年12月に改定された教育基本法に見られる愛国心や公共性の強調は、「死者」や「国」という聖なるものを通じて、国民の統合を図ろうとする宗教的な機能の発揮と考えることができる。

 以上、日本社会でも世俗化（脱聖化）と脱世俗化（再聖化）が同時に進行していることが確認できた。こうした傾向は今後も続くであろう。問題は、（個人レベルではなく）公的領域での世俗化と脱世俗化の関係である。両者の拮抗関係は今後ますます強まるものと予想される。現代社会における聖なるものの行方について、今後も注目すべきであろう。　　　　　　　　　　　　　　　【大谷栄一】

文献
荒木美智雄［2001］『宗教の想像力』講談社学術文庫
ドベラーレ, K.［1992］『宗教のダイナミックス』ヤン・スィンゲドー他訳, ヨルダン社
デュルケム, E.［1941］『宗教生活の原初形態』全2冊, 古野清人訳, 岩波文庫
伊藤雅之他編［2004］『スピリチュアリティの社会学』世界思想社
西山茂［1988］「現代宗教のゆくえ」大村英昭・西山茂編『現代人の宗教』有斐閣

17 社会保障 Social Security

基本視点

社会保障とは，国民生活の安定や国民の健康を公的に保障する制度であり，法律的には人間というに値する生存の保障を要求する権利としての生存権に基づいており，第二次世界大戦後に拡充した社会政策の1つのことである。

社会保障は，歴史的には，イギリスの1601年の「救貧法」に原形を求めることができる。本格的な発展を遂げたのは，第一次世界大戦の敗戦によりできたドイツのワイマール共和国であると考えることができるが，実質的な拡充は，第二次世界大戦後まで待たなければならなかった。

社会保障制度は，保険料を財源とする「社会保険方式」と，租税を財源とする「社会扶助方式」の2つに大別される。前者の代表例は年金保険であり，後者の代表例は生活保護である。

社会保障の機能は，防貧と救貧に大別される。前者の例は年金制度であり，後者の例は生活保護である。

社会保障制度の体系

役割	制度（例）
所得保障	年金制度／生活保護制度
医療保障	医療保険制度／老人保険制度／医療制度
介護保障	介護保険制度
社会福祉	児童福祉／母子・寡婦福祉／高齢者福祉／身体障害者（児）福祉／知的障害者（児）福祉／精神障害者福祉
労災・雇用	労災保険制度／雇用保険制度
公衆・環境衛生	健康づくり／食品・医薬品の安全性確保

山崎編［2004：9］

本項では社会保障の歴史をふり返ると同時に，各国の社会保障制度を検討する。そして，社会保障の意義を考えていくことにしよう。

学説展開

　社会保障は，具体的な施策であるので，ここでは学説展開というよりも，制度の具体的展開を追ってみたい。前史となるのは，1601年のイギリス救貧法で，それは「エリザベス救貧法」と呼ばれる。それまでの封建社会に商品経済が徐々に浸透したり，土地の囲い込み運動が起こり，封建社会から脱落するものが出てきた。救貧法は施設で「施し」を明文化するという意味では画期的であったが，強制労働を課すなど監獄的な特徴ももち合わせていた。

　産業革命期にはいくつかの法律ができ，制度の導入が図られたが，いずれも救貧法の手直しで，社会の変化に対応することができなかった。そこで1834年に「新救貧法」が成立する。この時期には，国家による救済は縮小された反面，1869年には「慈善組織協会」（COS）など民間の対策が進んだのである。このCOSは，今日のコミュニティ・オーガニゼーションの先駆けとなった。

　だが，新救貧法はいきづまりを見せ，20世紀初頭にはイギリスでも「年金法」（1908年）および「国民保険法」（1911年）が制定された。後者はドイツの社会保険制度を参考にしている。

　そのドイツでは，絶対君主制以来の（警察が国民の日常生活を監視する）「警察国家」の考え方に基づき，「疾病保険法」が1883年に制定され，1911年には「帝国保険法」へと発展した。これらの社会保険の導入は，世界ではじめてであった。このように，ドイツではすでに社会保険の素地が存在していたが，1919年のワイマール憲法においては，はじめて国民の生きる権利が明文化された。そしてこの憲法に基づき，さまざまな法律が制定されたのである。とりわけ，1927年には失業保険法が制定され，1920年代は科学技術も飛躍的に発展したので，この時代は「黄金の20年代」といわれた。

　しかし，1929年には世界恐慌が起こり，ドイツでは，後述する「持てる国」アメリカと異なり，大量の国債発行によって社会保障政策が財政上困難になり，救済対象者の「選別」が行われた。具体的には，精神病患者や政治犯の「安楽死」が合法化された。この「選別」の思想が，ナチスの人種思想と結びつき，アウシュヴィッツをはじめとするユダヤ人虐殺につながっていくのである。

17 Social Security

歴史的現在

さてここでは，現在の主要国の現状に至る過程を中心に，社会保障の歴史的現在を見てみたい。

アメリカは，イギリスの植民地であった時代は，母国のエリザベス救貧法が参考にされていた。世界恐慌の際にルーズベルト大統領は，ニューディール政策により不況の克服に努めるが，この政策で特筆するべきは「連邦緊急救済法」である。この法律により，はじめて連邦政府による失業者の救済が行われたのである。この法律を継続的な制度へと発展させたのが，1935年の「社会保障法」である。内容は，老齢年金と失業保険という2種類の社会保険制度，老人扶助，要扶養児童扶助，盲人扶助といった3種の特別扶助から成っていた。

その後のアメリカでは，1960年代に，平和運動や公民権運動などとともに，「福祉権運動」が見られ，公的扶助の重要性が主張された。だが，冷戦対立の影響もあり，1970年代以降は「反福祉国家論」の台頭にも影響され，「自助の原理」が強くなっている。

イギリスでは，1942年に「ゆりかごから墓場まで」で有名な「ベヴァリッジ報告」が提出された。ベヴァリッジは，貧困，疾病，無知，不潔，怠惰を5つの巨人と呼び，それぞれ所得保障，医療保障，教育政策，住宅政策，完全雇用で対応するべきだと主張したのである。

そのイギリスでも，戦後の軍事費増大に伴う社会保障の後退，60年代のイギリスの地位低下に伴う社会保障の後退という2つの後退に加え，80年代には保守党政権下で社会保障費の削減が強行された。

ドイツでは，ナチズムの反省もあり，福祉国家への道を歩んではいるが，高失業率のためにその先導役ともいえる社会民主党は現在，党勢が伸びてはいない。

さて，イギリスの救貧法に匹敵するのが，日本の「恤救規則」である。この法律は，1874年と制定は遅いが，1931年まで効力があった。この時期は，「感化救済事業」も行われたが，イギリスのCOSに比べると「上から」の性格が強かった。1929年は世界恐慌もあり，日本でも「救護法」が成立した。しかし実施は1932年になるまで待たなければならなかった。

展望

　日本の救護法は，救済対象数にしてこれまでの恤救規則と格段の差があるうえに，救済の責任が国にあると明記している点でも大きな発展を遂げている。とはいえ，このことは同時に，国による介入をもたらしたことも忘れてはならない。またこの救護法は，軍事目的をもった法律（医療保護法，軍事扶助法など）の成立によって徐々に地位が低下する。1938年には厚生省が設置され，国民健康保険法が制定されたが，この時の厚生省設置の目的は，「国民体力の向上」と「国民福祉の増進」であった。

　第二次世界大戦後，旧生活保護法（1946年），児童福祉法（1947年），身体障害者福祉法（1949年）が成立する。この三法を特に「福祉三法」と呼ぶ。このうち「旧生活保護法」は，戦地からの復員者支援を目的として制定された。その後，日本国憲法25条の「生存権」を踏まえて，1950年に大幅に改正されたが，この改正によって生まれた「生活保護法」が今日まで続いている。

　1961年は，「国民皆保険・皆年金」が実施された画期的な年である。歴史的に見れば，1927年に施行された健康保険法が日本における医療保険の起源ともいえるが，当時の加入率は人口の3％だった。1942年の法改正で，医療保険適用人口が大きく増え，74.6％の加入をみるが，敗戦による混乱で1949年の適用人口は大幅に減少した。それが1961年の「皆保険」のおかげで，国民に大きな安心感が生じたのである。だが現在，「皆保険」は不景気や地域的格差，「皆年金」は社会保険庁への不信から，崩壊の危機に直面している。国民健康保険についていえば市町村国保の1人当たりの保険料は，2001年度で，最も安い19,200円（鹿児島県十島村）から，最も高い116,650円（北海道羅臼町）と，大きな差がある（全国平均は79,512円）。国民年金の納付率は2006年度66.3％と低い水準が続いている。

　この納付率の問題は，問題が指摘される社会保険庁のあり方とともに，今後の日本の社会保障のあり方を考える時に欠かせない問題となろう。　　　　【保坂稔】

文献
ポイカート，D.［1994］『ウェーバー　近代への診断』雀部幸隆他訳，名古屋大学出版会
右田紀久恵他編［2001］『社会福祉の歴史』有斐閣
山崎泰彦編［2004］『社会保障』中央法規

18 現代社会の基本構図と新たな問題
Fundamentals and New Problems in Contemporary Society

基本視点

　20世紀の1990年代から21世紀にかけて，社会は大きな曲がり角に来ているという認識が広まっている。東欧・ソ連の激変，中国やインドの経済成長といった政治経済面だけでなく，情報化社会の進展とヒトゲノムの解読に象徴される生命科学の進展は，地球環境問題とともに，人類社会の存続に関わる生命・生存全般の大きな変化を予感させる一連の出来事である。

　20世紀は国家間の利害・国益を中心に大戦争の世紀だった。しかし，9.11およびそれ以後のイラク戦争に象徴される争いは，一方で，科学技術・情報技術の知見を総動員した情報戦の様相を呈していると同時に，他方で，国家間の争いというよりも，テロという現象を含みつつ，局地的かつ日常的に国境を越えて市民生活の内部から突如沸き起こるかのような戦いの様相になってきた。

　そのような争いを可能にしている理由の1つには，科学技術が日常的に利用可能になってきた状況もある。だからこそ，逆に日常のさまざまな行動に監視の目を光らせる監視社会化もまた進んでいる。いわゆる監視カメラの設置は，安全を守るための当然の手段のように増大している。ここに科学技術の日常化が見られると同時に，安全に関わる社会状況も大きく変化していることに着目せざるを得ない。その意味で，私たちはさらに，医科学の発達に伴う生命操作という問題にも目を留めざるを得ない。科学の進展は，現代の社会と未来の社会に大きな影を落としている。

　そしてもう1つの大きな問題は，日本では「公害」という言葉で1960年代前後から着目され，そして90年代前後からは世界的な問題となってきた地球環境問題である。科学技術，産業技術の進展がグローバルな形で悪影響を及ぼしている事態は，看過できない問題であることはいうまでもない。1992年の地球サミットや1997年の京都議定書の効力は，しかしながらアメリカという大国の「国益」と折り合わずに，必ずしもうまくいっていない。環境問題は重要であり，みんなが自覚すべきだという美辞麗句が通用しない領域がある。環境問題は科学技術の問題というよりも，むしろ社会の問題である。皆が環境は良くなればいいと考えているにもかかわらず，すぐに良くならない社会の仕組みの検討が必要だ。

　社会学もまた，以上の論点を考察の対象にすべきである。以下では，こうした社会の問題に社会学がどう切り込み，今後どう発想すればよいかを考えてみたい。

学説展開

　1848 年にマルクスとエンゲルスは『共産党宣言』を著した。そしてマルクスは 1867 年に『資本論』第 1 巻を刊行した。それ以降，マルクス主義は 20 世紀の社会に多大な影響を与えた。その学説展開を追ってみよう。

　マルクス主義の学説は，周期的に恐慌を引き起こした 19 世紀の資本主義の現状を踏まえ，私的所有に基づく階級支配に問題があることを指摘した。と同時にこの学説は，当時その意義が一般に認められはじめていた「科学」的思考に基づいていたとされる。唯心論ではなく，唯物論が科学的であると信じた人々は，マルクス主義が下部構造とした物質的な土台（主に生産力と生産関係）が上部構造である唯心的・意識的な理念を規定するとする考えを支持し，下部構造の「経済」的なものが社会の歴史を動かす原動力だと考えた。

　「経済」は，その政治的表現である所有においては，資本家階級の私的所有であり，実際に商品は労働者が創り出すにもかかわらず，労働者は自らの労働力を売って日々の暮らしを再生産するだけの悲惨な状況におかれていた。実際，イギリスで 10 時間労働法が成立するのは 19 世紀半ばである。資本家は労働者を搾取し，競争原理を旨とする仕組みの中で，利潤の最大化に腐心した。しかし，富やそのための生産は，労働者の社会的・共同的労働によるが，富は資本家に私的所有され，労働者は疎外され，貧困にあえぐ。そうした社会の仕組みを変えようとしたのが社会主義・共産主義という社会構想であった。それは，歴史が原始共産制，古代奴隷制，中世封建制，近代資本制（そして社会主義・共産主義の社会へ）と展開され，しかも生産力と生産関係の弁証法的な運動の結果だという唯物論に裏打ちされ（史的唯物論），それが社会と歴史の法則だと表象された。エンゲルスによれば，それは「鉄の必然性」をもった法則性であった。

　だが，20 世紀に入ると資本主義列強は，市場を求めた植民地争奪を本格化する。資本主義はある意味で変質し新段階に入る。それをレーニンは帝国主義段階の資本主義と規定し，1916 年には帝国主義（国家独占資本）論を展開した。それは，①生産と資本の集中と独占，②金融寡頭制支配，③資本の輸出，④国際的独占による経済的世界分割，⑤世界の領土的分割からなる。そこで彼は，資本家階級の暴力的支配装置である国家権力を武力革命で打破する戦略を描いた。資本制社会への対処は，革命という形で，社会主義国家を産み出したのだった。

18 Fundamentals and New Problems in Contemporary Society

歴史的現在

しかし，このような一般的なマルクス主義的対応は，少なからぬ問題をもつという指摘は早くからあった。20世紀のはじめにヴェーバーは，上部構造的な（宗教的）理念のもつ力が人々の行為に方向性を与える1つの歴史的原動力だと指摘した。また，産業社会論者や収斂論者などと呼ばれる人々は，社会主義が国家社会主義であって，また資本主義も19世紀的な資本主義ではなく，修正された国家資本主義的な仕組みをもつようになっており，結局のところ，「産業社会」の発展，「近代化」の道は通底し（産業社会論者・近代化論者），多少とも社会体制の変化過程の違いはあれ，結局は同じような道を辿り，同じような傾向をもつと考えていた（収斂論者）。これらの議論は，1980年代のポストモダンの議論が盛んになるまで，社会科学全体において重要な問題だと考えられてきた。

だが，ポストモダン（脱近代）論が示したモダン論や，実際に1990年前後からのドラスティックな東欧・ソ連の激変は，現代社会への私たちの眼差しを改めて再考させる契機となった。社会主義の科学的・合理的思考も一種の近代の思考の延長線上にあったのではないかというラディカルな発想も生まれた。確かに，ギデンズがいうように，モダニティの制度特性としては，「資本主義，工業主義，軍事力，監視」の4特性が際立っていた。しかも，そうした特性は近代批判がなされたとしても未だに健在である。ということは，いかに根強く「近代」的な発想が私たちの思考と行動に影響を与えているかを示している。

そのような，現代社会を規定する近代的思考は，少なくとも次の4つにまとめられるであろう。それらは，近代初頭の哲学者たちが主観性・主体性や合理性を強調した頃から本格的に展開されてきたもので，（男性中心の）①主体主義，（理性中心の）②科学主義，（近代国民国家を中心とする）③国家主義，および（私的利潤の獲得のための競争原理を中心とする）④資本主義，である。

さらに，このような土台のもとで，1990年代以降の現代社会を描こうとすれば，それは次のように表現できる。すなわち，技術社会化に基づく「科学技術社会」，情報社会化に基づく「情報知識社会」，国際社会化に基づく「国際競争社会」，そして消費社会化に基づく「グローバル資本主義社会」である。これらが，近代の主体観に基づいて，現代的に展開されている社会の基本構図となっていると表現できる（西原・宇都宮編［2004: 7］参照）。

展望

　さて，このような基底的な現代社会の構図のうえで，これまでは現実のものとなっていなかった事態，あるいは萌芽や可能性でしかなかった事態が現在，顕在化しはじめている。それは，科学技術に裏打ちされたロボットから情報機器の工学的展開や核兵器などに象徴される軍事技術，またインターネットによる監視技術や通信技術，さらには，コミュニケーション様式の変容や生命操作を可能にする医療・医科学の進展などである。その各々は，科学や技術の問題だとしても，それらは私たちの人間社会に密接に繋がる問題である。

　そして環境問題も大きな問題である。ただし，この環境問題が自然環境の問題だとしても，したがってそれが自然科学の問題であるとしても，同時にそれは私たちの生活に直結する社会的，社会学的な問題である。特に昨今の地球環境問題は，私たちと私たちの子孫の生存を脅かす問題である。これまでの科学の発展が，あるいは理性中心の合理的な発想のどこかが間違っていたのかもしれない。そうした問いが，ポストモダンの議論の根幹にあった。

　それゆえ，現代社会の変容の根幹では，自己中心の主体主義に対しては別の主体への着目が，科学主義に対しては科学ではとらえられないものへの眼差しが，国家主義に対しては国家を超える発想が，競争や利潤中心の資本主義に対してはその問題点に自覚的であることなどが，求められている。民主主義の進展とはいいながらも，男性中心主義で動いてきた社会編制のあり方も含めて，今後具体的にどう考えていくのかが現代社会において問われている。それは，論者によっては，身体性への着目であったり，他者性への着目であったり，女性の立場の強調であったりする。それらの視点が，必ずしもこれまで社会学を含む人文社会科学の中心課題とはなってこなかったからだ。半ば反語的ではあるが，そのような点への着目が逆に現代社会で自明視している事柄を照らし出しているのである。

　以下では，これまでの自明な発想に問いかけ，新たな可能性を切り開く例を，現代社会の新しい課題として取り上げながら検討を加えていきたい。【西原和久】

文献
キデンズ，A.［1990］『近代とはいかなる時代か』松尾精文他訳，而立社
西原和久・宇都宮京子編［2004］『クリティークとしての社会学』東信堂
リオタール，J-F.［1986］『ポスト・モダンの条件』小林康夫訳，風の薔薇・水声社

19 NPO / NGO とボランティア

NPO / NGO and Volunteer

基本視点

　ボランティアとは何か。ボランティアとは，「他人の問題を自分の問題として受け止め，自発的に他者と関わり問題に取り組んで行く」活動，または，それを行う人のことである。

　そこで，ボランティアを3要素に分解するならば，まず第1に，「自発性」，つまり，自分で状況を判断し，自分の責任で他者と関わり行為することである。したがって，「他人から言われなくても自ら進んで行う」が，しかし，「他人から言われても，自分で納得しなければ行わない」のが原則である（内海他編[1999: 42]）。

　第2の要素は，「公共性」，つまり，自分とは直接関係のない他者の役に立つことである。したがって，家族・親族や仲間内の人たち（友人，同僚）のために行う行為は，ボランティア活動ではないということになる。

　3つ目の要素が，「非営利性」，すなわち，経済的な報酬（金銭，物品，サービスなど）を得ることを目的としないことである。しかし，活動を行うために必要な金銭や物品や便宜を他者から得て活用することは，営利ではない。

　そして，ボランティアは，自発的に行われる活動であり，金銭報酬を直接の目的としないがために，柔軟性と多様性と先駆性をもつことができる。

　すなわち，柔軟性とは，自由に取り組むべきテーマを選ぶことができ，独自のペースで活動が展開されることであり，多様性とは，数多くの活動分野においてさまざまな形で活動が展開されることである。さらに，先駆性とは，自らの責任で自由に発想し試行錯誤しながら活動が展開されることである（内海他編[1999: 5-14]）。

　このようなボランティアの性質が，社会の中の多様なニーズに柔軟に対応しつつ問題解決を行うことを可能にする。

ボランティアの特徴

ボランティアの3要素：自発性・公共性・非営利性
ボランティアの性質：柔軟性・多様性・先駆性

学説展開

　社会学では，比較的早い段階からボランタリーアクションへの着目があったが（佐藤[1982]），何といってもボランティアとNPO／NGOへの関心の高まりの背景には，1995年が「ボランティア元年」であるといわれているように，阪神・淡路大震災後の救援や復旧支援活動がある。

　旧経済企画庁の『平成12年度　国民生活白書』によれば，阪神・淡路大震災後の救援や復旧支援において，個人としてのボランティアのみならず，多くのNPOが活躍し，その活動が社会から大きな評価を受けた。これが契機となって，NPOに対する世の中の関心も加速度的に高まっていった。そして，NPOを法的に支援する意識が高まり，1998年3月に議員立法によって「特定非営利活動促進法」（通称NPO法）が成立し，同年12月に施行されたのである。

　そして，内閣府国民生活局「NPOのホームページ」によれば，1998年12月1日-2007年3月31日までのNPOの認証数の累計では，日本全体で，31,115の団体が「特定非営利活動法人（NPO法人）」の認証を受けている（http://www.npo-homepage.go.jp/data/pref.html）。

　このように，日本においてボランティアの参加者が増加し，また，過半数の人々が参加意欲をもっているが，ボランティアへの関心が高まった背景として，同白書では，次のようなことが挙げられている。

　第1は，個人の自己実現意欲の高まりである。他の人のために何かをしたい，まちが住みやすくなるように何かをしたい，という自発的な気持ちが高まり，それを実現させることが個人の生きがいを深めるという考え方が意識されるようになったこと。

　第2に，住民の多様なニーズに対して，行政だけでは必ずしも十分には対応できない分野があることがわかってきた。行政サービスの提供は公平性や平等性がその根本原則となっているので，柔軟かつ迅速には対応できない場合がある。したがって，行政任せではなく，自発的に行動を起こそうとする意識が広がりつつあること。

　第3に，地域社会に参加をする，あるいは主体的に地域づくりへの取り組みを深めたい，という社会参加の希望をもつ人々が増えていること。

　第4は，民間企業における社会貢献活動の活発化である。

19 NPO / NGO and Volunteer

歴史的現在

ボランティアへの関心の高まりは、新聞の全国紙における「ボランティア」や「NPO/NGO」といった単語の登場回数にも明瞭に表れており、「ボランティア」という語が紙面に登場した回数は、1990年代に入って急速に増加し、阪神・淡路大震災が発生した1995年には急増している（図1）。

図1　1990年代後半に急増した「ボランティア・NPO/NGO」の新聞紙面登場回数

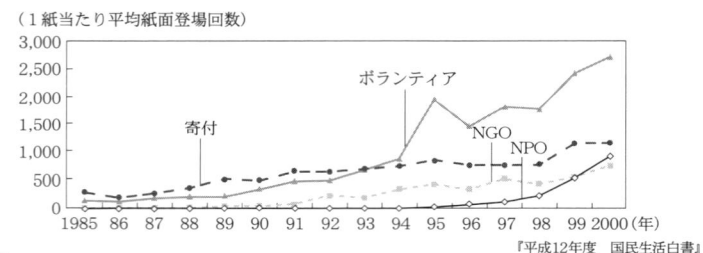

（1紙当たり平均紙面登場回数）

『平成12年度　国民生活白書』

【備考】
1　日経テレコン21（日本経済新聞社が保有するデータベース）の検索により作成。
2　検索した新聞は、日本経済新聞、日本経済金融新聞、日本経済産業新聞、日本経済流通新聞、読売新聞、毎日新聞、産経新聞の計7紙。ただし、1紙当たり平均紙面登場回数の計算において、日経新聞関係4紙は合計して1紙とした。
3　検索開始年は、日経新聞関係4紙が1985年、読売新聞が1986年、毎日新聞が1987年、産経新聞が1992年。
4　2000年は、1月1日〜8月31日までの8カ月間の紙面登場回数を1.5倍して年間の紙面登場回数とした。

ここで、NPO（Non Profit Organizations: 民間非営利組織）とは、営利を目的としないボランティア組織のことである。また、NGO（Non Governmental Organizations: 民間非政府組織）とは、主に海外で活動を展開するNPOのことを示している。そして、実際のボランティア参加者数も増加している（図2）。

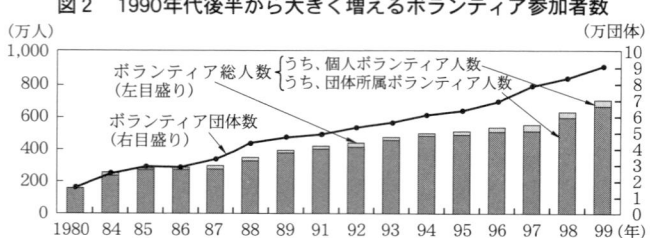

図2　1990年代後半から大きく増えるボランティア参加者数

『平成12年度　国民生活白書』

【備考】
1　全国社会福祉協議会　全国ボランティア活動振興センター「ボランティア活動年報」（1999年）により作成。
2　80-87年は4月、88-89年は9月、91-96年は3月、97-99年は4月の時点の人数。81-83年、90年は無調査。

展望

　今日，ボランティアやNPO / NGOは，インターネットを通じて，人々のボランティア活動に役立つ情報を発信することができるようになっている。

　旧郵政省『通信白書』（1998年版）によると，ボランティア団体においては，従来は，情報提供や会員間の情報交換は定期的に発行する機関誌によるものが中心であったが，近年，インターネットのWebページや（Webページ上の）電子掲示板を利用して，メンバー間の情報交換を実施したり，広く一般向けに広報活動を行ったりする例が数多く見られる。

　ボランティア団体のホームページ開設の効果としては，「活動内容が社会により広く知られるようになった」，「他のボランティア団体との交流が活発になった」，「メンバーの数が増大した」，「メンバー同士の情報交換が活発になった」などのボランティア活動の活発化が挙げられている。

　このように，ICT（情報通信技術）の普及が一層進み，インターネットを利用したボランティアに関する情報の提供が進展することで，ICTを活用したボランティアの出会いや交流が，さらに，ICTを活用したボランティア活動そのものが盛んになってきた。

　筆者は，このようなインターネットを活用したボランティアやNPO / NGOの活動を「デジタル・ネットワーキング」（digital networking）と呼び，主に災害ボランティアの分野を中心に1990年代から今日までのデジタル・ネットワーキングの展開と，それによる公共圏構築（世論形成とボランティアが行われる社会的領域）と社会変革の可能性について論じている（干川［2001; 2003; 2006; 2007］参照）。その可能性を今後も模索したいと思う。　　　　【干川剛史】

文献

干川剛史［2001］『公共圏の社会学』法律文化社
干川剛史［2003］『公共圏とデジタル・ネットワーキング』法律文化社
干川剛史［2006］『デジタル・ネットワーキングの社会学』晃洋書房
干川剛史［2007］『災害とデジタル・ネットワーキング』青山社
佐藤慶幸［1982］『アソシエーションの社会学』早稲田大学出版部
内海成治他編［1999］『ボランティア学を学ぶ人のために』世界思想社

20 インターネット
Internet

基本視点

　インターネットは1969年に米国国防総省によって設立された「ARPAnet」を源流とする。電話のように核となる中央集権型の制御をもつかわりに、コンピュータ端末同士の相互接続による分散型構造をもったネットワークの着想が、ここに誕生した。よく知られた話に、分散型ネットワークの採用には、かりに核攻撃によって中央が破壊されたとしてもネットワークそれ自体は維持可能であるようにする目的があったというものがあるが、喜多はそれを「俗説」としてしりぞけている（喜多［2003］）。

　インターネットが一般に広まる契機となったのは、1990年代の初頭に規格化されたシステム「World Wide Web（WWW）」と、WWWを巡回するためソフトウェア（ブラウザ）、「Mosaic」の登場である。今日われわれがインターネット上で目にするサイトは、基本的にこれらによっている。インターネットは元来コンピュータ同士のネットワークのことを指すが、今日ではWWW＝インターネットとされることも少なくなく、私たちが目にするURLアドレスの多くがwwwで始まっているという事実がある。90年代後半以降パソコンの大衆化に一役買ったオペレーティング・システム（OS）、「Windows 95」の存在も、インターネット普及を語るうえで、欠かすことのできないインフラである。

　インターネットがもたらす技術的な革新と現代人にとっての生活上の急激な変容は、人間にとっての1年が犬にとっては7年に相当するといわれることから、時に犬の人生にたとえて「ドッグイヤー」と呼ばれる。「通信利用動向調査」（総務省調べ）によると、1996年の時点で利用者数1,155万人、人口普及率9％と推計されていた日本でのインターネット利用は、3年後の1999年には利用者数4,708万人・人口普及率47％、6年後の2002年には利用者数7,740万人・人口普及率61％にまで達した。世帯ごとのインターネット普及率に関しても、1998年の19％が3年後の2001年には79％と、わずか数年の間に60ポイントの増加がある。こうした普及率の急増は、2000年以降の各家庭でのブロードバンド環境（常時接続環境）への普及率とも比例する。

　2005年12月の時点で、日本国内のインターネット利用者数は8,529万人・人口普及率は67％、ブロードバンド回線がインターネット利用者に占める割合は55％。インターネットの世帯普及率は87％にまで達している。

学説展開

　現代人にとって，インターネットは今や生活上必要不可欠なインフラとなっている。技術的な定義のうえでは，インターネットとは全世界と接続し得る広域な規模のネットワークである。だが私たちは，インターネットがさまざまな文化的実践の営まれる場であることもまた知っているだろう。例えば，e-mail は日常的な連絡手段としてごく一般的なものとなっているし，私たちは WWW を情報収集のために巡回することもあれば，娯楽に遊興する時間を費やすこともある。本書の読者であるあなたは，この本を Amazon.co.jp などのインターネット書店で購入されたかもしれない。少なからぬ人々が，インターネット上のコミュニティに参加したり，不特定多数に向けての情報を積極的に発信している。インターネットとは，このようにして人々が他者や言葉，表現や欲望に出会うことによって，文化を創出し共有する「メディア空間」（成田［1997］）なのである。

　ところでメディア空間の構成要素という点でいうと，インターネットを従来のマス・メディアの概念に含めることはできるだろうか。筆者は，インターネットは少なくとも2つの点で，従来のマス・メディアとは大きく異なっているとする立場をとる。

　第1に，インターネットは，ユーザーの側が情報を主体的に引き出す「プル型」のメディアである。受容側（視聴者）が基本的に一方的に情報を受けとる立場にあるテレビや新聞と違って，インターネットでは，ユーザーは逆に自身の関心に沿った形で情報を取得するために行動することになる。Yahoo! を代表格とするポータルサイトは，こうした「航海」の入り口となるべく設営され，商業的な成功を収めた。

　第2に，インターネットは，個人レベルでの情報発信を可能にする。市井の一個人が不特定多数のマスに向かって情報を発進できるということは，従来のマス・コミュニケーションでは皆無ないしは非常に限定的であった。

　影響力という点でいえば，インターネットは新聞・テレビ・ラジオ・雑誌に続く「第5のマスメディア」とでも呼び得るポテンシャルをもつとはいえる。だが他方で，インターネットは，従来のマスメディアとは異質の，独自の秩序をもったメディア空間であることにも注意を喚起する必要がある。

20 Internet

歴史的現在

　『インターネット白書2006』(インプレス刊)によると,世界のインターネット利用者は,2005年末の時点で10億55万人。全世界の総人口は約65億人であるが,現段階での普及率は低くとも過去数年の成長率が著しい地域もあり,全体的に見た普及の波は今後も続くものと思われる。

　アジア全体でのインターネット利用者数は3億6,670万人。2000年末調査の時点ではアジア全体で9,150万人であったから,その伸びは過去5年間の間に4倍以上に達している。アジア全体のインターネット利用者のうち合計75%近くを占めるのが,中国(30%)・日本(20%)・インド(14%)・韓国(9%)である。中国とインドの普及比率はなかでも急速に増加しており,インドのインターネットの利用者数は数年後には日本の利用者数を超えると予想される。

　ところでインターネット利用者が10億人を超えた背景には,携帯電話によるインターネット利用の増加がある。インターネットの普及には,北米・欧州を中心とした地域とアフリカや南米といった地域とで,普及率の間に格差(デバイド)が存在することが指摘されてきた。発展途上国の多くでは,インターネット接続に必要な固定電話インフラが,従来より未整備であった。しかし,携帯電話回線を使用したインターネット利用であれば,従来のインフラ状況に阻まれることはない。とはいえ,使い勝手のうえでは依然としてPCと携帯電話との間には大きなへだたりがあるので,こうしたデータをもって,格差が解消したと判断するのは尚早である。ちなみにこうした格差が生じる経緯は,メディアの利用の現在が過去のメディアの連続性の上に成り立っているという,メディアの社会的構成を示す一例であるといえる。

　日本に関していえば,インターネット利用端末の種類について,携帯電話などのモバイル環境が高いことが世界的に見て特徴的である。2005年はインターネットのモバイル利用者がパソコン利用者を上回った年である。国内のインターネット利用者数8,529万人のうち,携帯電話やPHSといったモバイル端末からの利用者は前年比1,098万人増加の6,923万人に達している。パソコンとモバイル端末の併用は全インターネット利用者の57%にあたる4,862万人が行っており,インターネット空間の偏在化が一層進展している。

展望

　前述したように，インターネットを従来のマス・メディアの概念に単純に押し込めることはできない。インターネットは既存のマス・メディアとは相容れない特色を多くもつからである。とりわけ個人の活動については，そうである。

　インターネット上に開設されたウェブサイトをその運営体制別に見ると「官庁によるサイト」，「企業によるサイト」，そして「個人によるサイト」の3種に分類できるが，個人サイトの数は，全体の約3分の1を占めるものと推計されている。2003年以来爆発的に増加している日記形式の個人ホームページ，「ブログ（blog，正式にはweblog）」は，2006年3月末で868万件を数える（総務省調べ）。もっとも，情報研究機構の調査（2005年度）によると，「自分のウェブ日記・ブログ」からの離脱率（「以前はしていたが今はしていない」）は61％と高い。多くのユーザーが一度開設はしてみたものの，持続・継続して活動を更新し続けている者は，そう多くはないとも思われる。

　日進月歩のインターネットの世界を追うことは容易ではなく，ある時点で研究を開始しても，その成果が出る頃には，状況がすでに大きく変化してしまっていることはしばしばある。昨今は「Web 2.0」という名のもとに，インターネットがこれまでとは異なるコミュニケーションのスタイルをもたらすのであるという議論も聞かれるが，インターネットには，その黎明期より「公共圏」的な理想的コミュニケーション状態の実現化を期待する声があった（吉田［2000］）。

　いずれにせよ，社会学的な考察の焦点は，テクノロジー上のポテンシャルや事象の派手さに目を惹かれた，ともすれば技術決定論的な議論に陥らずに，そのテクノロジーがどのようにして人々のメディア経験と結びついているのか，それを冷静に見定める点にこそある。

【酒井信一郎】

文献
喜多千草［2003］『インターネットの思想史』青土社
成田康昭［1997］『メディア空間文化論』有信堂
佐藤俊樹［1996］『ノイマンの夢・近代の欲望』講談社
鈴木大介［2005］『カーニヴァル化する社会』講談社
吉田純［2000］『インターネットの社会学』世界思想社
『インターネット白書2006』インプレス

21 情報化・コミュニケーション・監視
Information / Communication / Surveillance

基本視点

　現代社会はさまざまな意味で変動の激しい時代である。その特色の1つとして，急激な情報化とそれに伴う社会的変容が挙げられる。ここでいう情報化とは，情報技術（IT: Information Technology）の発展や，情報通信の増大のことを指す（ちなみに国際的には ICT: Information and Communication Technology と呼ぶ方が一般的である）。

　例えば，私たちの生活に今やインターネットは欠かすことのできない存在となっている。この本の読者であれば，多くが日常的に電子メールを読み書きし，ウェブブラウザを利用して，勉強・仕事から趣味・娯楽に関することまで，情報を幅広く取得していることだろう。振り返ってみれば，こうした利用の仕方は，10年前は到底一般的とはいえなかった。そもそもインターネットの普及以前には，ユーザーが任意に情報を操ることが可能な特性をもったメディアというものは，非常に限定されていたのである（前項を参照）。

　インターネットと並んで過去10年間の間に爆発的な普及を遂げたメディアは，携帯電話である。平成に入ってからの携帯電話契約数の推移をグラフ化した図1からは，急速な普及を見てとれる。2005年8月の時点で携帯電話の契約数は8,800万台。この数字にPHSを含むと，9,255万台になる（2005年8月11日総務省発表）。日本の成年人口に比して，じつに成人の9割がモバイルメディアを1台は所有している計算になる。かつて電話は一家の所有物であったが，今や1人ひとりが電話を所有する時代が訪れているのである。

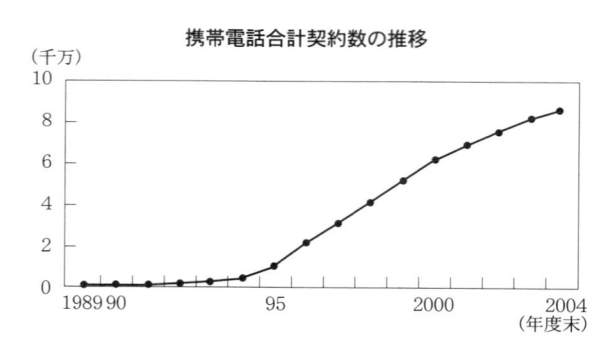

携帯電話合計契約数の推移

学説展開

2000年の九州・沖縄サミットでの議題に「IT革命」が挙げられていたように，先進国で情報化は政策的に重要な課題となっている。いや，情報化は先進国のみならず，グローバル時代を迎えた国際社会にとっての課題でもある。情報通信技術は時間的・空間的な制約の超越も可能にするからだ。現代社会における情報の重要性の高まりに伴い，私たちの生活はどんな影響を受けるのか。情報化をめぐるトピックには，社会学・未来学・政策行政・社会工学など，多様な背景をもつ論者が関心を寄せてきた。

学説史的には，日本では1963年に登場した梅棹忠夫による情報社会論が先駆的である。彼は，農業の時代，工業の時代と続いてきた歴史の次の時代として，それまでのモノを生産する時代とは異なり，知識やサービスを生産する情報社会の概念を提起した。米国の社会学者ベルは，機械による生産の工業社会時代から情報や知識に労働が依存する「脱工業社会の到来」を指摘した。これら初期の情報社会論は後に情報化と経済的・産業的な構造転換を重ね合わせる点で限界が指摘されることとなるが，工業社会から情報社会へというその後の情報化をめぐる議論に引き継がれることとなるテーゼは，この時期にある程度出揃っていた。

マイクロコンピュータやネットワークといった電子メディア・技術による，いわゆる「高度」情報化が焦点化されるのは主として1980年代に入ってからである。日本の事例では，新聞やテレビといった一方向性の「オールドメディア」に対して，双方向性をもったキャプテン・システムや，CATVに代表される，省庁主導の「ニューメディア」構想がさかんに推進された。

1990年代以降の情報化の議論は「マルチメディア」や「電子ネットワーク」が新たなキーワードとして加わることになる。高度情報化によって私たちの既存のコミュニケーションの枠組みが変わるという主張それ自体は，初期の情報社会論からいわれてきた。だが，そうした主張を後押しし，また私たちにとっても実感あるものとしているのは，インターネットや携帯電話の急速な普及という具体的な事実である。こうした情報化の流れは，マス・コミュニケーション研究やメディア論のみならず，アイデンティティ，信頼，権力，公共圏，民主主義，グローバル化といったテーマを巻き込みながら，情報化・情報社会論が現代社会学にとって，今重要な位置を占めている。

21 Information / Communication / Surveillance

歴史的現在

　多くの情報社会論が「メディアが私たちの社会生活を変える」式の「技術決定論」の立場に依拠するが，情報化と社会との関係は文化的・社会的・歴史的なさまざまな文脈による複合的な関係においてとらえる必要がある。例えば携帯電話の具体的な利用に関して国際的な事例を比較すると，情報化のプロセスが当該社会におけるメディア環境や文化的背景との関係の中で構成されることがわかる（以下の事例はことわりのない限り，カッツ他編［2003］を参照）。

　技術的には，携帯電話は既存の固定電話のインフラに依存しない。これまで電話線を引いていなかった地域であっても，携帯電話のためにアンテナさえ立てられればよい。だが現実には，私たちは新たに利用可能なメディア環境を入手しても，旧来のメディア環境と断絶してしまうわけではないことを，フィリピンのある事例は示している。2000年の時点で固定電話の普及が1,000人当たり2台にすぎなかったフィリピンでは，携帯電話は都市圏では爆発的な普及を遂げたものの，農村地域では，携帯電話は，通じたとしてもほとんど使用されていない。1つには高価な通信料金を敬遠してのことだが，農村ではもとより電話の利用になじみがなかったことが調査により明らかにされた。ここでの電話は，他にコンタクトの選択肢がない場合の，最後の手段だったのだ。

　メディア利用に関する個別の歴史的・社会的な文脈性を見るうえでは，ヨーロッパでも興味深い事例が観察されている。スウェーデンの若者は日本の若者に比べ携帯電話のメール機能を使用することが少ない。その要因は，日本人とスウェーデン人の「国民性」をもち出すまでもなく，携帯電話の普及以前にポケベルが多用されていなかったことや，事業者間の競争が緩やかなためにメール通信料金の定額化が実現されていないことで十分説明がつくという（岡田［2002］）。

　イタリアはヨーロッパで最も広く携帯電話が普及した国の1つであるが，普及面での成功とイタリア社会との結びつきは単純ではない。調査によると，「イタリア人はお喋り好きである」というステレオタイプに反して，イタリア人は携帯電話を用いたコミュニケーションにたいして慎重である。公共の場で携帯電話を使用することをためらう人の割合は，英・独・仏・西と比べて，イタリア人が最も多かった。携帯電話の普及自体，情報技術それ自体への魅力よりも，アクセサリーとして受容された可能性があるという。

展望

　最後に，私たちの生活と情報化を考えるうえで緊迫した課題の1つである「監視」の問題を取り上げておこう。

　「監視」というと私たちは「悪意」や「強制」といったネガティブなイメージを抱きがちであるが，カナダの社会学者ライアンは「監視 surveillance」をあえて広くとらえることで，問題をより先鋭化しようとした（ライアン［2002］）。

　監視には，人々がそれを受け入れるような，正当化を伴うものもある。監視カメラの設置はもちろんのこと，クレジットカードを使用して買い物を行うことも，健康保険を受けることも，他の誰かが自分のデータを参照することによって信頼を成立させていることにかわりはない。それらには常に，セキュリティのためであるとか，日常生活のリスクを低減させるためであるといった正当化を伴って行われているのである。さきごろ日本では，大手銀行が預金カードの偽造防止のために静脈を登録するICカードを導入した。携帯電話の持ち主の位置を特定する機能も，人を保護する＝見張るために，その導入がはかられている。

　ライアンは監視を問題化するに際して，技術決定論とは距離をおき，監視社会とは監視を構成上不可避なものとした社会であり，昨今の情報化によって成立したものではないという。情報化は確かに新たな監視の問題をもたらした。だが，監視はもとより近代社会の，そして近代に続く時代においての，問題なのである。

　現代社会を包み込む「功利主義的強迫観念」に対して，ライアンは，データではなく個々人のコミュニケーションの重要性を再確認せよ，と説く。社会的なものが，技術的なものを導くように。「容疑」ではなく，「歓待」を。情報化の問題は，じつは「公共圏」の問題でもあるのである。

【酒井信一郎】

文献
ベル，D.［1972］『脱工業化社会の到来』内田忠夫他訳，ダイヤモンド社
カッツ，J. 他編［2003］『絶え間なき交信の時代』富田英典他訳，NTT出版
ライアン，D［2002］『監視社会』河村一郎訳，青土社
岡田朋之・松田美佐編［2002］『ケータイ学入門』有斐閣
梅棹忠夫［1963］「情報産業論」『中央公論』3月号
ウェブスター，F.［1995］『「情報社会」を読む』田端暁生訳，青土社

22 教育・科学・社会

Education, Science and Society

基本視点

　少子化による受験生の減少は，どの大学にとっても悩み種である。特に理科離れも加わった理系大学は存亡の危機に直面している。この状況を「科学の社会学」の視点から見てみよう。

　理系受験者の減少は，大学経営の問題のみならず，科学（技術）者の供給不足につながる点で工業技術立国の存立問題でもある。このように見ると，試験で選抜される受験生は，学費という資金を投下して将来有望な科学（技術）を選別し，国家の動向を規定する力をもった巨大な集合体でもある。したがって受験生の動向は，科学（技術）と国家の再編を促す社会変動の一因だといえる。

　では，理系受験者はなぜ減少したのか。理系の学問には計算がつきものだ。しかし，今は複雑な計算もパソコンで簡単にできる。必要なのはボタン操作であって，計算式の意味を理解することではない。こうしてパソコンの普及が，計算式を創造する科学の面白さを抹殺し，理科離れを促進する。理系受験者の減少は，科学（技術）が生んだ，科学を自滅させる教育の結果だと考えられる。

　「科学の社会学」は，このように「社会が科学に与える影響」と「科学が社会に与える影響」の両面から，科学の社会的な存立条件と文化的特性を問う見方と定義できる。この場合，科学の社会学にとって，科学とは，「人間が歴史的に作ってきた特殊な知識に基づく社会文化的な制度とその産物」なのである。

　科学を社会の産物としてみる科学の社会学は，2つの仮定をおく。第1の仮定は，科学は社会化によって人々が共有する知識の一種だとする仮定である。この仮定を使うと，例えば，体を切る外科手術と殺傷行為を人々がどう区別しているのかといった問いが立てられる。第2の仮定は，科学を単なる知識としてだけではなく，試験制度や実験資金の獲得などの人間の行為によって作り出される社会現象だとする仮定である。この仮定によって，例えば，少子化が進む現在，なぜ小児科医が不足するのかといった理由も理解可能となる。それは，科学者も生活の糧を必要とする生身の人間にほかならないからである。

　このように科学の社会学は，科学を「客観的で普遍的な真理」の代名詞とはせず，歴史的社会における人間の活動の成果としてとらえ，その社会文化的な存立条件と，それが社会文化的環境に与える影響の意味と可能性を問うのである。

学説展開

　科学の社会学は，1930年代のマートンの博士論文「17世紀イングランドにおける科学・技術・社会」に始まるとされる。その後，彼の著書『社会理論と社会構造』［原著1949年］の第4部の5論文が「科学の社会学」と括られて長い序論とともに示され，科学の社会学が社会学の中で認知された。

　マートンは，当初，社会文化的環境が科学に与える影響を研究課題としたが，次第に科学者が従っている規範構造や研究体制などの科学者集団内部の研究へと課題を移した。この移行によって，学会の研究評価制度などをデータにした実証研究が蓄積され，1960年代には科学の社会学の独自性が確立されていった。それはまた経験的調査に基づく研究を社会学の中心に据える試みでもあった。

　マートンの科学の社会学の源泉の1つは，マンハイムの知識社会学に求められる。マートンは，一方で認識は認識者の社会的位置に拘束されるという「認識の存在被拘束性」の見方をマンハイムから受け継ぎ，他方で社会的位置によって相対化された認識の真理基準を問う，「認識論という厄介な荷物」（マートン［1978: 465］）を手放し，科学という知識を形式的に規定し，社会構造との関係を経験的に研究する科学の社会学を生んだ。マートンの科学の社会学は，理論と調査の接合を説いた「中範囲の理論」の範型でもあった。

　科学の社会学が確立された1960年代には，科学史家クーンの『科学革命の構造』が刊行される。クーンは，自然科学史研究から科学者が共有する一定の問い方と答え方の範例（パラダイム）の存在を明らかにし，科学が単に知識の累積によってだけではなく，パラダイム転換によって革命的に展開するという仮説を示し，科学史研究や科学哲学に多大な影響を与えた。また1960年代には，科学の社会学による「社会制度としての相対化」とパラダイム論による「文化として相対化」という二重の相対化によって，科学の権威が揺らぎ出し，当時顕在化してきた公害問題を背景にして，科学（技術）批判が一斉に噴出する。

　社会学においても，現象学的社会学などの知識社会学的諸潮流の興隆とともに，研究の真理基準と社会学者の立場を問う（科学としての）「社会学の社会学」が生まれ，科学の社会学が放棄した認識論の課題を社会学は再び背負うことになる。そこでは科学を批判する社会学の真理基準と根拠が問われた。

22 Education, Science and Society

歴史的現在

　日本語の「科学技術」は，英語では「科学と技術（science and technology）」と表記される。西欧文化世界では，科学と技術は区別されている。その区別は，科学が「言葉の操作」であるのに対し，技術が「物の操作」である点にある。言葉で世界の仕組みや意味を説明するのが（科）学者であり，物を操作して物品を作り出すのが職人であるという認識の区分は，階層構造とも連動して実体化される。

　しかしながら，明治期に西欧から科学と技術を輸入した日本にとって，科学も殖産興業と富国強兵に役立つ道具にすぎず，世界の見方を説く科学だけを特に尊重する必要性は薄かったといえる。神と人間と動物の関係をめぐって欧米で論争されたダーウィン進化論が，日本で世界に先駆けて受容されたのも，実用的な技術に無関係な言葉の操作だったことも一因だと考えられる。また，日本では（科）学者と技術者が出身階層で分化することもなく，むしろ教育制度を通した社会移動によって階層構造は平準化していった。

　こうした科学と技術の認識についての文化差は，一見すると論文や工業製品に影響していないように見える。しかし，科学の社会学の目で見ると，論文の独創性や多産性，工業製品の生産過程などに違いを発見することができる。例えば，マートンは科学の社会学の初期論文「清教主義・敬虔主義と科学」で，17世紀のイギリスで科学が発達した前提は，「自然は知的に理解し得る秩序を構成しているもので，問題のたてかたさえ宜しきを得れば，必ず答えが出る」という「最終的であり，絶対的である」想定にあり，これを不断に探究する興味と心構えをプロテスタンティズムが与え，実験的科学の成立を導いたと指摘する（マートン［1978: 531］）。また，発見した世界の秩序を不断に経験的合理的に改造すべき対象と見るこの近代科学の自然観には，人間を自然の管理者と位置づける仮定が含まれている。それゆえ，遺伝子組換え技術や体細胞クローン技術などの進展とともに，生命という自然を合理的に改造することに対して，管理責任者としての人間という自覚ゆえに，人間の尊厳や生命倫理のとらえ方が問題となり，欧米では激しい論争が生じることになる。

　しかし，技術の移植を主眼とし，世界の仕組みや意味を問う科学の側面を軽視してきた日本では，進化論の受容の時と同じように論争は活発ではない。これが何を意味し，何を帰結するかは，科学の社会学が解明すべき課題である。

展望

　科学を，「現象を記号に変換（記録）し，その中で万人が論理的に理解できる事実（データ）を確定し，この事実を論理的規則に従って組み合わせ，現象の構造や変化の可能性と意味を推定する文章や数式（仮説）を作る作業」と定義すれば，科学は仮説に従って物や行動を作る場合には技術化する。また，巨大なビルが構造計算書で支えられているように，技術も設計の段階では科学である。このように現在では，発生起源と目的を異にした科学と技術は車の両輪のように一体化している。科学技術を根幹にすえた社会では，常に現象を注視し，記録し，論理的な規則正しさを意識し，確実な世界を築こうとする生き方が求められる。この生き方がまた，世界をますます計算可能なものに変えていく。そこでは，人は生きる前に人生を設計することを求められる。しかし，それは，計画以前に既に生きている人間にとって達成不可能な息苦しい課題でしかない。

　知識社会学の創始者の1人であるマンハイムは記念碑的著作の末尾で，存在を超越したユートピアの消失とともに，「最も合理的に自己を支配する人間が衝動のおもむくまま動く人間」になるという「考えられる限り最大の逆説」の発生を指摘した（マンハイム［2006: 453］）。科学が「見えないもの」への想像力から発生したとすれば，この想像力を計算可能な見えるものの追求だけに向けさせる社会文化的構造の特性が，今，問われるべきだと筆者は考えている。

　こうした問題意識から見ると，少子化による大学全入時代の到来は，かつて大学の権威に学生が対抗する形で展開された1960年代の科学（技術）批判とは対照的に，大学が受験生のニーズを取り込む形で進んでいるとはいえ，富国強兵，殖産興業，立身出世の手段ともなってきた日本の科学と教育に対し，「何のための知識か」という問題を改めて提起する可能性を秘めた現象ととらえられる。その意味で，現在の大学存亡の危機は教育再生の好機ともなるだろう。　【井腰圭介】

文献
クーン，T.［1971］『科学革命の構造』中山茂訳，みすず書房
マンハイム，K.［1995］『文化社会学草稿』澤井敦訳，学文社
マンハイム，K.［2006］『イデオロギーとユートピア』徳永恂他訳，中央公論新社
マートン，R. K.［1978］『社会理論と社会構造』森東吾他訳，みすず書房
野家啓一［2004］『科学の哲学』放送大学教育振興会

23 科学・技術・倫理
Science, Technology and Ethics

基本視点

　科学と技術，それは私たちの夢を実現してくれるものである。またそれは，私たちの命を救ってくれるものでもある。しかし，時として，私たちの命を奪うものでもある。このような科学や技術を抜きに現代社会を語ることはできない。現代社会における人々の生活は，科学技術とさまざまに深く関わりあっている。

　「技術」の歴史は，人類の歴史と同じくらい古い。技術は，人類が自然環境を作り変える営みとして発展してきた。それに比べると「科学」は新しい。16世紀から17世紀に近代科学の考え方が形成された（科学革命 the Scientific Revolution）。この知識の形態が，「科学」と呼ばれる新しい制度として確立されたのは，19世紀だといわれている。

　こうした科学や技術に対して，現代社会における「科学技術」とは，政府や企業の投資をもとにして，社会的に有用な知識を生産する営みだということができる（新田他編［2005: 264］）。

　またギボンズは，産業的で社会的な応用を目指し，さまざまな学問領域の知見を活用した知識生産の様式を「モード2」と呼び，科学技術の専門家だけが知識生産に関わる従来の「モード1」との違いを示した（ギボンズ［1997］）。こうした区別によれば，現代社会の科学技術は「モード2」の占める割合が増し，科学技術は社会へと開かれつつあるといえる。

　そして現代社会の科学技術は，さまざまに社会的な問題を発生させている。生命に関わる科学技術は，伝統的な価値観との間で問題となっている。公害や環境問題はグローバルな問題となっている。科学技術は便利な生活という恩恵をもたらした反面で，現代社会はリスクに満ちた社会となっている。

　科学技術が関わる問題は，「専門的でよくわからないもの」として，専門家に判断が委ねられてきた。しかしながら，特定の分野の専門家はいても，科学技術全体についての専門家など存在しない。ましてや科学技術が社会にどのような影響を与えるかを，正確に評価することは難しい。誰が，どのように科学技術に関わる社会的意思決定を行うのか。現代社会においては，科学技術と社会と，そして倫理との関係性が鋭く問われているのである。

学説展開

　科学技術を対象とする社会学の研究は，①科学技術の研究者集団についての研究，②科学技術の知識についての研究，そして③科学技術と社会との関係性についての研究に大別できる。科学技術の研究者集団に着目したのは，前項（教育・科学・社会）でも論じている中範囲の理論を提唱したマートンであった。マートンは「確証せられた知識を拡大すること」を制度的な目標とする科学には規範やエートスがあり，それらによって社会制度としての科学が存続すると考えた。このようなマートンおよび彼に影響を受けた科学社会学は，科学の規範の構造と，科学者の行動に対して評価や報奨が与えられる制度（報酬システム）との相互作用という側面から科学をとらえようとした。

　そうしたマートン派の科学社会学に対しては，科学を高度に自律的なシステムと見なし，科学知識が生産される営みそのものが扱われていないとの批判がされる。そこで，マンハイムの知識社会学とクーンの科学論を背景として，科学知識の社会学（SSK: Sociology of Scientific Knowledge）と呼ばれる研究が現れ，1980年代以降，大きな潮流となった。SSKは，社会構成主義の考え方を科学技術に対して適用したもので，科学技術の知識も社会的要因によって規定されると考えるものである。知識の「存在被拘束性」を科学技術の知識にも適用したのである。こうした考え方は，科学技術の知識に与えられる真理性が絶対的なものではなく，社会文化に規定された相対的なものであることを示すこととなった。

　このような科学技術に対する相対主義的な考え方は，科学技術に携わる研究者からの激しい批判を招いた。科学技術の知識を絶対的なものとして神聖視することも危険だが，科学技術の合理性をまったく認めないことも，それと同じくらい危険なのではないか。SSKという社会学的な研究は，果たして，社会に何をもたらそうとしているのか。

　科学技術の知識が社会的な要因の影響を受けたものであったとしても，現代社会における科学技術の重要性が減じるわけではない。だからこそ，SSKの成果を踏まえ，そして科学技術の研究者集団の行為規範を明らかにしたうえで，科学技術と社会との関係性を問う必要が生じてきたのである。

23 Science, Technology and Ethics

歴史的現在

科学技術と現代社会との関係性を問う時の1つの切り口として、「科学技術への市民参加」がある。ここでは、参加型のテクノロジーアセスメント（TA: Technology Assesment）の1つである「コンセンサス会議」の歴史的な変化を通して、科学技術と現代社会との関係性の変化の一部を見てみよう。コンセンサス会議というのは、特定の科学技術について十数人の一般市民が専門家からレクチャーを受けたうえで、それぞれの視点で考え、評価し、「コンセンサス」と呼ばれる市民の意見を作成し発表するものである。従来、科学技術の問題を考えるには、高度な専門知識が必要とされ、素人が科学技術を評価することなど考えられなかった。それがどのように変化したのだろうか。

1960年代、環境汚染、公害、薬害が社会的な問題となった。こうした科学技術の負の側面をコントロールするために、テクノロジーアセスメント（TA）という概念がアメリカで生まれ、議会のもとにTA専門の機関が設置された。これは新しい科学技術を社会に導入する際に、予め評価し検討するものだ。

このTAという手法を医療技術において適用したのが、コンセンサス開発会議である。新しい医療技術についての説明を専門家から聞き、医師たちが中心となってコンセンサスを生み出す。この方式がデンマークで発展し、コンセンサス会議は生まれた。評価しコンセンサスを生み出す役割を、一般市民が務めるようにしたのである。こうして生み出された「コンセンサス会議」という方法は、ヨーロッパのみならず各国が試みるものとなった。日本でも2000年に農水省が遺伝子組換え農作物についてのコンセンサス会議を開催している。

コンセンサス会議の歴史と展開

1960年代後半（アメリカ）	テクノロジーアセスメント	専門家による評価
1970年代後半（アメリカ）	コンセンサス開発会議	医師による医療技術の評価
1980年代後半（デンマーク）	コンセンサス会議	一般市民による評価
1990年代以降	参加型TAとしての「コンセンサス会議」の広がり オランダ，ノルウェーなどヨーロッパ諸国，日本，韓国，アメリカ，カナダ，オーストラリアなど	

新田他編［2005：239-58］などを参考に作成

展望

　科学技術と社会とをつなぐ「倫理」の問題へ：コンセンサス会議のような市民参加型の TA が展開した背景には，科学技術の社会への影響が広範に，そして複雑になるにつれ，利害関係者として市民を見るようになったことが挙げられる。科学技術のもたらす恩恵とリスクを市民社会が受け容れることで，科学技術は社会に定着するのである。

　それに加えて，科学技術の素人である市民が発する不安を，無知による感情的な反応として軽んじるのではなく，その不安の中に専門家が見落としている何かがあるのだ，と考えるようになったこともある。科学技術と深く関わりあう現代社会においては，市民も科学技術の知識生産に影響を与えるようになったのである。

　このように科学技術と社会との関係性は変わりつつある。それは専門家と素人である市民との関係性の変化でもある。しかしその一方で，専門家が不要になることはない。市民が科学技術に関与できる問題は，社会的な問題が早くから認識されるようなものに限られている。多くの科学技術は専門家の手に委ねられているのである。

　そこで改めて注目されるのが「倫理」の側面である。それは専門家1人ひとりの倫理ではなく，制度としての科学技術の倫理である。かつてマートンは科学のエートスとして，科学の知見を人類共有の財産だとする「公有性」や，科学者は自らの利害によって研究成果の内容と評価を歪めてはならないとする「利害の超越」などを見いだした。これらを制度的に遵守するような仕組み，つまり倫理を有する科学技術ならば，市民も積極的に信頼を寄せることができるのではないだろうか。

【皆吉淳平】

文献
コリンズ，H.／ピンチ，T.［2001］『迷路のなかのテクノロジー』村上陽一郎他訳，化学同人
ギボンズ，M.［1997］『現代社会と知の創造』小林信一監訳，丸善
金森修・中島秀人編［2002］『科学論の現在』勁草書房
松本三和夫［1998］『科学技術社会学の理論』木鐸社
マートン，R. K.［1961］『社会理論と社会構造』森東吾他訳，みすず書房
新田孝彦他編［2005］『科学技術倫理を学ぶ人のために』世界思想社

24 生命操作と優生学
Biotechnology and Eugenics

基本視点

　自分の子どもが生まれてくると想像して，考えてみてほしい。その子が，障害もなく五体満足であってほしい，病気がちであるよりも健康的であるように，弱々しいよりも活発であるようにと，あなたは願うのではないだろうか。そして，その子には充実した人生を送ってほしいと願うのではないだろうか。このような願いは，誰もが素朴に抱いているものだと思われる。しかしながら，これらの願いこそ，「優生学」的な考え方を導くものなのではないか。

　優生学は，「人間のさまざまな身体的精神的特徴に優劣をつけ，生殖への人為的介入によって，『優れた者』の出生を奨励し『劣った者』の出生を防止することを目指す理論，研究，思想，運動等の総称」と定義することができる（市野川編［2002: 135］）。もし，生まれてくる子どもに障害があるとわかった時に，障害をもつ人（子ども）は障害をもたない人（子ども）よりも「劣っている」と考えて，人工的に妊娠中絶するということがあるならば，それは「優生学」的な行為であるといってもいいだろう。

表1　現代社会と優生学の2類型

	目的	具体例
消極的優生学	「劣った者」の出生の防止	中絶，断種など
積極的優生学	「優れた者」の出生を奨励	遺伝子操作など

　このような優生学は現代社会において，ますます重要な問題となってきている。出生前診断は，子どもが生まれる前に，その子どもに先天的な障害や病気があるかどうかを判断するもととなる情報を提供する。これによって人工的妊娠中絶をするということを考えると，出生前診断は優生学に直接関わるものである。さらに「優れた者」を選んで産むことも関わってくる。ヒトゲノムの解読が進めば，人間の身体的精神的特徴の違いが，それぞれの遺伝子の違いによるものと明らかにされる可能性がある。これに人間の遺伝子を操作する技術が加われば，望ましい優れた人間（頭がいい，背が高い，目や髪の色がキレイ等々）を産み出すことが可能になるかもしれない。これらは現代社会の優生学と呼べるのではないだろうか。

学説展開

　優生学という言葉に嫌悪感を抱く人がいるならば，その多くは，ナチス・ドイツとヒトラーを思い起こした人だろう。アーリア民族至上主義のもとで優生学を積極的に政策へと採り入れたヒトラー政権は，その優生学によって差別や虐殺を正当化してホロコーストという悲劇を生んだといわれている。優生学は人間の生命に優劣をつけ，劣った人間を殺すことを正当化してしまうものだったのである。けれども優生学は，悪の学問だとして簡単に断罪できるわけでも，ナチス・ドイツにだけ関係があり他には無関係というわけでも，ない。

　優生学は19世紀後半のヨーロッパで生み出された。確かに優生学的な発想は古くからあり，プラトンの『国家』（紀元前375年頃）までさかのぼるといわれている。けれども優生学を科学（学問）として体系的に示したのは，19世紀後半のイギリス，ダーウィンのいとこであるゴルトンであった。そもそも優生学と名づけたのはゴルトンであったのだ。そのゴルトンは優生学を，ある人種が生まれもった質を高めてゆくことを扱う科学であるとして，遺伝学と統計学とを重視した研究を提唱した。

　ゴルトンの優生学が広まる契機となったのは，1904年にロンドンで開催された第1回イギリス社会学会での「優生学：その定義，展望，目的」と題した発表だった。この時代には，キリスト教的世界観にかわって，社会の進歩について生物学的進化論を適用して考える社会ダーウィニズムが流行していた。黎明期の社会学者であるコントやスペンサーが社会進化論を唱えたのも19世紀後半である。そして現実の社会では，産業革命を受けて都市に流入した多くの人々が劣悪な環境に苦しんでいた。こうした思想的・社会的背景が，社会の改革や進歩を目指す際の科学的な基盤として，優生学を広める原動力となったと考えられる。

　さらにブーア戦争が終わり，列強によるアフリカの植民地化が進んだこの時期は，帝国主義が躍進する時代でもあった。人類の改良を目指す優生学は，強力な国家を目指す潮流とも親和的であった。そして第二次世界大戦後に優生学が「悪」としてタブーとされるまで，特定の人種や民族，移民，精神病者やハンセン病者などを「劣った人間」とする優生学的な政策は，日本やアメリカ，さらには北欧の福祉国家にも広まっていた。優生学はグローバルなものだったのである。

24 Biotechnology and Eugenics

歴史的現在

　現代の優生学は，20世紀はじめの優生学と異なる性格を帯びている。優生学も時代によって変化しているのである。

　20世紀はじめの優生学（古典的優生学）は，国家や集団の利益を優先していた。国家の利益のためなら，人権を無視するようなことも行ってしまうものであった。「劣った」民族とされた人々の虐殺や，精神的な疾患をもつ人々への断種（子孫を作れなくすること）が行われたのである。

　それに対して1970年代以降の優生学は，個人の自発性を重視する。ナチス・ドイツが行った人体実験の問題に関する軍事裁判の判決において，人体実験を行う時には被験者本人の自発的同意が必要不可欠だとされた（ニュルンベルク綱領）。インフォームド・コンセントへとつながるものである。このような生命倫理（バイオエシックス）と呼ばれる学問領域の発展に加えて，「女性の自己決定権」という考え方の広まりもある。特に中絶する権利へとつながる「性と生殖に関する健康／権利」（リプロダクティブ・ヘルス／ライツ）は，フェミニズム運動の大きな成果である。しかしながら，こうした「自己決定権」という考え方と優生学は合流したのである。

表2　優生学の変遷

古典的優生学（本流優生学）	19世紀末-1920年代	集団本位，強制的，人種・階級差別，出生率増加支持
科学的優生学（修正優生学）	1930-1960年代	集団本位，自主性尊重，反人種・階級差別，産児制限支持
タブー化	1970-1980年代	個人本位，女性の自己決定権，遺伝カウンセリング，出生前診断と選択的中絶
「新優生学」	1990年代後半以降	個人本位，ヒトゲノム計画，子孫の遺伝的改変可能性の増大

廣野他編［2002：221-22］をもとに作成

　本項の冒頭で考えてもらったように，素朴な優生学的な発想は多くの人がもっている。そのような発想に基づく優生学的な決定が，権利や自由そして自己決定の名のもとに行われる。これらは「リベラル優生学」や「内なる優生思想」とも呼ばれている。それが現代社会における優生学という問題なのである。

展望

 優生学は，国家権力が個人の生殖活動へと介入し，その自由を奪うことを正当化してしまうものだった。それに対して個人の権利や自己決定という考え方は，生殖活動の自由を守るものとなる。しかしながら，生命操作のテクノロジーが国境を越えて広がる現代社会においては，優生学も国家の問題であると同時に，自己決定する個人の問題として，その問題圏が拡大している。

 妊娠，出産あるいは中絶という生殖をめぐるテクノロジーは，子ども，女性，家族，社会，国家／法律の意志が複雑に絡み合いながら進展してきた。自分の細胞から移植用の臓器などをつくり出す再生医療は，クローン人間を生み出すテクノロジーへと連なっている。

 そしてヒトゲノム計画に象徴されるような遺伝と情報の研究は，個々人にあった医療や薬の開発につながると同時に，遺伝子操作の技術と合流してヒトの遺伝子を改変する可能性へと扉を開く。これら生命を操作するテクノロジーを進展させるのは，国家であり，企業であり，それと同時にテクノロジーを利用したいと思う，私たちである。

 生命操作のテクノロジーを手にしつつある現代社会の私たちは，優生学をどのように考えるのか。個人の権利や自己決定は重要なものであるし，素朴な感情も無視できない。しかしながら，私たちの自由に基づく行動が，国家による優生学と同じ帰結をもたらす可能性はないのだろうか。そして1世紀前には優生学が社会学とともにあったということを，社会学はどのように考えるのか。優生学を通して，現代社会や社会学，そして私たち自身を批判的に考察する必要があるのではないだろうか。

【皆吉淳平】

文献
Galton, F. [1909] *Essays in Eugenics*, The Eugenics Education Society
廣野喜幸他編 [2002]『生命科学の近現代史』勁草書房
市野川容孝編 [2002]『生命倫理とは何か』平凡社
ケヴルズ，D. [1993]『優生学の名のもとに』西俣総平訳，朝日新聞社
上杉富之編 [2005]『現代生殖医療』世界思想社
米本昌平他 [2000]『優生学と人間社会』講談社現代新書

25 福祉と医療
Welfare and Medicine

基本視点

日本国民の権利と義務を定める日本国憲法第3章において，福祉（welfare）という言葉が5カ所で使われている（表1を参照）。福祉という言葉は，4カ所で公共の福祉（public welfare），1カ所で社会福祉（social welfare）として用いられている。

この表からわかるように，「公共の福祉」は国民の権利を制限するものとして用いられている。「社会福祉」は，第25条において「健康で文化的な最低限度の生活」を達成するものとして挙げられている。日本国憲法において福祉は，国民の権利を制限するものであり，また，国民生活を保障するものである。

第25条（いわゆる「生存権」）は，福祉と医療を結びつけるものである。国家は福祉の一環として，国民の健康な生活を達成するために医療政策を行う。ここで行われる保健管理（healthcare）は，公衆衛生の向上や増進のために国民に保障されたものでもある。医療は病気の治療であるだけでなく，国家による国民の生活保障をめぐる問題なのである。

表1　日本国憲法に記された「福祉」

【第12条】この憲法が国民に保障する自由及び権利は，国民の不断の努力によつて，これを保持しなければならない。又，国民は，これを濫用してはならないのであつて，常に公共の福祉のためにこれを利用する責任を負ふ。

【第13条】すべて国民は，個人として尊重される。生命，自由及び幸福追求に対する国民の権利については，公共の福祉に反しない限り，立法その他の国政の上で，最大の尊重を必要とする。

【第22条】何人も，公共の福祉に反しない限り，居住，移転及び職業選択の自由を有する。
2　何人も，外国に移住し，又は国籍を離脱する自由を侵されない。

【第25条】すべて国民は，健康で文化的な最低限度の生活を営む権利を有する。
2　国は，すべての生活部面について，社会福祉，社会保障及び公衆衛生の向上及び増進に努めなければならない。

【第29条】財産権は，これを侵してはならない。
2　財産権の内容は，公共の福祉に適合するやうに，法律でこれを定める。

学説展開

病人役割：福祉を「公共の福祉」と「社会福祉」の2つに分けて考えると，医療社会学（medical sociology）には2つの側面があることがわかる。「公共の福祉」，すなわち権利の制限として医療をとらえたのがアメリカの社会学者パーソンズであった。パーソンズは，1930年代にアメリカの病院を調査し，病人には病人役割（sick role）があるとした。パーソンズによれば，病人には学校や会社に行かなくてもよい権利や看護される特権があるかわりに，病気からの回復に努め医師に従わなくてはならない義務がある。病気とは，単なる個人の身体的な状態であるばかりでなく，権利と義務を伴う病人という社会的地位（social status）なのである。

医療化論：医師に従わなくてはならない義務という問題を前面に押し出し，医療批判を展開したのがイリイチである。イリイチは『医療の限界』（邦訳では『脱病院化社会』という題名になっている）において，病院制度の批判を行った。イリイチによれば，病院は医師という専門家が支配する制度であり，不要な治療や過度の薬物投与が医原病（iatrogenesis）を生み出しているとされる。医療を通じた専門家支配は，「医療化（medicalization）」と呼ばれ，医療社会学を方向づける1つの視点となっている。

生政治：また，生存権（第25条）に見られるような，生活保障と医療をめぐる問題がある。国家による生活保障と医療という問題は，フランスの哲学者フーコーによる「生政治（biopolitics）」の議論が，社会学に大きな影響を与えている。フーコーによれば，私たちの「生」そのものが政治の対象となっている。私たちは，正常な判断や振る舞いができない人々を異常者や精神病者とみなし，そのような人々を隔離したり強制的に治療することを医学的に正当化している。また，私たちの誕生や死は，出生率や死亡率という形で人口統計学的に把握されている。そこで把握されたデータは，生殖や衛生をめぐる問題として受け取られ，私たちの生活に権力が介入することを正当化している。ここでは，医学と衛生が結びついた権力—知が形成され，「社会は防衛しなければならない」を合言葉とした管理体制が営まれている。こういった体制をフーコーは「生政治」と呼んだ。

25 Welfare and Medicine

歴史的現在

　ここでは，グローバル化と医療の問題を考えてみたい。医療は，国民の生存権の保障であるのと同時に，国民の生活をも管理する制度である。だが，これは「国家」という枠組みの範囲で医療をとらえているにすぎない。グローバル化の進展は，国家という枠組みをくぐりぬけて私たちの日常生活に影響を与えている。それは，医療においても同様である。グローバル化時代の医療問題に光が当てられるべきである。

　その1つの問題が，感染症の拡大である。人々の移動が盛んになることによって，感染症は瞬く間に世界中に広がる。そもそも，国家間の移動の際に必要となるパスポートは，感染症の疾病に関する情報収集を目的としてはじめられたものでもあった。感染症の予防は国家による公衆衛生の端緒になる出来事の1つであったのである。

　しかし，人と物が当然のように行きかうグローバル化時代では，感染症は国家の管理を超えて広がり，経済的にも多大な影響を与えている。その典型的な例が，2002年から2003年にかけて中国で流行したSARS（Severe Acute Respiratory Syndrome: 重症急性呼吸器症候群）である。中国政府の対応の問題もあり，SARSの感染者は約30カ国に広がり，流通・貿易にも多大な被害をもたらしたといわれている。このような世界的な感染症の拡大はパンデミック（pandemic）と呼ばれる。

表2　SARS感染者が報告された主な国々

アジア (13)	香港	ヨーロッパ (11)	ドイツ	アメリカ	カナダ
	台湾		フランス		USA
	シンガポール		イタリア		コロンビア
	ベトナム		イギリス	アフリカ	南アフリカ
	フィリピン		スウェーデン	オセアニア	ニュージーランド

WHO, Summary of Probable SARS Cases with Onset of Illness from 1 November 2002 to 31 July 2003

　また，食料も国家を超えた問題に拡大している。私たちの日々の食材はすでに多国籍化しており，そのことが鳥インフルエンザやBSE（牛海綿状脳症）によるパニックを引き起こしている。保健・医療の領域でも，すでに一国家だけでは対処できない時代であることを私たちは自覚する必要がある。

展望

医療の進展と新たな問題：現代社会において，生存権は，人間の当然の権利として見なされている。しかし，グローバル化時代において幸福に生きたいという願いは，現代医療の進展を伴った新しい社会問題を生み出しつつある。

例えば，生殖医療の発達によって，不妊症患者の代わりに出産をする代理母（surrogate mother）が可能となった。だが，代理母を政府が認めていない国家も少なくない。国内で認められていない場合，人々は海外に代理母を探すことになる。海外での代理母問題は，出生児の親権や相続をめぐる新たな問題を生みかねない。また，臓器移植（organ transplant）は，貧しい国の人々が身体を売買する臓器売買という問題も生んでいる。

国家を超えた医療体制に向けて：生殖医療や臓器移植のような先端医療に加えて，移民や難民の医療をどのように保障するかという問題もある。医療保険に加入していない人々にとって，医療費の負担は生活をしていくうえで大きな問題となっている。また，宗教上の理由などにより，ある特定の治療を受け入れない人々（例えば，輸血を拒むといった事態）に医療は立ち向かっていかなければならない。

グローバル化による医療をめぐる社会問題に対して，アメリカやイギリスを中心とした医療社会学または保健医療社会学（Sociology of Health）は，積極的な政策提言を展開している。国家による生存権の保障だけでは，福祉・医療をめぐる新たな問題をとらえることはできない。現代社会においては，国家という枠にとらわれることなく福祉と医療を考えることが社会学の課題となっているのである。

【渡辺克典】

文献

フーコー，M.［2007］『社会は防衛しなければならない』石田英敬他訳，筑摩書房
イリイチ，I.［1998］『脱病院化社会』金子嗣郎訳，晶文社
岡田晴恵［2006］『感染症は世界史を動かす』筑摩書房
砂原茂一［1983］『医者と患者と病院と』岩波書店
髙城和義［2002］『パーソンズ』岩波書店

現代社会と環境問題

Contemporary Society and Environmental Problem

基本視点

環境問題への関心の高まりは，本格的には1970年前後からである。日本では特に，1950年代に確認された水俣病に加えて，富山・神通川のイタイイタイ病，新潟・阿賀野川の第二水俣病，四日市ぜんそくといった四大公害病などの深刻な公害問題の発生がきっかけといってよい。1970年代半ばまでは高度経済成長期であり，企業の発展が豊かな生活をもたらすという考えが一般的であった。しかし公害による直接的な被害を目の当たりにして，反公害・環境問題への関心が高まった。

1970年代というのは，日本だけでなく，世界的に環境問題への関心が高まった時代である。これは，第二次世界大戦の混乱を経て，先進国といわれるアメリカ，イギリス，ドイツなどで産業が飛躍的に発展し，環境破壊が見られたからでもある。この時期に，環境運動が世界各地で広がったが，1970年代の環境運動の飛躍的な盛り上がりは，1960年代のさまざまな運動に注目する必要がある。

1960年代は，ベトナム戦争に反対する平和運動をはじめとして，人権運動，女性解放運動などさまざまな運動が見られた。これらの運動が，環境運動と合流し，社会的に大きな影響を与えることになるのである。

1970年代には，動植物が人間と同じ権利をもつという，これまでの環境をめぐる思想を一変させるインパクトをもつ著作が現れたことにも注目する必要があるだろう。すなわち，P・シンガーの「動物の解放」[原著1973年]，C・ストーンの「樹木の当事者適格」[原著1972年]，A・ネスの「ディープ・エコロジー（浅いエコロジー運動と深く長期的なエコロジー運動）」[原著1973年]の3つである（鬼頭［1996］参照）。

人間と動植物が同じ権利をもつという立場は，「生命中心主義」と呼ばれ，これまでの人間こそが権利をもつという立場は，「人間中心主義」と位置づけられた。ネスらの思想が登場した当初は，その斬新さもあって生命中心主義が優勢であったが，その後，例えば「木が環境保護を担えるのか」といったような問題提起が出され，「人間中心主義」と「生命中心主義」をめぐる論争は，現在もなお続いている。

学説展開

地球環境問題：「地球環境問題」が世界的な会議の場ではじめて提言されたのは，1972年の「国連人間環境会議」（ストックホルム会議）である。当時は，スウェーデンが酸性雨の被害に苦しんでいた。対策も議論されたが，公害問題は先進国が要因であるという主張を発展途上国がしたことから，環境問題は南北問題として現れることになった。このストックホルム会議では，イギリスの大気汚染がスウェーデンに酸性雨をもたらすとして越境大気汚染が問題とされた。

地球環境問題がグローバルな課題として問題とされたのは，1992年にブラジルのリオデジャネイロで開催された地球サミットである。このサミットでは環境保護の具体的な行動計画「アジェンダ21」（agenda: 取り組んでいくべき課題）が示された。地球環境問題がグローバルな課題として問題とされる背景には，1982年に南極上空でオゾンホールが発見され，オゾン層破壊対策（1985年のウィーン条約や1987年のモントリオール議定書）に迫られたことや，1988年のトロント会議で地球温暖化が問題にされたことがある。ローマクラブが提唱した『成長の限界』［1972］や「環境と開発に関する世界委員会」が1987年に出した「持続可能な発展」（sustainable development）という概念は，急速な経済発展を疑問視するということでも意義があった。これらの流れがあって，地球環境問題が深刻な課題として1992年にリオ会議で討議されたのである。その後，1997年に京都で，「京都議定書」が採択されたが，これは先進国平均で2008年から2012年の間に，1990年比5.2％の温室効果ガス排出の削減を求めている。とはいえ，ブッシュ政権は京都議定書から離脱しており，地球温暖化を防止するためには，さらなる努力が必要である。

環境問題と環境運動：「地球環境問題」は，国際的な会議によって対策が議論されてきたが，国際会議におけるNGOの役割が重要なのも特徴といえる。例えば核兵器削減を決める会議は政府間交渉に終始するが，環境問題の国際会議では，NGOも政府関係者とともに会議を運営し，対策を決める。環境NGOが大きな役割を果たす背景には，環境問題に異議申し立てをした1970年代の各種環境運動の存在がある。環境問題を考える際には，環境運動の役割は見逃せない。環境運動で有名なNGOとしては，WWF（世界自然保護基金，1961年結成），「地球の友」（1969年結成），グリーンピース（1971年結成）などがある。

26 Contemporary Society and Environmental Problem

歴史的現在

　ここでは，ドイツの例を見よう。第二次世界大戦後，日本と同じ敗戦国のドイツでも，1970年代に環境汚染が見られ，環境運動が数多く見られた。1970年代の環境運動が，後に「緑の党」として結束し，ドイツを環境先進国にする牽引役の1つとなった。緑の党は1998年にドイツ社会民主党（SPD）と連立与党となり，原子力発電所の段階的廃止を成功裏に導いた。

　一見，原子力発電所は，火力発電よりも環境に良い発電施設のようであるが，ソ連でのチェルノブイリ事故（1986年）が，ヨーロッパ全体の環境汚染をも引き起こしたように，ひとたび事故が起これば環境にとって致命的な問題を引き起こす。その意味で，世界的に見ても原発の全廃は環境保護にとって画期的なことであり，さらに環境税の導入（石油燃料への課税で，ガソリン等の消費量減）という成果を見ても，社会運動の成功例として「緑の党」を位置づけることができる。

　環境運動の歴史ということであれば，日本でも足尾銅山などの例もある。1970年代を起点として考える立場だけでなく，例えばドイツではナチスの環境政策を取り上げることもできる。ナチスは世界に先駆けて，「ドイツ動物保護法」（1933年）や「国家自然保護法」（1935年）などの法律を成立させたが，これらの法律がディープ・エコロジーの先駆けであるという論者もいる。ドイツでは，ナチスと緑の党との異同をめぐる論争は現在も続いており，過去の環境運動を取り上げる必要も場合によってはあるだろう。

　しかし，社会学という観点からいえば，デュルケムやヴェーバー，パーソンズといった社会学者が，環境問題に関してほとんど言及してこなかったことから，従来の社会学と現在の環境社会学との距離が指摘されることも多い。もちろん，1人が頑張っても成果がないという「社会的ジレンマ論」など従来の社会学の知見を，環境社会学で取り入れた検討もなされており，一概に距離だけを強調することは問題であろう。

　今日では，日本の環境社会学も独自の成果を生み出してきている。例えば「生活環境主義」という考え方では，森林保護にあたって，森林産業に従事する人々の生活も保障しなければ，森林産業が廃れ，森林もいずれは荒廃することになる点に着目する。そして，従来の自然保護に加えて，人々の生活を保障することも環境保護には重要であるという考え方を打ち出している。

展望

　1962年のカーソンの『沈黙の春』は，化学薬品と農薬の危険性を主張した。当時のアメリカでは，光化学スモッグや農薬の過剰使用が問題となっており，『沈黙の春』は大きな反響を呼んだ。そしてこの本は，1970年代の環境保護運動の盛り上がりに貢献することになる。

　アメリカでは，世界的な流れを受け，環境保護をテーマに1970年4月22日に大規模なデモが行われた。この日は「アースデー（地球の日）」と呼ばれたが，平和運動や人権運動の人々も合流し，このデモは成功した。このデモをきっかけに，アメリカでは環境保護が人々の意識に定着し，1972年のストックホルム会議をアメリカがリードすることにつながっていった。

　しかし，1988年の大統領選で環境保護を主張した当時のブッシュ大統領は，国益を理由に「生物多様性条約」（1992年）の批准を拒否し（次のクリントン大統領は署名），また2001年にG・W・ブッシュ大統領にかわって，さらに環境保護政策は後退している。CO_2の排出削減を目指す「京都議定書」（1997年）は，このブッシュ大統領のもとでは現在（2007年9月）をもってしても，未だに「国益」を理由に批准されていない。CO_2の排出量は，自動車大国アメリカが世界の4分の1を占めているのにもかかわらずである。環境問題は，単なる意識の問題ではなく，政治経済的，あるいは社会文化的な問題も大きい。

　最後に，ここの「展望」でフェミニズムからの問題提起にも着目したい。1974年にフランスのフェミニストが提唱したフェミニズムの視点からの環境問題は，「人間による自然の支配と男性による女性の支配には重要な関係がある」としてアメリカでさらに進展した。いってみれば，支配されている女性の解放運動は環境運動と連携することで，より大きな成果を獲得できるだろう。このような視点抜きにはもはや環境問題も考えられず，それゆえに環境問題は社会学的な問題であるということができる。　　　　　　　　　　　　　　【保坂稔】

文献
舩橋晴俊・飯島伸子編［1998］『講座社会学12 環境』東京大学出版会
長谷川公一［2003］『環境運動と新しい公共圏』有斐閣
飯島伸子他編［2001］『講座環境社会学1　環境社会学の視点』有斐閣
カーソン，R.［1974］『沈黙の春』青樹簗一訳，新潮社
鬼頭秀一［1996］『自然保護を問いなおす』筑摩書房

27 日本と北東アジア
Japan and Northeast Asia

基本視点

　本項では，アジアとりわけ北東アジアとの関係の中で日本を考える。その際，まず誰でも知っている現在の日本から入って，この問題を考えてみよう。

　日本は，人口約 127,000,000 人，4 つの主要な島からなり 37.7 万km²の国土をもつ国家である。戦後日本は経済の高度成長期を経て右肩上がりの成長を遂げ，世界の中で経済大国と見なされてきた。家電や自家用車などの生産に関する日本の技術力も世界的に評価されてきた。当たり前すぎる説明であろうか。

　現代日本は，2005 年下半期から人口減少に入ったといわれている。急速な高齢化も進展している。新しい変化の波が確実に日本の社会に押し寄せている。だが考えてみれば，日本という固定した社会が昔から変わらずあったわけではない。近代日本の領土の問題を取り上げてみよう。1870 年代に日本は琉球を帰属させ，1890 年代には台湾とアイヌの人と土地を，そして 1910 年には韓半島を併合した。南洋諸島や樺太を含め，戦前の日本は約 67 万km²の領土をもっていた。政治学などでは，領土・国民・主権を国家の 3 要素というが，それらは不変だというわけではなく，変わり得るものだという認識は重要である。

　さらに，戦前の帝国日本の話を続けてみよう。1932 年には満州国を発足させ，1937 年には宣戦布告なしで上海そして南京に軍事進出して，中国大陸の植民地化を目指し，さらに東南アジアや南洋に進出した日本……。現在の日本人は，日本が島国で他国と明確に区別された領土をもっていたように見なしがちだ。そこで，下図を参照願いたい。何の図だろうか。南北を逆にした，インドなどを含む東アジアの図である。東シナ海や南シナ海などを中心に一定のまとまりが見えてこないだろうか。

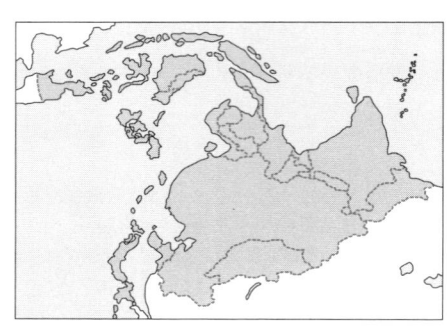

学説展開

ここでは，学説展開というよりも，日中韓を核にして北東アジアの社会学の学会の様子を中心にその展開を追うことで，研究の発展や研究交流を見てみたい。

戦前の日本社会学は，中国の農村や家族を中心に研究を行った。東京帝国大学の社会学研究室も調査研究を行っていたし，いわゆる満鉄（旧南満州鉄道株式会社の略称）の調査部も社会学的研究を行っていた。その中で，例えば清水盛光『支那社会の研究――社会學的考察』［1939］をはじめとして，すぐれた研究がなされていた。もちろん，戦後も福武直『中国農村社會の構造』［1951］を例として，数多くの中国，そして韓半島の研究も進んだ。

だが，中国社会学との関係は，1950年代にはきわめて希薄となる。というのも，中国国内で社会学がブルジョア科学として禁止されたからである。中国社会学の父というべき費孝通も活動を禁じられ，辛酸をなめた。1978年の改革開放期になって，ようやく社会学は復活し，特に1980年代に入ってからは，天津の南開大学（周恩来の母校）などで社会学が重点的に講じられ，社会学は力強く復活した。その際に，東京大学の富永健一教授（当時）などが客座（＝客員）教授として南開大学で講義を行い，そこからいわゆる「南開クラス」と呼ばれる一群の中国人社会学者が育った。現代中国の各地の主要大学において，南開クラス出身の社会学者が学部長クラスで活躍して，中国社会学を牽引している。

韓国においても，日本からの解放後，アメリカや日本で社会学研究を行った帰国組が社会学の発展に寄与した。ソウル国立大学や高麗大学などにおいて，社会学研究は活発になされている。もちろん，台湾においても活発な社会学研究が行われている。特に中央研究院という学術研究機関をはじめとして，アメリカ，ドイツ，日本で学位を取得した社会学研究者が活躍している。香港では，旧宗主国イギリスで学んだ社会学研究者が活躍している。

日本社会学会は，2000年代に入って数年後から，年次大会でアジアの社会学者との定期的な交流の機会をもちはじめている。日本と韓国との学会レベルの交流も正式に開始された。日中社会学会も現在活発に活動している。もちろん，学会単位だけでなく，大学単位，個人単位でも交流が進んでいる。このような多元的な交流の積み重ねが，北東アジアの現在において求められている重要事項であるといえよう。

27 Japan and Northeast Asia

歴史的現在

　おそらく数万年前まで，日本は大陸とつながり，日本海は「湖」だった。だが約1万年前までには分離し，そのころ農耕定着生活が開始された。その農耕の作物や技法は大陸と多くのつながりがある。大陸とは最基層の文化にかなりの共通性があるといわれ，風土的にも似ている。紀元1世紀には，倭奴国が中国・漢の皇帝から授与された金印も発見された。この史実への疑問もあるが，3-4世紀の邪馬台国の存在は『後漢書』が記録している。「渡来人」の痕跡は各地に残る。

　しかし明確な文化交流は，特に6-7世紀の大陸から漢字・仏教の伝来と遣隋使・遣唐使の派遣であろう。だが663年，白村江の戦いで日本は唐・高句麗連合軍に敗れる。そして8世紀には国家整備を急ぎ，律令国家が形成され，国家のイデオロギー装置としての古事記や日本書紀などが成立する。9世紀になると，中国で学んだ僧が日本に戻り仏教を広める。10-12世紀に日本は貴族から武士中心の政治になるが，13-14世紀には鎌倉仏教が盛んになり，やがて室町・南北朝時代に入る。その後半期の15-16世紀には，勘合貿易の開始，鉄砲・キリスト教の伝来，秀吉の朝鮮出兵があり，アジアや世界との関わりが進んだ。

　だが，1635年から鎖国政策の開始。とはいえ，アジア諸地域との貿易もあり，1800年前後には欧州各国も通商を求めて来航しはじめる。中国では1840年，英国が阿片戦争を起こす。そして1853年，浦賀に黒船来航。1868年に明治維新があり，72年太陽暦採用，73年徴兵令公布と，日本は近代国民国家の体制を取りはじめた。なお江戸時代，中国の朱子学が影響力をもったことも重要だ。

　その近代国家・日本は，1879年には琉球を最終的に併合し，1894年に日清戦争，1904年には日露戦争を起こした。またその時期，1895年に台湾を植民地化し，1910年には日韓併合を行う。だが，1911年には，中国で辛亥革命が起こり，中華民国が成立。一方日本は1914年，対独宣戦布告して第一次世界大戦に参戦し，中国・山東半島を占拠。次いで翌15年に対華21か条要求を出し，19年に中国では五四運動・韓半島では三一運動と抗日運動が起こった。

　そうした中で，日本は31年には満州事変を起こし翌年満州国を建国，37年には日中戦争を開始する。しかしアジア太平洋戦争は，45年敗戦で終了。日本は事実上アメリカに占領されたが，中国では49年に中華人民共和国が成立し（台湾に中華民国成立），50年には朝鮮戦争が起き，南北朝鮮分断が生じた。

展望

　前頁で，北東アジアでの現在の交流直前までを見た。日本は1952年に独立・再出発し，東京五輪開催もあった高度成長期に入った。中国は1966年に中国文化大革命が開始され，韓国では軍事政権が力を握り，交流は民間ベースに限定された。だが72年の日中国交回復，78年中国改革開放政策の開始から，88年ソウル五輪，2002年のW杯日韓共同開催，冬ソナブーム，08年北京五輪開催など，20世紀最後の十数年以降，新たな交流の動きが活発化している。

　一般に，北東アジアとは，モンゴル，中華人民共和国，朝鮮民主主義人民共和国，大韓民国，中華民国，以上の5つの国・地域を指す。東アジアは通常，北東アジア＋東南アジア（いわゆるASEAN諸国）を指す。なおASEAN（東南アジア諸国連合）の加盟国は，現在10カ国（インドネシア，シンガポール，タイ，フィリピン，マレーシア，ブルネイ，ベトナム，ミャンマー，ラオス，カンボジアで，さらにオブザーバーがパプアニューギニアなどである）。

　さて今，東南アジアにふれたのは，現在，北東アジアと東南アジアも含めた緩やかな連合体状のまとまりを模索している動きがあるからだ。例えば，ASEAN＋3（日本・韓国・中国）＋1（インド）の枠組みである。インドは，中国に次ぐ人口を擁し，今後は人口で中国を抜くだろうと予測される国である。人口の多いバングラデシュやパキスタンも加え，インド系の発展も世界に影響を与える。東アジアはグローバル化時代において，重要なリージョンとなりつつある。

　もちろん，北東アジアですら一筋縄ではいかない。漢字，儒教，仏教，律令制などの共通点を，中国，韓半島，日本，ベトナムなどは共有しているが，それぞれの国の言葉で相互理解できる状況ではない。東アジア全体でも，宗教を含め多様で難しい問題を抱えている。だが，難しいといって傍観しているだけでは事は進まない。アジアからの留学生や旅行者が増えている。社会学内部でも交流が進みはじめた。このような，一見些末に見える交流の積み重ねこそ，今北東アジア諸国や東アジア諸国に求められている。　　　　　　　　　　　【西原和久】

文献
現代社会理論研究会［2005/06］「アジア特集」『現代社会理論研究』No.14/15
新津晃一・吉原直樹編［2006］『グローバル化とアジア社会』東信堂
小倉充夫・加納弘勝編［2002］『東アジアと日本社会』東京大学出版会

28 韓国とポストコロニアル

The Republic of Korea and Postcolonial

基本視点

ポストコロニアルとは：ポスト・ウォー（post war）といえば，「戦後」。ポスト・モダン（post modern）といえば，「近代以降」のこと。このようにポスト（post）という語は，「〜以降」を表す。ポストコロニアルのコロニアル（colonial）は，植民地の意味であるから，ポストコロニアルはそのまま訳せば「植民地以降」の意味になる。

1492年，コロンブスがアメリカ大陸に到着して以来，西洋諸国はアジア，アフリカなど世界の広大な諸地域を植民地化し，政治的・経済的・文化的に支配していった。第二次世界大戦が終わると，1950年代を中心に，アジア，アフリカ諸国の多くが独立を果たしていった。世界史的にいえば，この時期以降が「ポストコロニアルの時代」ということができる。

韓国にとってのポストコロニアル：韓国の場合はどうだろう（下の年表参照）。1910年，「日韓併合」により大日本帝国の植民地とされた朝鮮半島は，1945年8月15日の大日本帝国の敗戦（無条件降伏）により，植民地支配からの解放を迎えることになった。この日以降が，韓国にとってのポストコロニアルということになる。戦後，東西冷戦体制が形成される中，朝鮮半島は38度線以南にはアメリカの軍政下において大韓民国が樹立され，以北にはソ連の後押しを受けて朝鮮民主主義人民共和国（北朝鮮）が樹立された。この分断は朝鮮戦争（1950-53年）を経て，固定化されることとなった。その後，北朝鮮との軍事的緊張状態が続く中，韓国はアメリカに経済的・軍事的に依存する状態が続き，「反共」を国是とする独裁政権によって国政を握られてきた。しかし，民主化闘争と経済発展，冷戦体制崩壊は，韓国社会を大きく変えた。解放後の韓国の歴史は米ソによって大きく規定されてきたが，今，その相貌はダイナミックに変わりつつある。

表1

1910	日韓併合	1979	朴大統領暗殺，軍事クーデター（全斗煥実権）
1945	日本無条件降伏	1980	光州事件（民主化闘争，市民の死者多数）
1948	大韓民国と朝鮮民主主義人民共和国，樹立	1992	金泳三，大統領に（初の文民政治家）
1950	朝鮮戦争（〜1953）	2000	金大中大統領，平壌で南北首脳会談
1961	韓国で軍事クーデター（朴正煕に全権），反共法	2006	初の女性総理

学説展開

植民地支配の暴力と植民地主義的言説：ヨーロッパの近代化とともに拡大してきた植民地支配は，全世界に未だ癒えぬ深い傷痕を残していった。それは，支配地域を資本主義経済体制に巻き込み，本国の経済的繁栄のための搾取の対象としていく過程で，地域経済と住民の生活基盤を破壊した。同化の名のもとで，文化や言語を奪い，民族的自尊心を奪った。強制労働，強制移住，住民の殺害などの暴力もまた振るわれた。

植民地化は，軍事力によって進められただけではない。そこには植民地主義的な言説（colonial discourse）が伴っていた。すなわち自己を文明的，先進的，中心的存在と見なし，アジアやアフリカの他者を野蛮で，後進的，周縁的存在と見なす二項対立的図式に貫かれた言説によって植民地主義は後押しされ，合理化されてきたのである。言い換えれば，こうした植民地主義的言説は暴力にほかならないものを，宗主国の住人や，時には植民地の住民にさえ，むしろ「使命」や「正義」，または「必要悪」として表象させる機能を果たしてきた。

暴力の痕跡と継続する植民地主義：一般に宗主国から政治的に独立を果たしたからといって，その新しい独立国家において，上で見たような植民地時代の「暴力」が即座に過去のものとして，ポストコロニアルの現在から消えるというわけではない。「暴力」は独立後もさまざまな痕跡として残らないではいられない。それは何よりもまず被植民者たちの傷として残る。韓国人被爆者にとって身体の傷も，従軍慰安婦にとってその経験も，独立とともに消えるようなものではない。韓国の場合，痕跡はまた植民地化によって生地を離れることになった，「在日」を含む，大量のディアスポラ（diaspora）という形で顕著に残った。

しかし，ポストコロニアル研究が重視するのは，ただこれらの暴力の痕跡だけではない。旧宗主国である日本は，戦後，原爆に象徴される自らが被った戦争の被害を強調することで，東アジアに対する自己の加害性を長く意識の周辺に追いやってきた。また，大日本帝国の時代の東アジアに対する優等意識は戦後も十分反省されることなく持続してきたのであり，それがまた加害性の意識化を阻んできた。その意味では，植民地主義は今もって継続している。この継続する植民地主義の解明と批判こそが，ポストコロニアル研究の最も重要な課題である。

28 The Republic of Korea and Postcolonial

歴史的現在

朝鮮半島と周辺情勢の歴史的変遷：朝鮮半島は，古くから，東アジア随一の帝国であり続けた中国との関係が国際関係の基軸であった。だが日本と江華島条約（1876）を結んでからは徐々に国家としての自律性を奪われていき，「日韓併合条約」（1910）により植民地支配を受けることになった。解放後から冷戦構造終了までの朝鮮は，分断国家として，アメリカと日本という西側の二大国と，ソ連と中国という東側の二大国の対立構造の只中に置かれることになった。

冷戦が終了した今日，アメリカ，中国，日本，ロシアが，各々独自に新たな政治的・経済的協力関係を結びつつある中（米中，米ロ，日中，日ロ間），朝鮮半島は，朝鮮民主主義人民共和国（北朝鮮）と，韓国＋周辺4国（中ロ日米）の間で平和的関係を構築することが緊急かつ主要な課題となっている。

朝鮮人／韓国人の移住の歴史：朝鮮人／韓国人は日本による植民地化以降，今日に至るまで，世界の各地に移住していった。歴史的に見ると，最初の大きな波は1920年代以降の日本への渡航である。日本の土地政策により生活苦に陥った農民が，日本での就業を求めて渡航したのが主であった。ついで日中戦争から敗戦までの時期には兵力，労働力として，日本本土のみならずサハリンや満州に数多くの朝鮮人が強制移住させられた（ほぼ100万人といわれる）。

戦後は，主に1960年代以降，韓国から北米への移住が急増した。経済的困窮と国内の軍事独裁政権への反発，北朝鮮との戦争の懸念が主な理由であった。しかし，ソウルオリンピック以降は海外への移住は減少し，逆に中国朝鮮族・在ロ朝鮮人の韓国への逆移民，さらには中国朝鮮族のアメリカや日本への移民が目立ってきている。これまで諸国家に切り離されて住んでいた朝鮮人・韓国人がさまざまな形で接触し，互いの存在が顕在化してきた現在の状況は，「本国」を含む各地の在外朝鮮・韓国人の自己認識を変化させる可能性，さらには国家を超えた「コリアンネットワーク」を生み出す可能性を秘めている。

表2　2005年の国別の在外コリアン数上位3カ国

中国	アメリカ	日本
2,439,395	2,087,496	901,284（日本国籍取得者含む）

在外同胞財団より

展望

植民地主義的言説の継続と移転：現在の時点の韓国／朝鮮との関連では，次の点をポストコロニアル研究の重要な課題として指摘したい。1つは北朝鮮による日本人拉致問題発覚以降の北朝鮮をめぐる言説である。今日，日本の韓国に対するまなざしが，特に食や映画ドラマといった分野できわめて好意的なものになっている一方，北朝鮮に対しては嫌悪感と嘲笑的態度が顕著である。北と南に対する，この不均衡の底には何があるのか。北朝鮮に対するステレオタイプ的まなざしは，未だ残されている植民地時代の日本の暴力の償いという問題をみごとなまでに遠景化しているという現実は，この問題を考える時に忘れてはならない点だ。

もう1つは，諸問題を抱えつつも，ともかく経済発展と民主化を果たした韓国において，かつて日本が植民地主義的思考のもとで韓国に向けたまなざしと同じまなざしを，しばしば東南アジアや中国に向けているように思われることである。ここには，西洋を模倣する過程でアジアを後進的で野蛮な地域と見なすようになった日本，つまり西洋からの劣等視を逃れるべく他地域を劣等視してきた日本を，今度は韓国が模倣するという醜悪な構図が現われはじめている。

コリアンディアスポラの可能性：上のような意味で日本と韓国が未だ植民地主義的思考の圏域にあるとしても，中国，日本，ロシアなどに散在するコリアンディアスポラは，未だ潜在的とはいえ大きな可能性をもっているように思われる。グローバル化と北東アジア地域の経済の発展は，コリアンディアスポラの越境を活性化し，コリアンネットワーク形成の可能性を開いている。例えば在日が日本で在中朝鮮族と出会う時，在日はむしろ彼ら／彼女らに向かって／とともになし得ることを考えることが求められる。あらゆる場所で起こり得るディアスポラの人間的交流は，渡航先の国家のみならず，韓国，朝鮮という「本国」の国民国家体制のあり方に対する鋭い批判精神と実践を生み出す可能性がある。　　【郭基煥】

文献
姜尚中［1996］『オリエンタリズムの彼方へ』岩波書店
姜尚中［2003］『反ナショナリズム』教育史出版会
小森陽一［2001］『ポストコロニアル』岩波書店
櫻井龍彦編［2004］『東北アジア朝鮮民族の多角的研究』ユニテ

29 中国と現代化
Modernization in China

基本視点

　本項は「現代化」を目指す近代以降の中国のさまざまな試みを論じる。中国近代史は，阿片戦争から始まる。阿片の密輸入が原因で起きた英国との阿片戦争（1840-42 年）は，南京条約をもって清王朝の敗北に終わった。この戦争で中国上層部は欧州の近代武器の優位性を認識した。1864 年に太平天国の乱が鎮圧された後，曽国藩らは欧州の機械化軍備を自前でまかなうため「中体西用」の標語で「洋務運動」を推進した。中体西用とは，中国の伝統文化や制度を本体として欧州の機械文明を利用する意味である。だが合理主義などの欧州近代思想は取り込まずに技術面のみ取り込んだ洋務運動は，日清戦争（1894-95 年）での清国の敗戦により挫折した。その直後，列強の侵略から中国を救うため，欧州発の憲法や議会制度の導入を目指した康有為らの政治改革（1898 年）は，既得権益層から警戒され，約 100 日間で西太后らの武力干渉を受けて失敗した。

　その後，中国同盟会（1905 年に創立）の指導者・孫文は三民主義を唱え，辛亥革命（1911 年）を起こして清王朝を倒し，中華民国（1912 年）を建国した。欧米近代思想にも影響された三民主義は，植民地状態からの民族の独立，民主主義に基づく共和国の設立，経済的不平等を改善するための民生の確立を唱えた。

　共産党と国民党による内戦後の 1949 年に成立した中華人民共和国では，毛沢東が 1950 年代に社会全体を社会主義化するための過渡期総路線を実行した。毛の指導で経済大国イギリスを追いこすため大躍進運動も行われたが，多くの餓死者が出て運動は失敗した。そこで経済の立直しをめぐる対立から毛が文化大革命を起こし，国内は内乱状態となった。「4 つの現代化」は工業，農業，国防，科学技術の現代化を指すもので，20 世紀の国の目標として周恩来が 1964 年に提出したが，毛沢東時代には経済の発展が立ち遅れていたため実現できなかった。

　そして，中国共産党第 11 期 3 中全会（1978 年）で鄧小平が実権を握った。鄧小平時代の中国は，政治体制は共産党の一党体制を堅持しつつも，1978 年に「改革開放」政策を採用し，農村では家族請負制の実施，都市では国営企業改革，外資導入など，市場経済原理を導入した。鄧は「4 つの現代化」を実現するための構想を，大平元首相にこう語った（1979 年）。「中国の 4 つの現代化の概念は，あなたたちが考えている現代化概念とは異なる。……本世紀末に中国は 4 つの現代化が実現できても，……到達できるのは『小康水準』となろう」と。

学説展開

　前頁の「小康水準」とは，1人当たりの国民総生産が800米ドルの水準（当時）を指す。天安門事件（1989年）後の現代中国は，江沢民政権が核となり，鄧小平路線に従って改革開放を進め，2001年には世界貿易機関（WTO）に加盟して，「世界の工場」と呼ばれるほどの経済の急成長時代に突入した。

　古来，中国は中華を自称し，周辺の諸民族を文化的に劣ったものと見て，夷，蛮，戎，狄と呼んで卑下した。阿片戦争で清王朝が敗れ，一部の中国知識人は衝撃を受けた。近代西洋に目を向けた先駆とされる魏源は，イギリスがそれまで歴史上に登場した夷狄とは異なる存在であると見抜いた。「夷の長技を師とし以て夷を制す」の意図で魏源が編纂した万国地理書『海国図志』［1842］は，中国が西洋を受容する早期の試みとなった。また，1877年に最初の留学生の1人として渡英した厳復は，洋務運動の「中体西用」というレベルの西洋理解では中国の窮状を打破できないと考え，ハクスリー『進化と倫理』を『天演論』［1989］と訳して出版し，優勝劣敗・適者生存などの言葉を用いて清王朝の陳腐な現状を批判した。また，厳復はスミスの『国富論』，スペンサー『社会学原理』，モンテスキュー『法の精神』などを翻訳し，西洋近代思想を中国に紹介した。

　1920年代末から30年代に国民党統治下の農村で試みられた郷村建設運動は，中国現代化の先行的模索と評価されている。この運動の中心は現場での実践を重視する知識人だったが，その後，社会学は人類学とともに中国に導入された。その定着に努力したのは呉文藻，費孝通たちだった。中国にとって舶来品であった社会学が中国化される過程（1930年代）では，社区（コミュニティの訳語）論が大いに発展した。費は『江村経済』［原著1938年］で，中国現代化の可能性は郷村工業の発展にあると指摘した。だが，毛沢東時代には，国内で社会学がブルジョア学問と批判され，1952年からは禁止された。鄧小平時代になると，78年の改革開放期とともに社会学は復活し，80年代から急速に発展を遂げた郷鎮企業をいち早く研究対象に取り上げ，郷鎮企業をめぐる地域モデルをまとめ，都市化を伴わない中国独自の農業現代化のあり方を模索した。

　90年代に入ると，市場経済化が中国に経済繁盛をもたらす一方，環境の悪化や格差の拡大が問題となった。孫立平『断裂：20世紀90年代以来的中国社会』［2003］を代表として，数多くの中国社会学者が，思索を積み重ねている。

29 Modernization in China

歴史的現在

　ここでは，1949年以降から改革開放までの社会主義期を顧みたい。中国の社会管理体制は，戸籍制度，単位制度によって成り立ってきた。戸籍登録制度は1951年から都市に導入されたが，1958年に戸口登記条例が全国的に施行された。戸籍制度のもとで人々は都市戸籍と農村戸籍に定められ，都市と農村の人口移動（特に農村から都市への流入）が厳しく制限され，農民の都市への移転は，都市での就職，大学入学，軍への入隊以外には不可能だった。都市と農村の経済格差，そして戸籍制度よる強制的分離によって，改革開放前の中国は，都鄙（＝都市と農村）分離の二元的構造をもっていた。

　この二元的構造で，都市は単位制度に基づく社会空間となった。「単位」は，都市部の企業，機関，学校，軍，各種団体を含み，1980年代前半まで100％に近い都市の人々がどこかの単位に所属した。単位は政治的機能（各単位に共産党の党支部がある），生産的機能，社会的機能（社会福祉保障）の包括的機能をもつ組織で，都市の人々は政治，経済，社会面のみならず，個人生活に至るまで単位の管理下におかれた。また規模の大きい単位ほど都市区域で空間的に独立した小世界を構成する傾向があり，都市地域の単位化現象が進んだ。単位制度のもとでは，都市の個々人が単位に従属し，さらに単位が国家に従属するという二重的従属構造が見られ，単位は国家が社会に対して政治・行政管理を行う基礎ユニットだった。単位間の横のつながりがないこともあって，都市は単位モザイク社会となった。単位が中国都市に特殊な地位を占め，計画経済期の中国都市の体制は「単位体制」と呼ばれ，その際の中国都市社会は「単位中国」と呼ばれた。

　一方，農村では，「共産主義社会へ移行するうえでの最適な組織形態」の，工・農・商・学・兵の多様な機能を合わせもつ「人民公社」が1958年から組織された。しかし，上から作られた人民公社では，「一大二公」（大規模で公共的），「一平二調」（個人や集団の財産が公社に徴発される），「公共食堂」などの空想的な共産主義的スローガンで，私的利益が禁止され，農民たちが次第に労働意欲を失う状態が生じた。生産の効率性がきわめて低い農村では，3年自然災害（1959-61年）に抵抗できず，膨大な餓死者を出した。人民公社の時期には，農業や工業の生産性は大きく発展せず，人民公社員は農村内部に閉じ込められ，低い生活水準を強いられた。

展望

　都市と農村は，現代化路線によって 1970 年代末期から変貌を遂げた。まず農村では，1978 年に鳳陽県で自然発生的に始まった個別農家請負制が政府を動かすまでに発展して人民公社は解体しはじめ，1982 年憲法で正式に廃止された。改革開放以降，農業地域の先進的事例では，国家の力が次第に撤退し，郷鎮企業の発展を地域に活かしながら，農業地域の「内発的都市化」が実践された。都市では，1980 年代以降，商品経済，市場経済の原理が導入され，社会主義市場経済体制の樹立が試みられ，その過程で，中央集権的な計画経済体制下の単位制度は市場経済に適合せずに廃止される道を歩んだ。また都市では私的経営体が急増し，人口移動の規制緩和で農村出稼ぎ労働者が職を求めて都市に流入してきた。そうした情勢の下，新しい社会的諸側面をコントロールするには，国家（政府）にとって単位制度に代わる都市管理制度が必要となった。こうして，1990 年代末から国家による上からの「社区づくり」が全国で急がれた。

　「社区」は，コミュニティの訳語として 1930 年代から中国の社会学研究の主要な学術概念となったが，社会学の禁止時期には中国から消えていた。1990 年代，ふたたび復活した社区の言葉は行政用語ともなった。現在，国家主導の社区づくりにもかかわらず，都市の先進的事例では，住民同士の社会関係の成熟によって地域管理をめぐる活動展開や組織形成など下からの地域形成の多様な実践が行われている。だが先進地域でも，下からの社区的実践は，共産党の一党支配の政治的体制，行政首長を上級政府が任命する行政体制に違反しない場合しか許されていない。また都市民には，生活様式の都市化やマイホーム志向の私化傾向が現在進んでいる。それゆえ社区を通じた下からの民主化・公共性の形成は，将来の社会全体の成熟を待たざるを得ない。最後に一言。現在の行政的社区がどのようなコミュニティに成熟していくのか，そのうえで中国現代化をどのように探るのかは，中国社会学にとっての今後の重要な課題となろう。　　　　【朱安新】

文献
費孝通［1999］「江村経済」『費孝通文集　第 2 巻』群言出版
田中重好［2006］「中国社会構造の変動と社会的調整メカニズムの喪失」『アジア遊学 83』勉誠出版
折暁葉・陳嬰嬰［2000］『社区的実践』浙江人民出版社
朱安新［2006］「ポスト単位時代と地域社会の形成」『日本都市社会学会年報 24』

30 タイと東南アジア
Thailand and Southeast Asia

基本視点

　そもそも「アジア」とは西洋から見て日が昇る東方を指す言葉に由来する。「東南アジア」という言葉も，ある1つの領域を基軸として他の領域と区別し設定した時に生じる言葉であることを，私たちはしばしば忘れがちである。加えて，タイで生まれタイに住む人々は，これまで自分たちのことを「東南アジア人」だとするアイデンティティはほとんどない。このような領域の設定は，古来からそこにあるものではなく，19世紀以降に西洋諸国で起こった「国民国家（nation state）」という国のあり方による国境の画定によって可能になった近代の産物だといえよう。

　かつて日本人が，西欧諸国の人々から見れば神秘的で異色な存在として映り，ベネディクトの『菊と刀』のような著作が読まれたように，東南アジア人といわれる人々やその社会への研究も，西欧や日本との差異に着目することで行われてきたといえる。

　けれども近年，グローバル化がさまざまな分野で注目されるようになってから，東南アジアやタイはこれまでとはまた異なった文脈から注目されるようになってきた。グローバルな経済資本がタイへ出入りする中で，タイでは新たな問題が浮上してきている。脱近代的な多様な文化・産業が同時に出入りすることは，タイ国内での格差を拡大することになった。そして，それを逃れタイから日本などの先進国へ移動してくる移民は，移動した国の内部においてもしいたげられる状況がしばしば見られる。

　本項では，流動化する現代タイ社会を考察するための，2つの視角を提示しよう。1つは，グローバル化とあいまって進行したタイの経済成長がもたらした新たな排除問題についてである。これは同時に，タイから移動する移民問題にも関わる看過できない論点となるだろう。もう1つは，「タイ」という「国家」の成立メカニズムについてである。これは，ナショナリズムと密接に関連する重要な論点である。タイを事例として取り上げることで，東南アジア社会の置かれている現状の一端を見てみたい。

学説展開

国民国家の成立：タイにおいて，国民国家はいつ成立したのか。国民国家成立時期に関する議論では，ラマ5世（1868-1909年）の治世からとする主張が多い。国民国家成立の大前提の要素を国境で領域が区切られることと見るならば，確かにこの時期には国民国家を成立させる要素は揃いはじめたといえる。

アンダーソンは，「新興国家の『国民建設』政策には，正真正銘の民衆的ナショナリズムの熱情と，マス・メディア，教育制度，行政規則その他を利用した体系的で時にはマキアヴェリ的な国民主義イデオロギーの注入とがしばしば認められる」（アンダーソン［1997］）とする。だが，彼が上述の主張を反省しつつ述べる際には，ナショナリズムの直接の系譜は「想像の仕方（イマジニングス）」に求められるべきであるとし，その文法となるものとして人口調査，地図，博物館を挙げている（アンダーソン［1997］）。

タイの地図製作と国民形成を研究したトンチャイによれば，ムアンという昔の「くに」が国境線で囲まれて他との境界が明確になり，目には見えない人々が同一空間に所属しているという観点から，自らが生活するムアンを超えた人々同士の結束が促進されることになった。つまり抽象的な「集団」概念の創出である。

さらに，領土が設定されたことは，その領土内に住む人口を数えることを可能にした。1913年にラマ6世によって発布された国籍に関する布告では，シャム国内で生まれた者，また一時期でも居住した者はシャム人＝タイ人と見なされることが定められた。この発布に先立つ人員登録や徭役義務に関する布告において，1890年頃を境に，これまでのレークやプライという納税対象者を表す語の代わりに，「人（khon）」という抽象的な用語が頻出するようになっていた（小泉［2006］）。これによって「個人」という主体概念が創出され，センサスが可能となったのである。

このようにして，個人や集団，領土や歴史を「想像する」ための制度は整えられ，「国民国家」という観念を受け入れる土壌が揃っていったのである。けれども，ここで注意しておきたいのは，国民国家は同じ国に住む「われわれ」を確定するばかりではなく，違う国に住むものとしての「他者」をも確定するということである。それがしばしば違うものとしての「他者」の排除や暴力に結びつくことは，考察されるべき問題であろう。

30 Thailand and Southeast Asia

歴史的現在

経済成長と新たな貧困問題，そしてNGO：1960年以降，タイの経済政策において中間層の拡大が打ち出されたが，このことは中間層の増大と同時に，経済成長の傍らで開発から取り残され排除される人々を大量に生み出すことになった。この過程において，所得格差の増大が絡む貧困問題は「特別な個人事情」で起きているのではなく，社会が生み出したものとして理解された。市場からも取りこぼされ，かつ貧困に対する制度的措置が整っていないタイ国家からも取りこぼされた人々の存在が，数多くの開発NGOが誕生した1つの背景にあった。

もちろん，開発NGO誕生以前にもNGOはタイに存在していた。1950年代までのNGOは医療，女性，孤児に関わる活動が中心であり，キリスト教関係のものが多かった。また，1960年代までのNGOは社会福祉事業に関わる団体がほとんどであり，極端に不遇な状況下にある人々を対象に，王族などの上層部の人々によって担われていた。

NGOの質的変容と市民社会論：1970年代以降の相対的貧困層の拡大を受け，最初の開発NGOは農村開発やスラムを中心に活動を行っていった。後続するNGOに多大な影響を与えたTRRM（Thailand Rural Reconstructure Movement under Royal Patronage: 王室助成タイ農村復興運動財団）の中心にいたのは，中央銀行総裁でタマサート大学経済学部長であった人物や，地方の教育に専心した人々である。さらに1973年10月の学生革命以降には，農村開発問題から移行して，人権問題・政治民主化を扱うNGOが増大してきた。それぞれ活動の領域と指向性は異なっていたが，いずれも知識人と社会意識の高い大卒者であった。彼らは潜在的にせよ顕在的にせよ，政治に対する批判意識を有していた人々だ。

けれども，次第にNGOの活動は政府との「対立」ではなく政治への「参加」へと移行していく。この契機となったのが，1982年から始まった第5次経済開発5カ年計画であり，これまでNGOが担っていた貧困問題を政府が政策の重点に据え，NGOとの協力体制を模索しはじめたのである。1997年の新憲法では，NGOの行政参加がその条文上に明記された。1990年代後半には，参加の方向性について西欧型の「市民社会論」という理論的支柱が提示されるに至った。一般に，東南アジアの諸国は，その政治体制はさまざまであるにせよ，グローバル化，貧困，NGO，市民社会といった問題を共通に抱えている。

展望

今日のタイ社会では,「タイ人らしさ」「タイ的なもの」「タイであること」を意味するタイネス（Thainess）が強調されている。このようなタイ・ナショナリズムとも呼べる時代は,かつて議会制民主主義を唱え,国民国家を成立させようとしたピブン政権時代（1938-44年）にもあった。だが,ピブン時代には国民を主権者とする国民国家の形成という文脈であったが,今日では国王と密接に結びついた文脈がある。

非タイ人である人々が「タイ的なもの」として想起する「タイシルク」は,じつはまさに「想像」の産物である。タイシルクが「タイ的な」産業としてタイ国内において認定,振興されはじめたのは1960年代初頭である。これ以後,タイシルクは王妃と結びつけられつつ,タイのナショナル・コスチュームの素材として活用されてきた。そもそもタイシルクは,それ以前は家庭用か交換用に用いられていたものだ。今日人々がタイシルクと呼んでいるのは,シルク生産の技術だけではなく,その原料となる蚕も海外から輸入され,純タイ産の蚕と交配されている。さらに,アメリカ人のジム・トンプソンが戦後にタイシルク市場を拡大した人物であるにもかかわらず,タイシルクが3000-4000年以上の歴史的伝統をもつタイ国家を象徴する産物であると語られているのである（小泉［2006］）。

「創り出された伝統」は,常に歴史的につじつまのあうよう過去と連続性を築こうとするものである（ホブズボウム他［1992］）。ここでもまた,タイシルクに関する集合的記憶は再構成され,現在の文脈に都合よく引用されるのである。ナショナリズムと呼ばれる現象が起こる過程において,しばしば集合的記憶の誤認や忘却が見受けられる。ルナンはいう,歴史には断絶していたことに対する集団的記憶喪失（健忘症）というべきものがある（ルナン他［1997］）。だが重要なのは,この忘却が国民を強固に結合させる忘却だということである。【翁川景子】

文献
アンダーソン,B.［1997］『増補　想像の共同体』白石さや他訳,NTT出版
ホブズボウム,E./レンジャー,T.［1992］『創られた伝統』前川啓治他訳,紀伊國屋書店
小泉順子［2006］『歴史叙述とナショナリズム』東京大学出版会
ルナン,E.他［1997］『国民とは何か』鵜飼哲他訳,インスクリプト
トンチャイ,W.［2003］『地図がつくったタイ』石井米雄訳,明石書店

31 スイスから見た EU
EU: Seen from Switzerland

基本視点

　アニメ『アルプスの少女ハイジ』（1974年）が日本人のスイス観に与えた影響は大きい。アルプスの美しい自然と共生する素朴な村人たちの姿は，宮崎駿アニメの原風景である。だが，ここでは物語を構造化する差異線に着目してみたい。ハイジの暮らすアルムの村と対立的に描かれているのは，ドイツの大都市フランクフルトである。フランクフルトには足の病に苦しむ少女クララが暮らしている。クララの遊び相手としてフランクフルトに連れてこられたハイジは，心の病に罹ってしまう。だが，アルムに帰郷したハイジの病は快癒し，転地療養のためにアルムにやってきたクララにも「奇跡」が起きる。このように，『ハイジ』の中には，「アルム―フランクフルト」という差異線が引かれ，そこに「地方―都市」，「健康―病」，「自然―人工」，「解放―疎外」といった差異線が重ねられている。これは同時に「スイス―ドイツ」の国境線でもある。

　『ハイジ』の原作がヨハンナ・シュピリによって執筆されたのは，1880年である。1848年に連邦憲法を制定したスイスは，1874年と1891年の憲法改正を通じて，国民国家としての形を整えていった。つまり，上で見いだされた差異線は，国民国家形成期におけるスイスの集合的アイデンティティを間接的に強調するという役割を果たしていたのである。

　地図を見ていただきたい（図）。今や，スイスは，EU加盟国に取り囲まれており，文字通り陸の孤島の観を呈している。だが，スイスが完全な孤立政策をとっているかというとそうではない。ジュネーブには，WHOをはじめとした国際機関の本部が置かれ，2002年には国民投票の結果を受けて，スイスは「21世紀最初の国連加盟国」となっている。もし現代の『ハイジ』が書かれるとすれば，EUとの間にどのような差異線が引かれることになるのだろうか。

EUとスイス（2007年）

学説展開

　国民国家の多くは，「国民」の同質性という「想像」を生み出すイデオロギー装置として「国語」の標準化を推し進めた。だがスイスは，多言語・多文化国家でありながら，国民国家としての統一を保っている。アンダーソンは『想像の共同体』において，「国民国家は言語の共同性なしでも想像され得る」と述べ，その典型としてスイスを挙げている。

　スイスの「建国年」は，ハプスブルク家の支配に対抗するために，「原初三州」によって「誓約者同盟」が結成された1291年である。だが，1814-15年のウィーン会議以前のスイスは，現在のような輪郭をもった多言語・多文化国家だったとはいい難い。そもそも1291年の「建国年」は，1891年の建国600年記念式典の際に決定された「創られた伝統」であり，イタリア語圏，フランス語圏は，ようやく19世紀になってスイス領になったにすぎない。

　ウィーン会議以降も，スイスの国民統合はくり返し危機に晒された。特に第一次世界大戦中は，フランス語圏とドイツ語圏との間で緊張が高まり，スイスは分裂の危機を迎えた。第一次世界大戦後，スイスは軍事的国土防衛と並んで，「精神的国土防衛」を強化する政策をとった。これは，社会主義やファシズムの思想的影響からスイスの文化と伝統を守ることを目的とした文化運動である。そこでは，1291年の誓約に象徴される「スイス的なるもの」が称揚され，「ドイツ的なるもの」との間に明確な差異線を引くことに重点が置かれた。イタリア国境で話される少数言語ロマンシュ語の国語化は1938年，愛国心を強調したシャルル－トリッテンの『それからのハイジ』の発行は1939年である。精神的国土防衛は同時に，国内の反スイス的な言説に対して負のサンクションを行使した。

　このように多言語・多文化国家スイスは，内と外の間に，「われわれ」と「彼ら」の間に，他の国民国家よりも一層明確な差異線を引き続けることで，「多様なものの統一」という「創られた伝統」に伏在している分裂の危機を克服し，国民国家としての統合を維持してきた。だが冷戦の終結とともに，こうしたアイデンティティ政策に対して反省のまなざしが向けられはじめた。とりわけ，国内外の歴史学者によって構成された「ベルジェ委員会」による，第二次世界大戦中のスイス史の掘り起こし作業は，「スイス的なるもの」の差異線が隠蔽し抑圧してきたものを明るみに出す試みとして注目される。

31 EU: Seen from Switzerland

歴史的現在

1995年にオーストリアがEUに加盟したことで、スイスは、スイス通貨圏の小公国リヒテンシュタインを除いて、その国境のすべてをEU加盟国と接することになった。今やスイスは拡大と統合の道を進むヨーロッパにあって、孤立しているようにも見える。1946年チューリヒ大学で開かれた講演で、イギリス首相チャーチルは、米ソ二大国に対抗するブロックとして、スイスをモデルにした「ヨーロッパ連邦」を提唱し、これを受けて1949年に欧州評議会が結成された。ヨーロッパとは何かということに客観的な定義は存在しないが、仮にユーラシア大陸の西部において、民主主義、自由経済、キリスト教文化、白人中心といった価値ないしイデオロギーを共有した国々と定義すれば、スイスはまさにこうした条件に当てはまる。そして、EU憲法には、「『多様性の中の統一』を掲げるヨーロッパ」と明記されている。そして「多様性の中の統一」とはまさにスイスの国民統合原理にほかならない。とすれば、EUのモデルたるスイスが、現在もなおEUに参加していないのは、なぜなのか。

スイスは一貫してEUに対して距離をとっているのではなく、とりわけ1989年の冷戦構造の消滅以降、EUに対する接近と離反をくり返している（表）。

スイスとEUの関係史

1960	欧州自由貿易連合（EFTA）結成に参加
1963	欧州評議会加盟
1972	欧州貿易地域協定に参加、国民投票で可決
1986	国際連合（UNO）加盟を国民投票で否決
1991	欧州連合（マーストリヒト）条約、参加せず
1992	（5月）EC加盟申請。12月の国民投票の結果、棚上げに
1992	（12月）欧州経済圏（EEA）加盟、国民投票で否決
1997	欧州連合（EU）加盟、国民投票で否決
1999	欧州連合（EU）との二国間協定締結
2001	欧州連合（EU）への早期交渉開始、国民投票で否決
2002	国連（UNO）加盟が国民投票で可決、190番目の加盟国となる

1991年のマーストリヒト条約締結に参加しなかったスイス政府は、翌年にはECへの加盟申請を行った。ところがECへの加盟の前段階のEEA加盟は同じ年に国民投票によって否決されてしまった。1993年11月のEU発足後も、スイス政府によるEU加盟の試みは、国民投票によってくり返し否決されている。

展望

　スイスは，経済や人の移動に関する二国間協定を結んで実質的な EU 接近を行い，さらに 2002 年には国連に加盟することによって，グローバル化する世界に対応しようとしている。つまり，スイスは「ヨーロッパ互換」政策をとることで，実際的なレベルでは EU に漸近しながらも，加盟は常に先へと延ばすことで，「精神的」独立を守るという戦略を採っているのである。

　もちろんスイスが EU への参加を躊躇する理由には，政治経済的な利害もある。スイスの金融市場や農業が，通貨統合によって翻弄されるという懸念は根強く存在する。また加盟した場合に欧州議会で割り振られる議席は約 3％であり，スイスが EU で行使し得る政治的影響力は，現在よりもはるかに小さくなる。

　だが文化社会的な問題も大きい。EU は加盟条件として，民主主義，安定した政治・経済システム，競争力のある市場経済等を求めている。また，トルコの加盟交渉が進展せず，他方で旧社会主義諸国が次々と加盟を果たしている背景には宗教・人種・言語の問題がある。こうした点でスイスは EU に適合的であるが，スイスがヨーロッパのモデルであり，あまりにもヨーロッパ的であることは，諸刃の剣として作用する。EU は「多様性における統一」の原則に基づいて，多言語政策を推進している。だがスイスが EU に加盟し国境が希薄になる時，スイスのナショナル・アイデンティティである「多様性における統一」は危険に晒される。人口 745 万人の小国スイスが仏・独・伊語圏に吸収され，解体されていく可能性を否定することはできないのである。

　21 世紀の現在，内と外との間に，スイスと EU との間に，『ハイジ』や精神的国土防衛が試みたような明確な差異線を引くことはできない。現在のスイスが EU との間に引こうとしているのは漸近線であり，両者は少しずつ確実に接近しながらも，しかし同時に決して重なり合うものではないのである。　【葉柳和則】

文献
アンダーソン，B.［1997］『増補　想像の共同体』白石さや他訳，NTT 出版
イム・ホーフ，U.［1997］『スイスの歴史』森田安一監訳，刀水書房
森田安一編［2001］『岐路に立つスイス』刀水書房
脇阪紀行［2006］『大欧州の時代』岩波書店

32 グローバル化時代の世界とアジア

World and Asia in the Age of Globalization

基本視点

　現在，国際連合の加盟国は 192 カ国（2006 年現在），台湾やその他のオブザーバー国も含めると，世界には 200 近い国が存在している。ただし，人口数はツバルやナウル共和国のように人口 1 万人程度の国から，13 億人の中国まで，いろいろである。現在，世界人口は 65 億人を突破していると見られている。

　1990 年前後に，東欧・ソ連の激変があり，東西冷戦が終結したと見なされた。一部では，ポスト社会主義時代の到来とも語られる。とはいえ，社会主義を標榜する国や社会主義体制をとろうとする国もある。だが同時に，1993 年には欧州連合（EU）が発足した。加盟国は現在 27 カ国で人口は 4 億 5000 万人を超える。今後，トルコなどの加盟の問題は残されているが，1999 年の通貨統合などで，EU は確実に前進し，これまでの国家の枠を超える試みがなされている。欧州議会，欧州司法裁判所，欧州中央銀行など域内の機構も着実に固まりつつある。北米自由貿易協定の圏域（NAFTA：4 億 3000 万余）や東南アジア諸国連合（ASEAN：約 5 億 5000 万）とならぶ経済圏の出現でもある。他方，9.11 のテロや，その後のアフガン戦争，イラク戦争など 21 世紀になっても，戦争・紛争が絶えない。日本の自衛隊の海外派遣も臨時立法の特別措置法で認められ，いわゆる「海外派兵」が行われるようになった。

　現在，世界でグローバル化が激しく進展している。アジアの大国，中国を例にとってみても，中国の古都・南京の孔子廟の隣にマクドナルドの店舗が見られるなど，グローバル企業の進出も著しい。ケンタッキーフライドチキンの中国での店舗数は，アメリカに次いで世界第 2 位だとされる。こうしたグローバル化時代に対応して，政治学や経済学は，国際関係論・国際政治論・世界経済論などで検討が進展している。実際，広域の経済圏だけでなく，政治の面でも，新しい動きがいくつもある。例えば，中国とロシア，それに中央アジア（カザフスタン，ウズベキスタン，キルギス，タジキスタン）からなる上海協力機構が動いている。国際関係論などは，それらに敏感に反応する。南米の政治動向も流動的である。現代社会学は，そのような状況にどう対応するのか。

学説展開

　もちろん，現代の社会学もグローバル化の問題に取り組みはじめている。というより，取り組まざるを得ない状況にある。というのも，事実を踏まえ，現代の日常的な社会生活の場面を，社会関係に焦点を当てて論じる社会学ではあるが，そうした日常世界それ自身がいろいろな形でグローバル化の影響を受けているからである。日本国内においても，日常の食事の材料が世界から運ばれてくるような，いわば食卓におけるグローバル化や，中国製商品などで溢れかえっている100円ショップ店の隆盛，あるいは外国人労働者の増加，こういった事態はすぐに気づく点だ。日常的な生活世界自体が大きな変容にさらされている。それゆえ，社会学にはこの変容を的確にとらえる必要性が求められている。

　1980年代後半から日本でも「国際社会学」という名称で，グローバル化をにらんだ検討が進められはじめてきた。しかし，その多くは，日本を含む各国の様子を子細に検討し，時に必要に応じてそれらの国々を「比較社会学」的に検討するのが実状であった。もちろん，そうした努力は重要だ。だが同時に，世界全体をグローバルに見る必要もあるはずだ。少なくとも，日常の生活世界から見えてくるグローバル化の問題に，グローバルな視点をしっかりもって意識的に切り込むスタンスも求められる。それが現在のグローバルな状況に対応する1つの方向性であろう。例えばその方向性は，地球環境問題，世界の食糧問題やエネルギー問題などにおいて求められている。さらに，例えばHIV，BSE問題，鳥インフルエンザ，SARSなどの安全の問題でも問われる事態であろう。

　その際，これまでの社会学周辺の知見も総動員される必要がある。例えばウォーラースティンは世界システム論を展開し，「長い16世紀」からのグローバル化の流れを追いながら，世界を中心・半周辺・周辺の地域に分けて検討している。また近代国民国家を考える際には，国家語の創出などによる「想像の共同体」論は重要である。具体的には，日本の近代国民国家を例に国民の意味を考えることができる。かつての沖縄・アイヌ・台湾・韓半島の人々のことなどを考えてみよう。あるいは，オリエンタリズム。オリエントやアジアは西洋から見た地域の呼称であった。いま改めて，西洋のまなざしを問い，西洋の思想家が描いた東洋の点検や，アジア／日本の新たなとらえ直しも進んでいる。

32 World and Asia in the Age of Globalization

歴史的現在

「長い16世紀」(ほぼ14世紀後半から17世紀前半頃まで)に,現在のヨーロッパの原型形成と「2つのインドの発見」があった。インド亜大陸と西インド諸島の「発見」である(フィリピンを加えると3つ!)。進んだ西洋人は後れた地域の人々を「文明化」するために,つまり「野蛮人」に対処するために植民地化を進めた。それは,資本主義の進展とも相まって,20世紀前半の帝国主義的段階まで継続された。だが第二次世界大戦後,アジアやアフリカでは次々と独立国が誕生し,多くの植民地(コロニー)は消滅した。コロニアリズム(植民地主義)の段階から,現在はポストコロニアリズムの段階にあると語られる。

しかしながら,こうした過程で,(いわゆるユダヤ人よりも,黒人奴隷の例がわかりやすいであろうが)「ディアスポラ」と呼ばれる世界に四散した人々が存在する。また,第三世界と位置づけられた地域では,自らの意思を表明するための言葉をもち得ない多くの人々がいる。識字率の低い地域のこのような「サバルタン」と呼ばれる人々の存在もある(スピヴァク[1998])。あるいは,先進国の大都市には,移民や外国人労働者が大挙して押し寄せ,第一世界の中に第三世界の様相を示すところがあり,それを新たに「第四世界」と呼ぶ状況も生まれている。そこに集う人々は,国境を移動・越境する「マルチチュード」として,新たな活動の世界規模での可能性が論じられてもいる(ネグリ他[2003])。

他方では,先にもふれたように,近代国民国家を超えるような新たな国家連合が進んでいる。特に近年では,東欧・ソ連激変後のアメリカ一人勝ち状況下で,グローバル化とはアメリカ化にすぎないとして批判しつつ,新たに次々と左派政権が南米諸国で誕生している。アメリカ主導の米州自由貿易地域構想にいち早く対処すべく,1995年には南アメリカで,アルゼンチン,ウルグアイ,パラグアイ,ブラジル,そしてベネズエラを中心に準加盟国を含めて10カ国ほどから成るメルコスール(Mercosur:南米共同市場などと訳されることもある)が発足した(構成人口約2億6000万人)。

そして,アジアでは,「東アジア共同体」や「東アジア共同の家」などの構想が起こりはじめている。具体的には,ASEAN+3(日本,中国,韓国),場合によってはさらに+1(インド)も加えた構想が,現実的なようにも見える。

展望

 とはいえ，東アジア共同体構想は，アメリカとの関係もあって先行きは必ずしも見通しのよいものではない。ASEAN 諸国は 2015 年には EU のような共同体化を目指しているが，これもまだ紆余曲折があろう。1963 年に発足したアフリカ統一機構（OAU）は，2002 年には発展的に解消されて新たにアフリカ連合（AU）となり，アフリカ 50 カ国を超える数と構成人口 8 億 5000 万人あまりの大きな機構が動きはじめている。経済的にはこれからだが，いずれは EU のような共同体化を目標にしている点では，ASEAN と同じ方向を見ている。

 このようにグローバル化時代には，一方で新たな国家連合的共同体化が進行中であると同時に，前述のように国境を越えた人々が世界各地に移動している。そこで，国内だけの国民向けの基本的人権ではなく，外国人にも開かれた人権問題が議論されている。その問題は，国民国家への義務と一体になった権利の問題ではなく，そうした義務を伴わずともいわば地球市民としての資格において権利が与えられる方向で議論される必要もあろう。そのためにも，いかにして先進国で「他者」を歓待することができるのか，あるいはそうした歓待のための国家的取り決めというナショナルかつインターナショナルなレベルの現実的課題も残されている。ブルデューがネオ・リベラリズムを批判して，他者のために努力する下層の公務員を指す「国家の左手」を擁護する時でさえも，その視線は外国人という他者との関係に向けられていた（ブルデュー［2000］）。

 そこで，国家内部の（市民）社会のあり方を再検討すると同時に，国家を超える形で人々が連帯・連携する方向性も視野に入れる必要がある。第四世界に集う人々（マルチチュード，ディアスポラ，サバルタンなど）も協働できる社会をいかに社会学が構想できるか。今それが問われていると思われる。　　　　【西原和久】

文献

ブルデュー，P.［2000］『市場独裁主義批判』加藤晴久訳，藤原書店
ネグリ，A.／ハート，M.［2003］『〈帝国〉』水嶋一憲他訳，以文社
サイード，E. W.［1993］『オリエンタリズム（上・下）』今沢紀子訳，平凡社
スピヴァク，G. C.［1998］『サバルタンは語ることができるか』上村忠男訳，みすず書房
ウォーラーステイン，I.［1981］『近代世界システム（I/II）』川北稔訳，岩波書店

II

社会学理論を／で考える

Part 1 社会学の基礎理論 ……………… **144**

Part 2 社会学の基本学説 ……………… **180**

Part 3 社会学の新領域 ……………… **232**

II 社会学理論を／で考えるために

　第Ⅱ部では，社会学理論を中心に現代社会学の可能性を考えてみたい。ここで論じるのは，まず社会学の基礎理論，ついで社会学の基本学説，そして最後に社会学の新領域である。

　Part 1 の「社会学の基礎理論」では，これまでの社会学で論じられてきた中心的な概念を，最新の社会状況を踏まえて検討を加えている。つまり，個人と社会という古典的問題を，差別や権力といった問題も交えて現代社会論的に取り扱っている。なお，同時にこの Part 1 では，社会学の理論と方法論の基本的な事項に関しても論及している。

　Part 2 の「社会学の基本学説」では，社会学成立以来の代表的な社会学説が論じられている。項目の選定に当たっては，古典的な学説と，今日においてその可能性が注目されている新しい学説を取り上げている。その際には，社会学に影響を与えている関連学問領域との接点を無視せずに，現代社会学において重要だと思われる項目を選定したつもりである。哲学や心理学や人類学などの関連領域は，社会学研究を行う際に興味深い知見を与えてくれるはずだ。なお，これらの基本学説検討は，学説を学ぶと同時に，そうした学説を通して時代と社会を学ぶという利点がある。19 世紀の社会，20 世紀という時代，そして現代社会の諸相などが，この検討を通して見えてくるはずである。理論や学説を学ぶことは，このような意味を同時にもっている。

　Part 3 の「社会学の新領域」では，これまでは必ずしも社会学のメインテーマとしては論じられていないものも含めて，現代社会を考える際に不可欠な領域を取り上げて論じている。もちろん，これらの項目で現代社会のあらゆる領域がカバーされているなどとは考えていない。だが，ここで取り上げている諸項目が，現代社会の最先端の諸相を鋭く描き出しているとは考えている。つまり Part 3 は，第Ⅰ部の諸項目とともに，現代社会論としても考えられているのである。ここで取り上げられている新領域へのアプローチが，読者各自が自ら問題とする領域に切り込んでいく際の参考になればよいと考えている。

　要するに第Ⅱ部では，読者自身が「社会学理論を考える」と同時に，現代社会の成り立ちと現在を「社会学理論で考える」際の手助けになることをねらいとしている。

「社会学理論」は難解な領域だと思われがちだ。しかし，後述の「社会学の理論と方法論」でもふれているように，私たちは「理論」と無関係に生きているわけではない。というよりも，私たちはまさにこの第Ⅱ部で描かれているような「理論」的な日常世界を生きている。毎日の生活をどのように送るか，未来をどう生きるか，自己と他者との関係をどう生きるのか。日常世界においても，私たちは——そこに程度の差はさまざまだが——あれこれと思いめぐらしながら生きている。その思考を社会学や関連領域の知見を参考にして深めていくことができれば，それ自体が1つの理論的営みであるといってよいであろう。

　「人間は考える葦である」とか「ホモ・ファーベル（工作人）」「ホモ・サピエンス（人類のことだが，原義は「知性をもった人」のこと）」などという人間の規定と並んで，人間は「アニマル・シンボリクム（象徴を操る動物）」「ホモ・ロクエンス（言葉を使う人）」などといった規定がある。人間は言語的シンボルを用いて日々の生活を営んでいる。著名な言語学者もかつて言及したが，私たちは言語によって作られた世界に住んでいる。虹の色が七色なのは，日本語という言語体系を母語とする言語使用者（いわゆる日本人）が世界をそのように区分（分節）して見ているからである。犬はワンワンと吠える，猫はニャーと泣く（ように聞こえる）のも，同様である。「言語による世界分節」というと抽象的だが，私たちは確かにそうした言語文化世界の中で生を営んでいる。

　とはいえ，個別言語だけが世界を分節しているわけではない。身体のレベルでも世界は分節される。食べられるものかどうか，敵か味方か，などといった判断はいわば直感的になされる。あるいは，笑顔は世界共通であるし，表現は個々に少しずつ異なるとしても他者と会釈を交わしたり，抱擁したりする身体動作は，世界共通である。言語のレベルでも，挨拶語はほとんどどの言語にも見られる共通文化である。文化には，特殊個別文化と普遍共通文化がある。

　理論の領域にも，個々の国や地域や時代を超えた，ある意味で普遍的な問いがある。例えば「人間とは何か」「社会とは何か」「人生をどう生きるか」「認識とは何か」などといった問いを，社会学理論も有している。それゆえ，これまでの社会学理論の知見を，読者各自がそれぞれの問題意識のもとで社会学的想像力をもって活かしてほしい，と願わずにはいられない。　　　　　　　　　【西原和久】

01 個人・集団・社会
Individual, Group and Society

出発点としての相互行為

「社会は個人から成る」という言い方がある。だが，この言い方はあまり正確な表現ではない。確かに，個々の人間が存在しなければ「社会」は存在しないが，個人だけでも「社会」は成り立たない。最低限，複数の個人が存在しなければならない。しかし，それだけでも「社会」はまだ成り立たない。「社会」が成立するには，そうした諸個人間で行為のやりとり，つまり相互行為がなければならない。「社会は相互行為から成る」。

だが，ここでいう「社会」もかなり曖昧な表現である。最小の2人の関係から，最大のグローバルな関係まで，「社会」は多種多様だ。そして，相互行為も多様である。そこでこれまで社会学者は，一般に，相互行為の持続的な相を社会関係として論じ，その関係がさらに一定の特性をもった場合（後述）には，集団（ないし社会集団）や組織（ないし社会組織）として論じてきた。

社会関係は，形式的にいえば，ヨコの関係とタテの関係がある。ヨコの社会関係には，結合と分離がある。もちろん結合には協力なども含まれるし，分離の場合には闘争や競争などもあるだろう。タテの社会関係の場合には，支配や指導などがあるし，階級などもタテの関係で表象されることが多い。さらに場合によっては，無関係という社会関係を考えることもできる。こうした形式上の分類は，かつて形式社会学などにおいて議論されてきたが，単に形式だけを論じてもあまり意味がないので，これまで多くの社会学者は（社会）集団に焦点を合わせてきた。その点は次頁で見よう。ここでは，必ずしも狭い意味では集団とはいえない非組織的な集団と，組織化された集団（組織的集団）のあり方について言及しておきたい。

それらは，「群衆」に代表される人々の非組織的な集まりと，組織的集団の諸問題である。社会学にとって，集団とはいえない人々の非組織的な集合状態は，群衆（ないし群集）や大衆などといわれる。公衆や聴衆，さらには分衆や少衆という表現もある。これらには，歴史社会的な意味合いも含まれる（後述）。もう1つの組織集団的な諸問題とは，企業や行政機関に見られる組織状況である。組織と人間，あるいは組織間同士の問題などにも私たちは目を向ける必要があろう。以下，本項では，個人を取り巻く集団状況を中心に検討しよう。

焦点としての社会集団

　これまでの日本の社会学は，ナショナルな枠の内部ではあるが，集団や組織を主な研究対象としてきた。具体的には，家族や地域社会のあり方，学校や企業などの組織的集団のあり方，そして他国との比較も交えた日本社会の集団的特質などといった領域である。もちろんそこに，無視できない知見が蓄積されている。ここではその前提となった社会学的な集団論を取り上げたい。

　「集団」（ないし社会集団）とは，複数行為者の相互行為に一定の持続性が見られ，この行為者間で一定程度の共通な目標や関心も分有され，さらに一定の規範共有とともに一定程度の地位と役割の分化も見られ，一体感や我々意識といった共属意識が見られる集合体のことである。特に明確な規則をもつ場合は組織（あるいは組織的集団）と呼ばれて，集団と区別されることが少なくない。

　とはいえ，組織的集団も含めて，実際の集団は多種多様である。そこで，さまざまな視点から集団の類型が論じられてきた。集団の規模や持続性，集団形成の契機や目的，集団の機能，集団の組織化の程度，加入の様式，指導者の選出の仕方などである。それらの特性に着目した集団の二分法的分類の試みをみよう。

　集団類型論：例えば集団形成の契機に着目した場合，自然的・基礎的か，人為的・派生的・機能的かによって，一般に「基礎集団／機能集団」という分類がなされている。また人々の結合の心理面に着目してみると，家族に見られるような「あらゆる分離にもかかわらず結合」している状態と，企業や都市に見られるような「あらゆる結合にもかかわらず分離」している状態があり，テンニースはそれらを順に「ゲマインシャフト／ゲゼルシャフト」と表現した。さらに関心に着目して，地域に見られるような共同生活への関心に基づく統一体と，ある特定関心を追求する人為的に設立された組織体とを，マッキーヴァーは「コミュニティ／アソシエーション」とに分けた。成員の接触の仕方に着目したのはクーリーである。彼は，成員間で直接的ないしは対面的（face-to-face）な人格的接触が見られる集団を「第1次集団」と名づけた。とすれば，間接的，非対面的，非人格的な接触の場合は「第2次集団」と呼び得る。

　その他にも，公式の成員資格からなる「フォーマル・グループ」と非公式な「インフォーマル・グループ」，あるいは集団内部の成員の視点から見た「内集団／外集団」や，その道徳面での「対内道徳・対外道徳」という区分もある。

01 Individual, Group and Society

組織の時代／大衆の時代

　さて，社会の近代化とともに，「理性が冷たく冴える」ゲゼルシャフト状況や，第2次集団あるいはアソシエーションの優位が語られてきた。

　一般的にいえば，近代化に伴って，伝統的な共同体が機能弱化，崩壊してきたからだ。それは，新たな組織の時代の到来であると同時に，大衆の時代，匿名の時代の出現でもあった。だが，伝統的な共同体は本当に崩壊したのか。この点の論証は，個々の国や地域での具体的な検討を待たねばならない。

　では，新たな組織という面ではどうか。代表例は企業組織である。終身雇用，年功序列などを特色とする日本の労使関係は，崩れたとされながらも一部では根強い面もある。もちろん世界に目を向ければ，企業のあり方も多様であるが，同時にそれは往々にして時代とともに変化するものであることも事実である。

　さらにグローバル化時代，日系企業が海外で現地人を雇って経営する場合，その地の慣習を尊重しないとうまくいかないなど，比較文化論的な社会学的検討が必要なことも確かである。ただし，留意点もある。例えば日本人論を考えてみよう。日本社会はタテ社会であるとか，日本人は集団主義であるといった日本人論は一面化された言説にすぎず，マイノリティや世代，地域や時代などを軽視するとステレオタイプ的な類型化の誤りを犯す。進出先の国や地域におけるステレオタイプ的な決めつけは問題を引き起こす場合がある。

　他方，大衆の出現についてはどうであろうか。かつてリースマンは人口停滞社会の伝統指向型，人口増加期の近代の内部指向型，そして人口増加が一段落する時期の他人指向型の人間類型を指摘した。それ以前にオルテガは，科学，産業，自由の進展の3つを指標として，高貴な生に代わる凡俗な生の出現として大衆の出現を語った。それは，メディアや市場に動かされる「市場的人間」（フロム）の出現でもあった。教養と財産をもった民主主義の担い手（あるいは公共圏の担い手）としての公衆に代わり，（家族や地域社会に見られた）中間集団を欠き，政府ないし全体社会や巨大メディアの意図・意向に直接に影響を受けるような「甲羅のない蟹」や「砂粒」のような存在として表象される現代社会の大衆。それは，あるイッシューを契機に暴徒と化すような群衆であったり，音楽会に集まる聴衆であったり，少数の仲間とだけ集う分衆や少衆という形で，現代という時代の社会状況の雰囲気を反省的に映し出しているといえよう。

グローバル化時代の社会状況

 だが，現代社会ではこれまでの社会学者が十分見てこなかった事態も出現している。およそ1万年前には500万人程度だと見られていた世界の人口は，西暦1500年代には5億人まで増えた。そして1800年には9億人，1900年には16億人，そして2000年には60億を突破した。今日のグローバル化の背景には，このような人口の急速な増加がある。そして物や金などの移動とともに，今日のグローバル化を特徴づける人や情報の移動が大きな留意点である。

 その例が，新たな職場を求めるなどして国境を越える外国人労働者や移民の問題である。交通手段の発達と情報化が祖国を離れることを容易にしているともいわれているが，日本も含めてこの問題を抜きに社会を語ることはできなくなっている。特に人権問題は大きい。外国人労働者に参政権をはじめとする「国民」向けの基本的人権は適用されないのか。ネグリらは，越境する移民や外国人労働者を核にして「マルチチュード」による社会変革を提起している。

 また，情報化社会における，情報機器を活用した新たな公共圏や民主主義のツールや担い手の出現の可能性も語られる。ボランティア活動やNPO/NGOの活動に不可欠な情報通信手段の発達とともに，新しい共同性の可能性が語られはじめている。伝統的な集団論を超えた新たに考察すべき課題がここにもある。

 最後に，まとめもかねて集団間の問題に言及しておこう。一般に，家族・小さな地域社会・より大きな自治体，そして国家といった同心円的な社会集団状況が思い起こされがちである。しかし，そのような表象ではとらえ損なう現状が出現している。そこに，今日的な集団状況がある。だから，個人と社会を集団を中心に見ていこうとする際にも，パーソナル・ローカル・ナショナルのみならず，それらを超えたより広域のリージョナル・グローバルなレベルへの視点が必要となってくる。私たちは常に，これらのレベルに目を向けながら個人と社会を語る必要がある，と最後に述べておきたい。　　　　　　　　　　　　　　【西原和久】

文献
オルテガ，y G. [1971]『大衆の反逆』寺田和夫訳，中央公論社
ネグリ，A./ハート，M. [2003]『〈帝国〉』水嶋一憲他訳，以文社
小笠原真 [2001]『集団の社会学』晃洋書房
リースマン，D. [1964]『孤独な群衆』加藤秀俊訳，みすず書房
吉田純 [2000]『インターネット空間の社会学』世界思想社

02 自己・他者・関係

Self, Other and Relationship

自己と他者の問題を考える視点

　1990年代の日本において，〈自分探し〉が一種のブームになっていた。だが自分とは何かという問いは，日本近代文学の主要なテーマであったし，60年代の若者や，その後のアイデンティティ論でも大いに論じられてきたテーマだ。

　そこでまず，自己とは何かという問いに，ここでは，そうした問い自体が近代の，つまりモダンの問いであることを確認しておきたい。〈主体〉としての自己が，そして個性的な自己であることが重要だという発想は，封建的な身分制の社会で人生や生活が固定されていた時代には，今日のような形では意識されていなかった。まず主体（主観）がある，そして対象である他者や自然といった客体（客観）があるという発想は，近代の産物である。

　では，その〈自己〉とは何か。それは他者ではない。自己は他者との間において，つまり他者との関係において考えられなければならない。子としての自己は，親という他者との関係において，学生としての自己は教師との関係，恋人はその恋仲の相手との関係においてとらえられる。他者との関係なしに，純粋無垢な自分を語ることはできない。他者を意識的に排除するという形でも，他者と関わりながらしか独立自尊的，唯我独尊的な自己も語り得ない。

　その意味で，自己とは何らかの社会的関係を抜きに考えることはできない。他者も同様である。ここで，他者の問題を考えてみよう。現代社会で〈他者〉を語る場合は，次のような他者が主に考えられる。それは，間身体的な「非自己的他者」（母子のような自己と一体化してとらえられる癒合的な他者が代表的），情動のような自己の中に住まう「内なる他者」，またインターネット上での匿名の相手を含む「対話的他者」，自分たちの仲間ではないととらえられる「彼等的他者」，さらには自民族や自国民ではないとする「他民族他者」や「他国民他者」，最後に，人間を創造した神のような「絶対的他者」ないしは「大文字他者」などである。

　もちろん，ジェンダーを異にする点に着目すれば「ジェンダー他者」なども考えられ得るが，いずれにせよここで，他者も関係性においてとらえられていることがわかる。自己とは他者と差異化された存在として意識的・無意識的に関係の中でとらえられるものであることを，まず基本として述べておくべきだろう。

社会関係への問い

　社会学において自己と他者の問題が自覚的にその視界に入ってきた代表例は，ヴェーバーが理解社会学を展開し，いかにして社会学者が研究対象の他者である行為者（の動機＝主観的意味）を理解できるかを問題にした文脈である。通常，〈他者理解〉と呼ばれる問題である。ヴェーバーはその問題に対して，行為の4類型（理念型），つまり目的合理的行為，価値合理的行為，感情的行為，伝統的行為の4類型を用いて，対象となる他者の行為の主観的意味を理解し，その行為の経過と結果を説明する方法論を説いたのである。

　他方，ジンメルは，社会の構成を，まずは自己と他者の二者関係から説き，それと位相を異にする三者関係，さらにより多数の他者との関係などと広げて考察していった。少なくとも，三者関係には，二者関係にはなかったような，仲間はずれや漁夫の利といった事態が生じ得る。大変興味深い知見だ。

　これらの先行研究にも促されて，1920-30年代のドイツでは，社会関係の分類が考えられた。例えば社会関係には，結合と分離と上下の関係があるという論点である。なるほど，結合にも性愛的な結合や経済的利益の獲得をねらった結合もあるし，分離にも闘争や競争という形式もある。上下の関係にも，支配から指導まで多様なものがある。こうした社会関係の「形式」を論じた社会学が形式社会学であったが，形式だけで社会がわかるわけではない。形式社会学を批判して，文化に着目した社会学がドイツや日本でもすぐに生じてきたことは——ジンメルへの誤解も多分にあったのだが——納得できることであろう。

　さらに，個人の発達に着目して自己と社会を論じた古典もある。それはミードに代表される視点である。ミードは，新生児が養育者である「意味ある他者」との間でまず深い関係をもって成長し，ついで幼児期に他者の模倣を中心とする「ごっこ遊び」というプレイの段階を経て，やがて草野球のような多人数の仲間や他者と一緒に試合をするゲームの段階へと至るという。そして，そのゲームの段階では，例えば一塁手という自分の地位と役割を，他のプレーヤー全体からなるチームの中で把握しながら行為するという「一般化された他者」の役割取得が重要なことなどが論じられた。これらの議論は，アイデンティティ論などとともに，じつはグローバル化時代を生きる私たちの相互行為，例えば他国民他者との交流や理解などを考える際にも，とても重要な視点となり得るであろう。

02 Self, Other and Relationship

自己他者論の歴史的系譜

　ここでは，「自己・他者・関係」に関する歴史的で社会文化的な比較を行ってみたい。

　先にふれたように，人間を創造した超越的存在としての神という絶対的他者として他者を想定するのは，唯一神を説くユダヤ教やキリスト教の文化である。神の世界と人の世界は異なっている。人の世界＝社会を，神と信仰とを媒介にして結びつける発想が，キリスト教世界の社会観である。

　他方，中国では儒教のように，天子の徳を理想として徳治政治を目指す発想があった。古代ギリシャでも，似たような発想があった。いかに優れた人が人々を支配していくかが問われたのである。もちろん，儒教世界では，仁義礼智信のように個人の生き方を問い，あるいは君臣，父子，夫婦，兄弟，朋友といった社会関係の現世的な秩序を維持する発想も強い。しかしこうした点に，これまでの，あるいは現在でも機能している自己・他者・関係のあり方をみる理論的発想が見てとれるであろう。現代中国での儒教的道徳の復権も興味深い。

　ただし，既に見たように，はっきりと自己が意識されるようになるのは，近代になってデカルトが「我思う，ゆえに我在り」と論じた時である。思い考える自己（主体＝主観）がまずあってこそ，他のもの（他者や自然）が，はじめて対象（客体＝客観）となるという発想（近代の主客二元論）である。この近代的自我の視点が，個人の基本的人権，自由や平等といった近代の思想に通じていくのである。

　とはいえ，ここでいう近代的な主体が，男性中心の発想でなかったかと問うことも可能だ。その問題は次頁で考えよう。ここでともかく確認しておきたいのは，今日，フランス革命以来の自由・平等・博愛といった理念が，社会構成を考える際の基本的発想となっている点である。しかしながら，自由を重要なものと考えるか，平等を重要なものと考えるかなどによって，人の考え方も少なからず異なる。現代の社会において，新自由主義的な風潮が際立ち，自由が最大限に尊重されるべきかのように語られて，自己決定や自己責任が声高に叫ばれる。だが現代において，本当に私たちは自己決定できるのか，責任とはどういうことかと問うてみることも重要だ。責任（responsibility）とは，他者に対して反応できる（response + ability）ことである。この意味を各自じっくりと考えてみたい。

グローバル化時代の自己と他者

　自己の問題は，他者，そして社会と繋がっている点がこれまでも強調されてきた。特に現代は，グローバル化時代である。例えば，日本において現在，20組に1組は国際結婚である。日本にいる外国人も増えてきた。他者を考える際に，日本でもエスニシティ問題を考えざるを得なくなると同時に，国家や国籍の枠を越えた発想も求められるようになってきた。この点との関係では，自己アイデンティティを国民アイデンティティと関係づけて考える（例えば私は日本人である）だけでなく，より広いアイデンティティ（例えば地球市民）と関係づけて考える必要も生じてくる。市民は，国民と同義ではないはずだ。

　さらに，自己と他者を考える際に気をつけなければならない点が，もう1つある。先に少しふれたが，それは，近代的自我を語る際にこれまで無意識のうちにも男性中心の発想になりがちだった点である。主体的に生きる近代的な自己像は，そのような生き方のための社会的条件を満たしていない立場にある人々の存在を視野に入れてきただろうか。もちろん，これはジェンダー問題だけではない。さまざまな差別に苦しむ人々，例えば経済的，あるいは階級・階層的，さらには人種・民族的にさまざまな差別的扱いを受けている人々のことである。そのような，いわば社会文化的に構築された差別や排除の問題に私たちは敏感である必要がある。同時に，身体の現象学が着目してきたように，情動や慣習を含む身体と身体との関係，つまり間身体的なレベルでも，自己と他者との結合や分離を志向し・実践する位相がある。理性的レベルの自他関係・コミュニケーション関係だけでない，より基層の論点にも注意しなければならない。

　自己や他者を論じるためには，以上のような歴史的，社会文化的，間身体的な視点などを考察に入れる必要がある。自己・他者・関係をより広い文脈で考えることが，狭く閉ざされた自己から脱出する1つの方法でもある。　　【西原和久】

文献
ミード，G. H.［1974］『精神・自我・社会』稲葉三千男他訳，青木書店
西原和久［2003］『自己と社会』新泉社
ジンメル，G.［1994］『社会学（上・下）』居安正訳，白水社
ヴェーバー，M.［1953］『社会学の基礎概念』阿閉吉男他訳，角川文庫

03 Communication
コミュニケーション

コミュニケーションの定義

「コミュニケーションって何？」と尋ねられたらどう答えるだろう。「言葉をつかったやりとり」、「心と心の通い合い」、等々。では、以下の例は、それぞれコミュニケーションと呼べるだろうか、それとも呼べないだろうか。

私が、私の講義を受けているある学生を好きになってしまったとしよう（あまり好ましいことではなかろうが）。そこで、

①その学生に自分の気持ちを打ち明けるべく、とりあえず手紙の下書きまで書いたのだが、ちょっと用事が入ってそれを大学の研究室に置いたまま席を立ってしまった。その時、折悪しく当該の学生が講義内容について質問をしようと訪ねてきて、その下書きを読んでしまった。
②その後、ちゃんと手紙を書き上げて、「読んでください」とその学生に手紙を渡した。

よくコミュニケーションの基本的な機能は伝達にあるという言い方がなされる。その限りでは、上記2つはいずれも、伝えられるメッセージがあり、その送り手と受け手がいる。だから、双方をコミュニケーションと呼んでも構わないはずである。だが、たいていの人は、②はコミュニケーションでも、①は違うと答えるのではないだろうか。なぜなら、①の例では、私はまだこの学生に手紙を渡すつもりはないのだが、②では私がこの手紙を渡すつもりでいることがはっきりしているからである。①では、私の意図の如何にかかわらず相手は私の気持ちを知るのだが、②では、そのうえに、その気持ちを私が知ってもらいたいということも相手にわかるのである。われわれは、相手の伝達意図を問題にできない限り、何らかの情報の伝達をコミュニケーションと呼ぼうとはしない。

このように、コミュニケーションでは、ある一定のメッセージを送り手が伝えようとしており、受け手がそのことを理解することが必要条件となる。そこで、コミュニケーションの定義は次のようなものになる。すなわち、コミュニケーションは、①「伝達の意図」と、②「伝達される情報」、③「意図の理解」という3つの要素から構成される、というわけである（ルーマン［1993］参照）。

コミュニケーションの困難

　ところで，「伝達の意図」と「意図の理解」という局面が，コミュニケーションに含まれてくるとすると，送り手と受け手はそれぞれ互いに互いを限定する関係に入ることになる。というのも，まず送り手は自分の伝えるメッセージが受け手に理解されるように，受け手に合わせてメッセージをデザインしなければならなくなる。例えば，会話の出だしにしばしばお天気の話題が選ばれるのは，それがほぼ確実に相手に受け入れられる話題であるからだが，今日の株価や昨日見た映画の話ではそうはいかない。他方，受け手はお天気の話をふられたのに，昨日見た映画の話をしたのでは，相手の話を聞いていなかったことになるだろう。だから，受け手は送り手の言ったことに合わせて，次の自分の発言内容を考えていかなければならない。このように，コミュニケーションの中で，送り手と受け手は互いに互いを限定する関係に立つのである。

　さて，これで話が片づいたかというとそうはいかない。さらに次のようなやりとりを考えてみよう。スネオがノビタに次のように言った。「このあいだの試験の結果はどうだった？」。ここでは，何がなされているのだろう。もちろん，試験の結果を尋ねる質問である。だが，もし状況が次のようなものだったとしたらどうだろうか。予めスネオはノビタの試験の結果がひどいものだったことをジャイアンから聞いて知っており，ノビタもそれを知っている。それなのに，あえてスネオが上記のように尋ねていた。こうなると，スネオは，ノビタをバカにするために試験の結果を尋ねていたのかもしれない。スネオは，一見すると質問に見えるこの発話を，ノビタをバカにするために用いているのだ。グライスは，相手の意図を特定しないとその意味が決まらないようなタイプの発話の意味を「非自然的意味」と呼んだ（グライス［1998］）。そうすると，この発話は「ノビタのバーカ！」を非自然的に意味していることになるわけだ。

　しかし，どうやってノビタはスネオの発話の意図を確かめられるのか。問いつめてみても，スネオはシラを切るかもしれない。スネオはノビタをバカにしているに違いない。だが，それは確かめようがない。このように私たちは相手の発話の意味をつきとめようとすると，それが心の働きである限り原理的に突き止めようがない。相手はその気になれば，いくらでも意地悪をすることができる。だから，それを利用したイジメや差別的な発言が飛び出すこともある。

03 Communication

話し手の意味していること――会話の公準

だが，それでもノビタは，「スネオは自分のことをバカにしているに違いない」と思っている。ノビタはなぜそのように推論できるのだろうか。送り手や受け手が伝達されるメッセージの受けとられ方について一定の信憑を抱くことができるとすれば，そのような信憑を引き出す推論手続きがあるからに違いない。先ほども確認したように，コミュニケーションは，原則的に，互いが互いを限定する協調的なやりとりである。受け手は相手に理解されるようにメッセージを組み立てるし，受け手はそれに合わせて反応する。その限りでコミュニケーションには互いに期待できるメッセージの組み立て方がある。グライスはそれを「会話の公準」として取り出している。それは以下のようなものだ。

①量の格率（必要な情報を提供せよ，不必要な情報は提供するな），
②質の格率（偽と信じていることは言うな，十分な根拠のないことは言うな），
③関連性の格率（無関係なことは言うな），
④様態の格率（不明瞭な表現は避けよ，曖昧な表現は避けよ，簡潔に表現せよ，順序立てて述べよ）。

この格率に照らし合わせると，スネオの発言は一見「量の格率」に反しているように見える。なぜなら，既に知っている試験の結果について尋ねているからだ。だが，それでもスネオが自分に何かを伝えようとしているのだとすれば，きっとほかに「含み」があるからに違いない。でなければ話の筋道が通らない。

そう考えると，できの悪い試験結果をもう一度話題にされたら，ノビタとしては当然面白くない。だから，この発話はノビタをバカにしようとしてなされたものに違いない，と思い当たるわけである。もっとも，それは明示的に述べられているわけではないから，取り消すことができる。だから，スネオはノビタをバカにしながら，その意図を否定することができる。

このように，グライスは，コミュニケーションの送り手が実際に何を考えているかとは関係なしに，送り手が実際に言ったことや送り手に関する受け手の知識から，発話の意味を推論する公準を考案した。

その場で成し遂げられている行為——発話行為論

だが，コミュニケーションとは，単に受け手が何らかのメッセージを引き出せるようになるというだけのことではない。スネオがノビタをバカにしたのかどうかは曖昧でも，質問をしたこと自体はお互いにはっきりしている。

スネオの質問のように，基本的に送り手はコミュニケーションの中で誰が見てもわかるような形で何かをしている。「おはよう」と言えば挨拶だし，「ごめん」と言えば謝罪だといった具合に，言葉を話すことは，伝えたいことを表現したり，何かを記述・描写したりするだけでなく，約束，命令，報告など何らかの行為を遂行することでもある。オースティンは，言語使用の働きを3つの相に分けながら，この何かをする相を取り出してみせた（オースティン［1978］）。

発語行為：何らかの音声を発し，何かを意味すること
　「もうアナタにはついていけないわ」とミサエがシンノスケに言った。
発語内行為：発言することそれ自体で，何らかの行為を遂行すること
　ミサエはシンノスケに別れを告げた。
発語媒介行為：言語使用の結果，付随的に何かを引き起こすこと
　それはヒロシを喜ばせた。

こうして，コミュニケーションを考えていくためには，大きく分けて2つの道筋があるといえる。コミュニケーションを受け手の推論過程から考えていくグライスの心理学的な議論。誰にとっても観察可能な形で組織されているコミュニケーション上の行為を記述・分析していこうとするオースティンのより社会学的な議論。後者のやり方は，エスノメソドロジー・会話分析に受け継がれている。コミュニケーションはまた社会的行為の問題でもあるのだ。　　　　　　【芦川晋】

文献
オースティン，J. L.［1978］『言語と行為』坂本百大訳，大修館書店
グライス，P.［1998］『論理と会話』清塚邦彦訳，勁草書房
ルーマン，N.［1993］『社会システム論（上・下）』佐藤勉他訳，恒星社厚生閣
スペルベル，D.／ウィルソン，D.［2000］『関連性理論』内田聖二他訳，研究社出版

04 日常世界と組織

Everyday World and Organization

個人の目的と組織の目的

　組織と聞くと，自分とは関係がないと思う人もいるかもしれない。だが，現代社会を生きる限り，何らかの組織とまったく無縁のままに生きることは不可能だ。鉄道，バスなどの交通機関を利用するにしても，スーパーマーケットやコンビニで買い物をするにしても，これらは組織によって運営されている。意識するとしないとにかかわらず，私たちは日々，組織と関わりながら生きている。

　もっとも，私たちが実際に組織に直面するのは，企業のような組織に所属する時だ。この時，組織はどうもイメージがよくない。例えば，近年の若者の就業意識として「やりたいこと志向」ということがいわれるが，これは組織とは相容れないように見える。どうしてだろうか。

　この点を考えるために「やりたいこと志向」が何を意味しているのかをもう少しつきつめてみよう。映画が好きだから自分は映画製作に関わる仕事に就きたいとすれば，自分の目的は映画製作に関わる仕事をすることである。そして，そのために映画製作に関わる企業に就職するのだから，これは自分が仕事をする目的とその企業が活動する目的とが一致するように自分の仕事を選んでいるといってよい。つまり，個人の目的と組織の目的が一致するような仕事をしたいというのが，「やりたいこと志向」の内実なのである。

　ところで，ある集団の目的とその集団に参与する個人の目的が一致するような集団は「アソシエーション」と言われる。マッキーヴァーは，地域や社会文化的な同質性に根ざして人々が結びついている「コミュニティ」と区別して，目指している目的によって人々が意識的に結合している団体を「アソシエーション」と呼んだ（マッキーヴァー［1975］）。実際，経営学の祖とされるバーナードは組織を次のように規定していた。「組織は，①相互に意思を伝達できる人々がおり，②それらの人々は行為を貢献しようという意欲をもって，③共通目的の達成を目指す時に，成立する」（バーナード［1968: 85］）。つまり，バーナードは組織をアソシエーションとして見ていたのである。

　しかし，「やりたいこと」志向がしばしば裏切られるように，企業組織は単純にアソシエーションとは考えにくい。なぜだろうか。

なぜ組織を作るのか――分業による協働

　1人，あるいは少人数で仕事をする場合と，会社組織でもって仕事をする場合とでは何が違うだろうか。もちろん，いちばんの違いは分業の有無だ。1人なら必要な仕事をすべて自分でこなさなければならないが，それなりの数の人を雇えば，それぞれが専門特化して仕事を分担し，それだけ大規模かつ効率的に仕事を進められるようになる。つまり，組織の特徴は，分業を介した協働にある。

　では，分業を持ち込んでも組織の目的に変わりはないのか。例えば，組織に所属すれば，経理，人事，営業，製造など何らかの部署に配属される。そしてそれぞれの部署は，何パーセントの経費節減とか，それぞれの部署ごとに具体的な目的を掲げているだろう。自分の望む仕事ができる企業に就職したといっても，配属されるのはこうした部署のいずれかだ。となれば，当初自分がやりたいと思っていた仕事ができないというのもよくわかる話ではないか。それどころか，そもそも自分の仕事が組織の全体や目的とどう結びついているのかもよくわからない，といった意味喪失状況すら生まれてくることになる。そうした中で仕事を続けるのは，それほど易しいことではない。分業が進められて各々の部門でそれぞれの活動が組織されていくようになると，当初の組織の目的は外向けの企業PRみたいなもので，より理念的で曖昧なものになってしまう。

　では，組織の目的と個人の目的が一致する組織というものは考えられないのだろうか。そうすれば，きっとやりがいのある理想の組織ができるのではないか。確かに，組織の目的と個人の目的がおおよそ一致するような組織は考えられないわけでもない。というよりも現に存在する。例えば，ボランティア団体や宗教団体，政党・政治団体など，何らかの理念に基づき，それに共鳴する人たちによって組織されているようなアソシエーション型の団体がそれである。

　しかし，こうした団体は，その分だけ組織を不安定にするリスクを払わなければならない。例えば，メンバーの考えが一致しているうちはよいが，不一致が大っぴらになると組織が分裂する可能性も出てくる。実際，こうした団体の歴史をみれば，それがしばしば離合集散のくり返しを経ていることがわかるはずだ。また，一生懸命活動する人とそうでない人の違いも出てきやすくなってしまう。個人の目的意識がストレートに組織内に表れやすくなる分，もめ事（コンフリクト）が増える可能性もまた大きくなるのである。

04 Everyday World and Organization

組織は続くよどこまでも：公式化とヒエラルヒー

　他方，組織の目的と個人の目的が一致する団体であっても，大規模になればなるほど仕事の分担もこまかくなり，組織目的の実現とは別に，組織そのものを維持する活動が増えることにもなる。実際，多くの団体は，専従職員をおいて目的の実現とは別に資金集めや人員の配置など組織の継続・維持を図る仕事を任せている。こうして分業が導入され，当の組織を維持するための管理部門・官僚制が分化すれば，企業組織や行政組織との違いはだんだんと薄れていく。というわけで，組織は組織の目的と個人の目的をあまり一致させることなく，個人がまじめに組織の活動に従事してくれるような協働システムを作り上げなければならない。それは組織を「公式化」することで成し遂げられる。

　例えば，家族や友人同士で会社経営をしている場合を考えてみよう。こうした場合，協働関係は，親子だから友人だからといった具合に，主として個人間の信頼関係に基づいて組織される。そして，その分だけ誰が何をすべきなのか責任関係も曖昧だったりする。だが，通常の会社組織ではそれぞれの仕事はかなり明確に定められている。つまり，公式化した組織では職務内容が規程やマニュアルとしてはっきり決まっており，それを遵守して働けばよい。

　公式化した組織にはどんなメリットがあるのか。まず各自が何をすればよいかが明瞭になり，仕事の見通しがつけやすくなる。だからそれぞれの仕事がやりやすくなるし，それだけ大作業に取り組むこともできるようになる。同じ会社に所属して東京と名古屋で連携して仕事ができるのは，お互いの職分が明確に決められているからだ。同僚は別に顔見知りでなくても構わない。相手が命令に従って協働して仕事をしてくれるのは，個人的な信頼関係があるからではなく，それぞれが当の組織に所属し，一定の職務を担っているからなのである。

　もちろん，仕事にトラブルはつきものである。お互いのすべきことを定めておくだけでは対処できないような事態が生じることもある。こんな時はどうするか。友人同士の会社ならいちいち話し合って対応を決めるかもしれない。しかし，それでは時間がかかってしまう。たいていの組織はそのためにヒエラルヒーを導入している。平社員の上に係長がいて，その上に課長，部長がというあれである。こうした役職は管理職と呼ばれるが，管理部門はトラブルや部門間の調整を行って，組織の継続・維持を図るのである。

自己表現と貨幣による動機づけの一般化

　以上のように，公式化した組織において焦点化されるのは，誰が何のために仕事をしているかではなく，誰であろうと定められた職務をこなすことである。逆に，公式化した組織に個人的な事柄を持ち込んでしまうと，コネやセクハラのように問題を引き起こすことにもなる。仕事上の関係と個人的な事柄を切り離しておくことで，組織は安定して運営できるのだ。

　だが，人はなぜこんな組織で働く気になるのだろうか。まず，個人は公式化した組織の職務を引き受けているだけだとしても，自分の関与までは否定できないから，組織内外からの評価を意識して行動しなければならなくなる。だから人は昇進や影響力の確保を目指して活動することにもなるし，しばしばお役所が批判されるように，責任逃れの事務的で没人格的なふるまいも生じる。

　さらに，大きな役割を果たしているのは貨幣，つまりはお金である。貨幣は，個人の動機づけを組織の活動から切り離しながらも結びつける役割を果たす。私たちは生きていかなければならないし，自分の求めるものがお金に換算できるなら，さしあたりお金を稼いで，後から自分の目的を追求してもよい。映画会社に入らなくたって，自主制作の映画なら作れるだろう。こうなると，自分がどんな仕事に就くかはそれほど大きな問題ではなくなる。会社の人事を見れば，組織もその点をあて込んでいることがわかるはずだ。

　こうして組織は，個人の目的と組織の目的を切り離す。してみれば「やりたいこと志向」というのは，いささか虫のよい話だともいえる。とはいえ，仕事そのものにつきまとう不満は貨幣でもっても埋め合わせることはできない。だから，ボランティアというのも1つの途ではある。ところで，こうした組織のあり様は自由な労働市場の存在を想定している。つまり組織は，私たちが能力に応じて自由に仕事を選ぼうとする中で生まれた仕組みだったとも言えよう。　　【芦川晋】

文献

バーナード，C. I. [1968]『経営者の役割』山本安次郎他訳，ダイヤモンド社
ルーマン，N. [1992/96]『公式組織の機能とその派生的問題（上・下）』，沢谷豊他訳，新泉社
マッキーヴァー，R. M. [1975]『コミュニティ』中久郎訳，ミネルヴァ書房
佐藤俊樹 [1993]『近代・組織・資本主義』ミネルヴァ書房

05 排除と差別
Exclusion and Discrimination

差別への社会学的アプローチ

　一般に「差別」と呼ばれるものは，人種・民族差別，部落差別，性差別，障害者差別などさまざまである。それらすべてに共通する原理を包括的に説明する社会学の理論は，果たして可能であろうか。ここでは差別について理論的に考える際に重要ないくつかの論点について，常識的な考え方を批判的に再検討するという手続きをとりながら考察しよう。

　個人意識から関係へ：差別といえば，「偏見をもった人物が，悪意によって特定の人や集団（被差別者）に対して行う言動」といったイメージが一般的ではないだろうか。これは個人の意識や行為によって差別を定義しようとする見方であるが，このようなとらえ方には，いくつかの問題点がある。

　まず，当人には差別する意図（つまり悪意）がまったくないのに，相手や第三者にとっては差別と見なされる言動がしばしばある。また，ある人々に不利な立場を強いるような差別的な制度もある。制度というものを，誰か特定の個人の意識や行為に還元することはできない。さらに，「差別は悪意をもった人が行うもの」という前提によって，「普通の人」には縁のないことだと思われがちなことも問題である。

　このように，個人の単独な意識や行為に還元するとらえ方には限界がある。差別の社会学理論においては，関係性に着目するアプローチが中心となる。

　差別と不当性：また，あるできごとが差別であるかどうかについて，誰もが異論なく認め，時代や文化圏の違いを越えて当てはまるような明確な基準は存在しない。

　差別はしばしば「正当な理由なく劣ったものとして不当に扱うこと」（『広辞苑』）とされているが，何をもって正当／不当とするのか，その基準は立場によって異なるし，時代によっても変化する。「何が差別か」は，社会の中で常に争われている事柄なのである。そこで社会学では，「構築主義」の考え方に基づいて，差別を「告発（クレイム）」によって構築される社会問題としてとらえる立場も登場している。

排除と包摂

　社会学では，差別を「排除」と「見下し」という2つのベクトルを同時に含んだものと論じることが多い。差別とは，ある人々を人間関係から排除しつつ見下すことだというわけである。しかしこのことは，さほど単純なことではない。

　差別されるということは，必ずしも社会から完全に弾き出されることを意味するわけではない。社会の中心的なメンバーから分け隔てられ（排除され）ながら，それでも広い意味では社会の内部に周辺的なメンバーとして包摂されるのである。したがって，社会における被差別者の地位については，ただ単に排除されているというよりは，「排除されつつ包摂されている」というのがより精確な表現であろう（図）。

　このような両面性は，しばしば差別をめぐる認識のズレ（一方は排除＝差別されていると感じ，他方は排除＝差別していないと主張する）を引き起こす。その社会の中心的な人々にとって，狭義と広義のメンバーシップの差は認識されにくい。狭義のメンバーたちしか考慮に入れていないのに，それをあたかも社会の全メンバーであるかのように錯覚するのである。そして，差別されている人が狭義のメンバーシップから「排除されている」ことを告発しても，その訴えを受けた側が，あくまでも広義のメンバーシップに依拠して「包摂している」ことを強調するならば，双方の主張は平行線をたどることになるだろう。

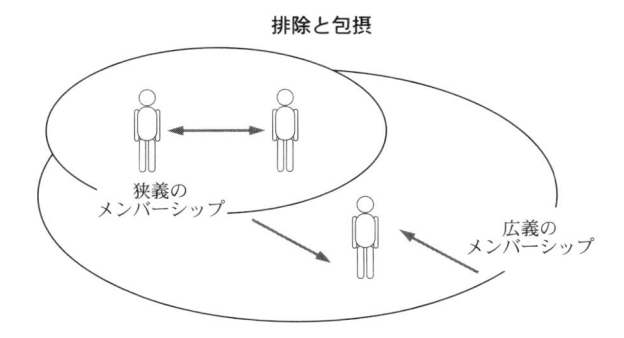

排除と包摂

05 Exclusion and Discrimination

差別と類型

　差別をめぐる対立で常に焦点となるのが，「差異」である。その社会の主流に属する人々に対して相対的に異なった（差別者にはしばしば「劣った」と見なされる）性質が，差別的な待遇を正当化する根拠となる。「異なっているのだから違う待遇をするのは当然。それは差別ではなく単なる区別だ」という論理だ。

　私たちは日常的に，さまざまな類型（タイプ）を用いて人を区分している。例えば男／女，大人／子ども，日本人／中国人／アメリカ人／……といった具合である。今問題にしようとしている差別とは，まさにこのような類型の間の差異である。人々をどのような類型で区分するのが適切か，それは状況によって異なる。例えば公共のトイレや風呂は男／女で分けられ，運賃や入場料は大人／子どもで分けられているのが普通である。

　人を類型によって区分するということ自体は，必ずしも差別として非難されるものではない。ただし問題となるのは，第1に，類型そのものに該当者を侮蔑する意味が込められている場合である。そして第2に，その類型による区分が正当でない場面で行われた場合である。後者は少しわかりにくいので，具体例として，職場で女性と男性に異なった仕事が与えられている（そしてその結果，給料や職位に差がつく）場合について考えてみよう。女／男という類型によって仕事を区分することは，正当か不当か。もし，仕事内容が性別と不可分なものであれば，性別による仕事の区分は正当と見なされるだろう。しかし多くの場合，絶対に男（あるいは女）でなくてはできない仕事などはない。ある仕事ができる／できないということと，男／女という類型との間には，必ずしも関連性があるわけではないのである。ある類型が，本来関連のないはずの場面で用いられ，それによって処遇に差がつくならば，そのような類型による区別は不当なもの（差別）となるだろう。

　ところで，人を区分する類型は，じつは排除と深く関わっている。例えば「日本人」という類型は，他民族の排除・包摂に先立って存在するような，確固たるものとはいえない。むしろ，ある人々を排除し，ある人々を包摂することによって，はじめて「日本人」なるものが構築されたのである。また，例えば「障害者／健常者」のように，そもそも一方の人々が他方を自分たちから分け隔てることによって生み出された類型もある。

近代社会と差別

　今日,差別があってはならない「問題」と見なされるのは,私たちの社会が近代に生まれた「人権」の理念に基づいているからである。近代以前の身分制のもとでは,生まれながらの身分や家柄・性別などによって処遇が異なるのは「当然」であって,そのことが問題と見なされることはあり得なかった。それに対し近代では,人間は本来すべて自由・平等である（べき）という考え方に基づいて,身分などによる差別を問題として告発してきたのである。このように,差別からの解放という理想は,近代がもたらしたものである。

　ところがその反面,近代の原理は逆に差別の根拠にもなっている。それはどういうことか。まず確認しておこう。自由で平等な「市民」によって構成される「市民社会」の理念は,近代のものである。また,「国民」によって構成される「国民国家」も,近代の発明品である。

　人々は市民であり国民である限り自由で平等だとされる。しかし裏を返せば,市民や国民として認められない限り,自由でも平等でもないということになる。人は無条件に市民や国民であるわけではない。国民であるためには国籍が条件となり,国籍をもたない人は,その国に住んで住民としての義務を果たしていても,人としての権利が保障されないことがある。さらに「国民」は,一定の文化的な同質性（"国語",宗教,慣習などが共通していること）を暗黙の前提としている。そのため,国家の中で支配的な文化を共有しない人々は,たとえ国籍はもっていてもさまざまな場面で排除されやすいのである。また「市民」の概念も,実際には「国民」と重なり合っているし,ある程度安定した地位にある人々や,一定の能力をもった人々を想定したものでもある。このように,自由・平等の前提となる「市民」や「国民」そのものが,じつは排他的なのである。

　以上のように考えてくると,排除＝差別は特殊な人々の問題ではなく,私たちの社会の基礎に関わる問題とさえいえよう。　　　　　　　　　　【杉本学】

文献
江原由美子［1988］『フェミニズムと権力作用』勁草書房
栗原彬編［1996］『差別の社会理論』弘文堂
佐藤裕［1995］『差別論』明石書店
八木晃介［2000］『「包摂と排除」の社会学的研究』批評社

06 権力・支配・階級

Power, Violence and Social Class

権力とは何か

　権力とは何かという問いは一言では答えられない。古典的な定義は、〈権力（Macht）とは、他者の抵抗に逆らっても自らの意思を貫徹する可能性〉（ヴェーバー［1953］参照）である。権力は社会関係の問題であるが、その問題には、権力の具体的な作動の仕方や、その認識の仕方の問題もまとわりつく。マルクスは、別の角度から、社会的権力について次のように語っていた。「社会的権力（soziale Macht）は、……当の諸個人には、自分たちの連合した力としてではなく、疎遠な、自分たちの外部に自存する強制力（Gewalt＝暴力）として立ち現れる」（マルクス他［2002：69］ただし、訳文は一部改変した）。そしてレーニンは、国家（および支配階級）を維持する装置の主要なものとして暴力／権力を語っていた（レーニン［1957］）。

　以上の古典的な規定の例からは、権力が一定の関係や暴力と深く関わっていることがわかるし、実際にそれは国家権力と重ね合わされて論じられてきた。だが、その後の社会学においては、じつにさまざまな側面から権力が論じられている。ヴェーバーのように権力をとらえれば、権力は社会生活上では不可避でどこにも存在する現象となろう。筆者自身はヴェーバーの規定は有効であると考えているが、そこまで権力概念を広げることに意味があるのかという批判もある。もちろん、ヴェーバーは権力と同時に「支配」という概念を用意し、「支配の社会学」を展開していたことを忘れてはならない（後述）が、この段階ではそうした疑問も生じる。

　だから、権力を問題にするのは、人々がそれは存在しない方がいいものとして思い描く批判的な論点こそ語られるべきだという考えもある。それは批判の対象としての権力という論点だが、ではそれを批判する人々は権力と無縁であるのかと問うと、そうとはいえない。定義上の問題は残されているとしても、一般に無権力社会など想定できるであろうか。むしろ社会（の秩序やシステム）をまとめていくうえで、権力は不可欠な機能としてとらえるべきではないのか。社会の存続を可能にしているものとしての権力論である。

　さらに、このような側面とは別に、権力が作動する様式に焦点を合わせた議論もある。権力はむしろ暴力とは切り離されて、見えない形で力（暴力）を意識することなく作動する場面がある。次にそれを考えてみよう。

見えない権力と暴力の問題

　さまざまな教育場面で自己コントロール（自律）を促す働きかけは，特に暴力を必要とせずに，人々の行動を一定の方向へと導く。それは，伝統や慣習をも背景にして各種の制度や日常生活にも及んでいる。この議論の先鞭をつけたのは，一望監視施設（パノプティコン）に代表される牢獄での自己監視の仕組み（＝看守からは一望できるが牢獄にいる囚人は看守を見ることができない。にもかかわらず見られていることは確実なので，その視線を先回りして読み取り自らを律する仕組み）を現代社会の権力の主要な一形態として示したフーコーの議論である。そのような見えない形での権力作用は，日常生活の相互行為場面でさまざまに働いている。例えばそれは，「男の子なのだからしっかりしなさい」という発話の場面や，日記を書いて自分の行動を反省する場面，さらには外国人と接する際に「日本人らしく振る舞う」ことを実践する場合などに見られる。

　さて，権力とは何かを考えてきた。権力は確かにとらえにくい。だが，権力の背後には「暴力」が見え隠れしないだろうか。監獄にいる人は，そこにいることを強要され，脱出すればさらに罰が加えられる。周りの人々に好まれない行動をすれば，反発や無視などのリアクションがある。通常，それらはサンクションと呼ばれる一種の制裁である。相互行為は，報酬と罰とのレスポンスも伴って進行する。その罰の代表が養育や教育の場面で見られる体罰であり，身体に加えられる暴力である。もちろん，直接暴力を発動しなくても，暴力の発動をちらつかせたりすることで，同様の機能を果たすこともある。「嘘をつくと舌を抜かれる」「バチが当たる」「天罰が下る」などという表現はたくさんある。暴力の問題は，戦争や犯罪の場面で重要な要素だが，日常世界における権力を考える場面でも重要である。そこで，権力と暴力の問題をもうすこし広げて考えてみよう。

　では，改めて暴力とは何か。それは，身体的物理力を作動することによって，他者に現実的にあるいは可能的に影響を与える力だが，機械・機器の助けを借りてその力を発揮したり（武器・核兵器など），さらに暴力発動をほのめかして相手を威嚇する場合も含む力のことである。だがこのような権力や暴力と区別されて，「支配」という概念もある。支配とは，ヴェーバーがここでも的確に指摘しているが，要するに他者から「正当だ」との承認を受けたうえで，権力・暴力の発動権を保持して，その他者を拘束・統治している社会関係のことである。

06 Power, Violence and Social Class

支配と国家

　こう考えると，権力・暴力・支配の問題は，その多くが国家のあり方に関係していることがわかる。国家とは，一部の人々が暴力手段を占有すると同時に，多くの場合その支配の正当性が承認されて，租税その他を調達し，被支配者に一定の保障を行う統治機関のことを指す場合が多い。その支配者の正当性は，世襲だからとか，カリスマ的な能力をもつからとか，法的に手順を踏んで選挙で選ばれたからなどという形で付与される。

　だが，以上は基本にすぎない。何よりも国家に関しては多様な歴史と見方が存在する。それは，「お国はどちらですか」という出身地を問う素朴な日本語の用法は別としても，国家は，国民がいて一定の領土と独立の主権をもった共同体全体を指す場合（領土・国民・主権からなる国家の3要素説）が一般的だ。ただし，「それは国のやるべき仕事だ」というように，国家機関（政府や行政機関）のみを指すような場合もあるし，前述のレーニン流のマルクス主義の伝統的な考え方では，国家は支配のための暴力装置であり，それは支配階級（資本主義社会では資本家階級）の利益を守るために被支配階級（資本主義社会では労働者階級）を支配・抑圧・搾取するために用いられるものである（だから，階級がなくなれば国家も死滅すると論じられた）。しかしこれらはどこまで妥当するのか。

階級・階層と現代社会

　上述した階級とはそもそも，生産手段の所有・非所有によって規定されていたマルクス主義出自の概念だった。生産手段を少量ながらも所有する農民は（旧）中産階級と呼ばれた。だが20世紀に入って「所有と経営の分離」が進み，新中間層と呼ばれるサラリーマン層が大量に出現し，この階級概念が現実と適合しにくい場面が目立ってきた。資本主義の進展に伴って旧中間層は没落し，二大階級分化が進み，かつ労働者階級は窮乏化するというマルクス主義の予測は現実性を欠いた。そこで，収入や職業的地位，身分，学歴，生活様式などを加味した社会階層（social stratification）という概念が用いられるようになった。今日，メディアでも盛んに論じられている「格差社会」は，主に収入とそれに伴う生活様式の格差に焦点化した議論だが，親の地位や収入が子どもの学歴やその後の社会的地位に強く作用するとすれば，日本社会は本当に「平等な社会」なのかという議論も社会学ではなされている。

近代国民国家の行方

　最後に，以上の議論を踏まえて現代の国家についても言及しておく。国家に関する概念は，少なくとも歴史的な視点を保持することが必要である。例えば，持てる者と持たざる者の分化に伴う支配関係の発生から，具体的に古代ギリシャの都市国家や古代中国の国家の問題，あるいは西洋中世の帝国的な膨張や宗教的背景のもとでの中世国家など，検討しておくべきことは山ほどある。

　だが権力・暴力そして国家をめぐる最近の焦点の1つは，「近代国民国家」という1つの類型にあることも忘れるべきではないだろう。国家語の発展やメディアの発達に支えられて「想像の共同体」が近代に生成してきた点は，これまでかなり実証的にも指摘されてきた。その点は，日本における国民国家の成立とも関わってくる。いずれにせよ，「近代国民国家」という類型の検討は不可欠である。したがって，公共性の議論や市民という概念，さらには人権という概念も，ナショナルな枠を越え得るものなのかどうかが問われている。国境を越える公共性の議論，世界市民といった視点，あるいは国際的ないしはグローバルな人権体制が当然議論に上らなければならない時代である。

　そして，最後に一言。近代国民国家が帝国主義国家や全体主義国家として機能した時代の考察も重要だし，社会主義国家の歴史と現実も20世紀の経験としてしっかりと押さえられなければならない。しかしながら，グローバル化時代の今日，アメリカの覇権と戦争という問題だけでなく，EUの成立に見られるような脱国家的な傾向も非常に重要な問題である。もちろん，脱国家化は同時に，域内のエスニシティの自覚を促したり，ナショナリズムを刺激して再国家化の傾向を促し，紛争にいたる場合もある。今，その意味でも，近代国民国家を権力や暴力という視点からもう一度とらえかえす必要があると思われる。

【西原和久】

文献

フーコー, M.『監獄の誕生』田村俶訳, 新潮社
藤田弘夫・西原和久編 [1996]『権力から読みとく現代人の社会学・入門』有斐閣
レーニン, V. I. [1957]『国家と革命』宇高基輔訳, 岩波文庫
マルクス, K./エンゲルス, F. [2002]『ドイツ・イデオロギー』廣松渉編訳, 岩波文庫
ヴェーバー, M. [1953]『社会学の基礎概念』阿閉吉男他訳, 角川文庫

07 社会学の理論と方法論
Sociological Theory and Methodology

社会学理論の諸相

本項では、社会学の理論と方法論への視角を考える。社会学理論は難しそうに思われるが、経済学には経済学理論が、政治学には政治学理論があるように、社会学にも社会学理論があって、それぞれの学問を研究する際に活用されている。社会学における「理論」は、社会学研究を行う際の研究枠組みを形成し、社会学的な調査実証研究でも用いられ、そうした研究の成果に基づいたデータを解釈したり、今後の社会のあり方を考える際にも深く関与する。そのような理論の想像力を、グローバル化という現実の中で、いかに発揮できるのか。社会学理論を考えること自体も、じつは非常に実践的な試みなのである。そこで、社会学理論の基礎に関して、まず簡潔に5点だけ指摘しよう。

第1に、理論には、大きく分けて基層理論・中範囲理論・理念理論の3つがある。これらについては、この項の後段でより詳しく見ることにする。

第2に、理論は通常、実証と対置されて、理論と実証の問題として語られる。ただし、実証的に見るといっても、現実を見る際には視点が必要だ。その視点は理論に関わっている。要するに、ある概念枠組み（＝理論）を、現実を見る際に活用して、現実の一側面を何らかの形で推論していくことになる。

第3に、その推論に関しては、既存の事実や一般原理などから推定する「演繹」的な方法もあれば、予見をもたずに現実を観察し、そこで得た諸結果に共通に見られる要素を抽出して仮説命題を作るといわれる「帰納」的な方法もある。

第4に、上記のようなアプローチのいずれにおいても、観察対象・研究対象の数量的側面に着目するのか（定量的方法）、その質的側面に着目するのか（定性的方法）という視点の置き方の違いがある。

第5に、さらに社会と個人という古くからの問題に関わる「ミクロ・マクロ問題」がある。社会学の場合、研究対象である社会は個人が相互行為をして構成されて「実在」しているので、マクロな社会全体に焦点を当ててみていくのか、ミクロな個々の人間に焦点を当ててみていくのかという違いがある。

なお、社会学理論には、現象論・構造論・機能論・発生論というアプローチもある。これらについては、後に検討してみることにしたい。

理論が抱える問題

　通常，狭い意味での理論は，調査実証研究に基づいた成果（発見や知見）からなる因果論的（つまり研究事象の原因と結果のつながり）か，機能論的（つまり研究事象の諸要素間の連関）な検証可能な命題（言葉で表現した陳述）のことを指す。ここで「検証可能な」とは，別の人が同じ方法を用いて研究しても（つまり追試してみても），同じ結果が得られること，つまり検証することができることを指す。もちろんいつも同じ結果が得られるとは限らない。その場合は，反証例が挙げられることになり，さらに研究が進められる。もし同じ結果が出れば，それはひとまず検証されたことになり，より高次の一般命題となる。そのような一連の手続きを指して，理論的検討という場合が多い。

　さて，上述のような過程は，観察に基づいて仮説を立て検証し，より一般的な命題を打ち立てるプロセス，つまり観察─仮説命題─検証─一般命題の過程である。社会学はまず，この過程を大切にする。したがって，一方で事実に基づかない「些末な」データや一般常識，他方で単に理想を語るだけの「誇大」な空想や社会哲学とは区別されて，あくまでも事実の積み上げによる「中範囲」の理論の構築作業だとされる。それを「中範囲理論」と呼ぶことができる。

　ただし，観察するためには，予めの前提や視点が必要である。何のために，何を求めて観察するのかという視点である。言い方を変えれば，観察のためには既に仮説（前提）となる考え方（概念や概念図式）が必要であり，それなくして観察すらできない。昔の哲学者の言葉をもじっていえば，「概念なき観察は盲目である」。その際の概念図式も，認識の枠組みを構成する一種の理論である。あるいは，観察（調査研究）を行う際の手順・手続きを，つまり方法を明確にしておく必要がある。それは通常，「方法論」と呼ばれる領域の問題であるが，方法論も「論」として，一種の理論である。

　そのように考えてくると必然的に，社会学理論をより広範な視点で見ていかなければ不十分な議論になりやすい，ということになるだろう。しかも，それ以上に気をつけなければならないのは，理論をあまりにも狭くとらえることで，そのような狭い理論観によって，社会学研究者という専門家だけが特権的に占有することができるものとして，社会学者自らを高みにおいて社会を上から見下ろすような態度に気づかぬうちに陥ってしまう危険性である。

Sociological Theory and Methodology

社会学理論のより広いとらえ方

　日常生活者がもつ知見は，理論ではないのか。また，今後のあるべき社会を人々が論じたり，その理想に照らして人々が自分たちの社会を批判的に論じたりするような場面も，理論的な作業ではないのか。さきに，現象論・構造論・機能論・発生論という4つについてふれた。社会学研究をする際には，起こっている事態つまり現象を正確に記述する現象論，その現象の背後にある仕組みを探究する構造論，そうした現象が他の諸現象や社会全体に対してもつ機能を探究する機能論，そして最後に，そのような現象が歴史的・社会的にいかにして発生／生成してきたのかを問う発生論がある。特に発生論は，かつてのヴェーバー，ジンメル，ミードなどの社会学が探究に心がけた重要な視点であるが，現代社会学の理論作業では軽視されがちな論点だ。それは，社会学理論の歴史と現在をみる中で明確になるだろう。

　また発生論は，ミクロ・マクロ問題にも関わる。個人重視が，行為の動機や相互行為への着目といったミクロ・レベルの視点であり，他方，社会重視が，例えば国際関係や世界の人口動態などのマクロ・レベルの視点だといわれ，さらにその中間に集団や組織に焦点を当てるメゾ・レベルの視点が強調されることもある。しかしこのような見方自体が，社会を分断して論じていることにならないか。無理な分断を行わずに社会生成の発生論的な過程を追うことで，ミクロからマクロまで論じることはできないのだろうか。少なくともマルクスやヴェーバーといった社会科学の巨匠たちは，そのような理論志向をもっていた。

　それは，社会学理論をあまり狭くとらえずに，また自らの実践活動とも深く関係づけながら，社会学を論じてきたからだ。別の言い方をすれば，社会学理論には，理論と実践という問題もついて回る。この理論と実践という問題も無視し得ない。そこで，ここでは理論を，日常生活者が抱いてきた観念をも含めて，さらには理想を論じ自らの行為を反省する理論的作業も含めて，広い意味でとらえることにしたい。そうすると以下で示す9つの理論を示すことができる。

C	⑦社会存立論としての理論	⑧社会構想論としての理論	⑨認識批判論としての理論
B	④概念図式論としての理論	⑤規則類型論としての理論	⑥調査方法論としての理論
A	①日常生活知としての理論	②基層社会観としての理論	③社会批判論としての理論
	前提的契機	←→	反省的契機

社会学における理論の射程

前頁の表に関して少し詳しく見よう（西原［2007］、ただし用語は改訂）。

【A群：基層理論】

①日常生活知としての理論：

　　常識や生活の知恵等を含む日常生活者がもつ日常的理論

②基層社会観としての理論：

　　日常的・学問的に積み上げられてきた社会観を含む理論

③社会批判論としての理論：

　　社会への批判的な機能や役割等を担うものとしての理論

【B群：中範囲理論】

④概念図式論としての理論：

　　社会分析のために研究者が用いる概念図式としての理論

⑤規則類型論としての理論：

　　仮説的で追試可能な実証規則命題や類型化としての理論

⑥調査方法論としての理論：

　　統計学的知識を含む社会調査の技術方法論としての理論

【C群：理念理論】

⑦社会存立論としての理論：

　　社会の歴史的変動論と現代社会存立構造論としての理論

⑧社会構想論としての理論：

　　社会への構想や貢献、規範の脱／再・構築としての理論

⑨認識批判論としての理論：

　　学問的営為の認識論的・存在論的な再検討としての理論

さて、少なくとも以上で明らかになったことは、理論を狭くとらえない点だ。社会学において、今求められているのは社会学理論の想像力である。　【西原和久】

文献

ミルズ、C. W.［1965］『社会学的想像力』鈴木広訳、紀伊國屋書店

村上陽一郎［1979］『新しい科学論』講談社

西原和久［2007］「グローバル化時代の社会学理論」『社会学評論』57-4

ヴェーバー、M.［1998］『社会科学と社会政策における認識の「客観性」』富永祐治他訳、岩波文庫

08 社会調査の基本
Basic Social Research

調査と理論①

　日常生活を送っていると，いろいろな社会現象の傾向にふれたフレーズをよく聞く。例えば，A型人間は几帳面な傾向があるとか，日本は最近離婚率が高くなったなどと聞くことがある。だが果たしてそうだろうか。本項では，社会調査をする際に問題となる理論との関係についてふれることにしよう。

　例えば，「離婚率は近代化の過程で高くなる」という仮説を，いろいろなデータと照らし合わすことで仮説の検討が可能となる場合がある。いろいろなデータと仮説が合致すれば，仮説は経験的に一般化され，抽象度の高い「理論」の地位を獲得するに至る。仮説の検証と体系化によって「理論」が作られる。抽象度が高く，適用できる社会現象が多ければ多いほど，より優れた「理論」となる。もし仮説がデータと一致しなければ，研究者は他のデータと照合したり，観察の結果に立ち戻って，仮説あるいは「理論」を修正し，新たな仮説の検討を行うことになる。

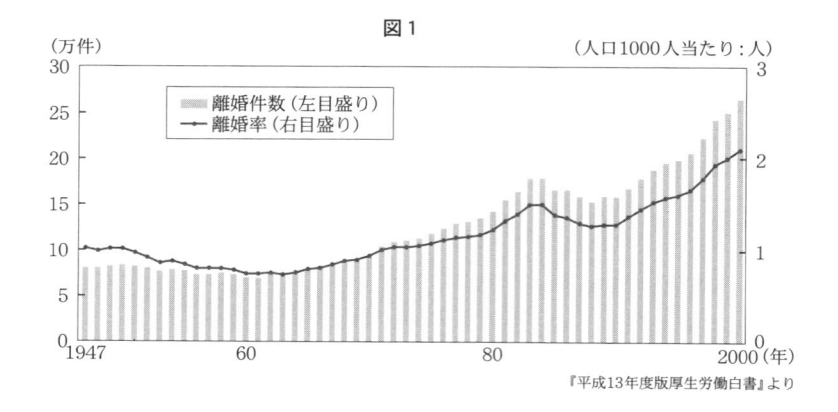

図1

『平成13年度版厚生労働白書』より

　図1より，日本の離婚率は1960年以降はほぼ一貫して高くなっており，2000年の離婚率は2.1である。そこで，戦後から1990年代前半まで離婚率が0.7-1.6の間であったというデータから，「離婚率は近代化の過程で高くなる」という仮説が，戦後日本社会を分析する際には経験的に一般化され，その仮説は戦後日本の社会現象に適用できる一種の検証された理論となる（かのように見える）。

調査と理論②

だが、「離婚率は近代化の過程で高くなる」という理論は、戦後に限定されたデータとの比較で得られただけであり、さらに普遍性を高める可能性は残っている。例えば、戦前の日本の離婚率と比較したらどうなのだろうか。あるいは他国と比較したならばどうなるのだろうか。戦前の日本と比較しても「日本の離婚率は近代化の過程で高くなる」といえるのならば、「離婚率は近代化の過程で高くなる」という理論は、戦前の日本にもあてはめることのできるより抽象度が高い理論となる。もし当てはまらなければ、仮説を修正し、例えば「社会的拘束力が弱いと離婚率が高くなる」といった観点で検討する必要が出てくるだろう。実際に、明治10年から明治30年までの離婚率は2.26から3.39で、現代の日本よりも高かったのである。「離婚率は近代化の過程で高くなる」という理論は明治期にまで辿りなおすと適用できず、離婚率と近代化の問題は仮説の修正が必要となる。

研究の過程では、「仮説」→「観察」→「経験的一般化」→「理論（一般命題）」→「仮説」→「観察」……と無限の循環をくり返す。「理論」と「理論を導き出す方法（理論構築法）」は、実際の研究においては切っても切れない、1つの連続的過程として統一的に把握することができるのである（図2参照）。理論と実証的研究を方法論に基づいて結びつけることで、社会学は1つの経験科学たり得る。

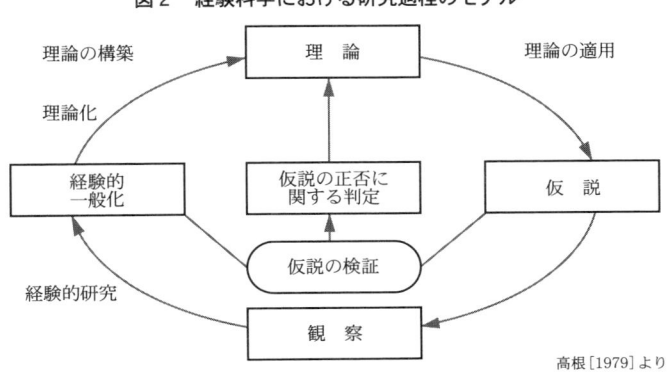

図2 経験科学における研究過程のモデル

高根［1979］より

08 Basic Social Research

「中範囲の理論」をめぐって

　マートンは，理論だけに偏らず，調査だけにも偏らない「中範囲の理論」を提唱している。調査と理論がうまく結びついている例として，マートンはヴェーバーの『プロテスタンティズムの倫理と資本主義の精神』と，デュルケムの『自殺論』の2つを挙げている。いってみれば，「理論」と「実証」の両方を見据えた研究が求められるのである。

　したがって，「理論」と「実証」のどちらか一方を欠いた場合は批判を受けることになる。例えばミルズは，主にパーソンズの理論を指して「誇大理論」と批判した。ミルズは，パーソンズの壮大な理論体系が実証のプロセスを踏まないで作られた理論であるとし，現実的に有効かどうか批判したのである。

　もちろんミルズは，理論を軽視する立場も批判している。理論を踏まえないで観察だけをするという「調査至上主義」もまた問題なのである。

　もっともすべての社会学的な研究が「中範囲の理論」である必要は必ずしもない。「中範囲の理論」であればよいという考え方は，「中立の神話」や「より大きな視野の欠落」などと批判される場合もある。理論研究に集中するにせよ，社会学の方法論を念頭に置きながら研究を進めることが重要である。

　社会調査には，大別して質的調査と量的調査の2つあるが，社会学の方法論は，この両方が求められる。ここではまず，量的調査も念頭に入れて，質的調査の特性にふれておく。

　まず量的調査であるが，これはなるべく多くの人に質問紙を配布し，統計的に分析する方法である。量的調査のメリットは，一般市民の意識調査など，多くの人々の意見を把握することにある（次項の「社会調査の技法」参照）。しかし，多くの人々が，詳細な調査票に答えてくれるとは限らない。

　他方，質的調査はインタビュー調査に見られるように，より詳細な調査をして仮説を検証する方法である。つまり質的調査は，被験者に面接をして，詳細な意見を聞ける長所を生かしてデータ収集する方法である。とはいえ質的調査は，それほど多くの被験者にインタビューをすることができないという欠点があると同時に，インタビューの過程で，調査者の影響が出てしまうこともある。では，どのような質的調査があるのか。次に，質的調査の種類と特性についてもう少しふれることにしよう。

質的調査

参与観察：実験室で被験者の条件を統制し観察条件を標準化する観察法を「統制観察」といい，社会心理学でよく用いられる。例えば，「サクラ」を用いた実験は，被験者の中にわざとサクラ（実験者が雇い，実験者がわざと反応を間違えるように指示）を入れて，被験者の判断がどのように歪むかを明らかにする。この統制観察と対照的に，観察条件を標準化しない方法を「非統制観察」といい，「非統制観察」には「非参与観察」と「参与観察」がある。非参与観察は，観察者が部外者としていわば外部から観察するものだ。参与観察は，観察者が観察対象の生活に参加しつつ観察する方法であり，長期の調査期間を要する。参与観察も含む質的調査の古典としては，ホワイト［1974］が有名である。

質的調査と構築主義：最近の質的調査では，エスノメソドロジーや構築主義の方法が用いられることもある。これらの方法は，普遍的な解釈を目指すよりも，面接者と被験者のやりとりのプロセス全体を記述し，過程を重視し解釈を求める。特に構築主義では，そもそも科学的真理を求めることは困難であるとの立場から，量的調査に見られる科学的客観性に基づく真実の把握よりも，現象が生じている過程を記述することによって，現象を説明しようとする。

日本では個人情報保護法の成立（2003年）により，量的社会調査を実施する環境は厳しくなった。調査票をランダムに抽出した一般市民に送ることは，今後ますます困難になると想定され，質的調査がこれから注目されることになる傾向が考えられる。だが，心理学や教育学などの人文社会科学全般で量的調査は普及しており，量的調査も依然として重要であるといえよう。　　　　　　【保坂稔】

文献

デュルケム，E.［1985］『自殺論』宮島喬訳，中公文庫
マートン，R. K.［1961］『社会理論と社会構造』森東吾他訳，みすず書房
高根正昭［1979］『創造の方法学』講談社
ヴェーバー，M.［1989］『プロテスタンティズムの倫理と資本主義の精神』大塚久雄訳，岩波文庫
ホワイト，W. F.［1974］『ストリート・コーナー・ソサイエティ』寺谷弘壬訳，垣内出版

09 社会調査の技法
Techniques of Social Research

社会調査の手続き

　社会調査には，量的調査と質的調査があると前項で述べた。本項では，まず量的調査の代表的ないわゆる「質問紙法」による社会調査の手続きについてふれながら，社会調査の技法を考えることにする。

　この場合の社会調査は，調査の仮説づくり，調査票の作成，回答者の選定，調査票の収集，データ入力，データの分析，報告書の作成と多岐にわたる。まずこれらのうち，調査票の作成，回答者の選定，調査票の収集といった社会調査の基本的な技法についてふれることにしよう。

　調査票の作成：まず調査したいと思う問題関心に適合する本を数冊読む。例えば「若者論」に興味があれば，若者論に関係がある本を数冊読む。そして，何を問うことが重要か考えて，自分で質問を作ってみる。本を読む際に，既にデータを使った分析があれば，そこで使われている質問を参考にすることもできる。学術的な研究である限り，「先行研究」を参照することが重要になってくるからである。もちろん，すべて同じでは，改めて調査をする意義が薄れるので（比較をするという意味はあるが），新しい質問を作る工夫が必要である。

　こうしてできた調査票は，まわりの友だちに試しに回答してもらい，質問文のわかりやすさ（ワーディング：wording）などをチェックしてもらう（予備調査＝プレテスト）。予備調査と似た用語に「準備調査」があるが，これは調査全体の流れを本調査実施に向けてチェックするものである。

　以下，調査票を作成する際に注意することを，事項別に整理する。

- ダブルバーレル効果：1つの質問で，2つのことを聞かない。
- キャリーオーバー効果：前の質問が，後ろの質問の回答に影響を与える可能性があること。このような質問の配置は避ける。
- フェイスシート：性別，年齢，学歴，職業，収入など，基本的なデータを聞く質問を収録する部分で，プライバシーに配慮して，調査票の1番最後にもってくる場合が多い。なお現在では，プライバシーの問題から，学歴や収入などを聞く場合には注意が必要である。

調査票の回答をめぐる問題

回答の形式：調査表の回答をめぐる形式には，以下のようなものがある。

- 自由回答：自由に記述してもらう。統計的に処理したい場合は，自由記述全体を見渡して似たような回答を整理して番号を付す（アフターコード）。
- 単一回答：選択肢の中から，1つだけ回答を選んでもらう。
- 複数回答：選択肢の中から，決められた数の回答（例えば3つ）を選んでもらう。
- 順序づけ回答：選択肢の中から，決められた数の回答（例えば3つ）を選んでもらい，さらに順番に並べてもらう。
- 段階選択：4段階（そう思う，どちらかといえばそう思う，どちらかといえばそう思わない，そう思わない）や5段階で選択肢を提示し，回答を選んでもらう。

尺度のいろいろ：ここでいう「尺度」とは，対象をはかるものさしである。ただし，身体測定などと異なり，「環境保護意識」など直接測定することが不可能な概念について測定するものさしである。以下に，社会調査で使う尺度に関わる論点を示しておく。

- 名義尺度：性別，学歴，職業などが代表例。それぞれのカテゴリーに番号を付ける（男＝1，女＝2など）。
- 順序尺度：限られた対象を順番に並べかえる場合。例えば芸能人の好悪イメージの順位など。位置関係を示すことに制限される。
- 間隔尺度：得点分布など，数値間の間隔を同じにして計算が可能になるようにする。だが絶対零点（試験が0点でも知能はゼロとはいえない）が不明。
- 比例尺度：収入など。間隔尺度の特徴に加え，絶対零点がある場合。

妥当性と信頼性：この頁の最後に，大事な用語である妥当性と信頼性についてふれておこう。「妥当性（validity）」とは，質問が，聞きたいことをきちんと聞いている（測定している）ということである。他方，「信頼性（reliability）」とは，質問を同一の回答者に何回くり返しても，同様の結果が出ることである。例えば同じ回答者に，期間をおいて回答してもらい，同じような結果が出れば信頼性が高いということになる。

09 Techniques of Social Research

回答者の選定：サンプリングの方法

　ランダムサンプリング（無作為抽出）：科学的な手法を用いてアンケートの回答者を選ばなければ，科学的な代表性が保証されない。例えば，ランダムサンプリングをせずに回答者を選んで得られた政党支持率は，適切な数字とはいえない。以下に，ランダムサンプリングの方法を述べておく。

- RDD法（ランダム・デジット・ダイアリング）：マスコミが政党支持率を調査する際に最近使う方法。コンピューターで電話番号をランダムに作り出す。名簿がなくてもランダムに電話番号を抽出できるメリットがあるが，電話調査法に限られるというデメリットもある。
- 系統抽出法：代表的なサンプリングの方法の1つ。決められた間隔ごとに対象を抽出する。この際に必要なのは，母集団の名簿と，全体数である。市役所や区役所などの選挙管理委員会には，投票所ごとに有権者の名簿が置いてあるので，合計数を求めてから，合計数÷抽出したい人数＝抽出間隔を出し，決められた抽出間隔で調査対象者を抽出していく。「大学満足度調査」も，大学の在校生名簿を使ってこの方法で被験者が決められることが多い。選挙の際の出口調査も，この系統抽出法が使われている。調査員は，何人か決まった間隔をおいて，投票所から出てきた有権者に聞いている。
- 層化：系統抽出を行う時に，名簿が偶然規則性をもって並んでいる場合がある。例えば極端な例だが，2人に1人選ぶ場合で，名簿が男女男女男女と並んでいる場合，抽出されるのは男（もしくは女）ばかりになってしまう。そこで，名簿を決まった性質に並べ替えることを層化という（男男男女女女）。実際には，調査地点を選ぶ時に，市町村の規模で順に並べることなどが現実的な例である。例えば抽出地点を市a，町b，村c，市d，町e，村f，市g，町h，村i，という並び順から選ぶ場合，市ばかり（市a，市d，市g）が選ばれる可能性がある。そこで，市a，市d，市g，町b，町e，町h，村c，村f，村i，と属性で分けて調査地点を選ぶのである。
- 多段抽出法：全国で調査をする時に全国を飛び回るのは大変である。そこで，最初から「個人」を選び出すのではなく，「調査地点」（例えばA市）を選んでから，A市の「個人」を選び出すことをいう。実際には，以上の抽出法を組み合わせて，「層化2段系統抽出法」が用いられることが多い。

調査票の収集

さて、前頁で見たランダムサンプリング以外のサンプリングに、有意抽出法、クォーター法、雪だるま法などがある。有意抽出法とは、母集団を代表すると考えられる対象者を任意に選ぶ方法である。クォーター法とは、性や年齢などの基本的な属性を任意にならないよう検討する方法だが、検討の際に調査者の主観が入る点で問題がある。雪だるま法とは、人づてに対象者を広げていく方法である。以上の方法は科学的代表性に乏しいが、調査実施上やむを得ない場合に用いられる。ランダムサンプリングでも、有意抽出法でも、調査票の収集という手続きがある。いろいろな収集方法があるが、基本的には以下の5種類で、他の方法は、以下の方法の組み合わせといってよい。

- 集合調査法：決められた場所に集まってもらって回収する。学生調査などがそうであり、回収率は高いがサンプルの代表性という点では問題がある。
- 郵送法：郵送で調査票を送り、記入した調査票は郵送で返信してもらう。ほぼ切手代だけですむが、回答者がポストに投函しなければならず、回収率が低く1割前後の場合もあるが、工夫をすれば4割前後も不可能ではない。
- 配布回収法：郵送で調査票を送り、調査員が回収する。郵送法は回答率が下がるが、配布回収法は調査員が回収するので回収率は高い傾向がある。またその場で答の記入漏れなどの調査票のチェックもできる。
- 電話調査法：電話をかけて調査をするので、電話代だけですむ。しかし、抽出が「世帯単位」（固定電話は5人家族でも1人家族でも1台）であることが多く、厳密なランダムサンプリングという意味では問題がある。マスコミ各社が行う世論調査によく使われる。
- 面接調査法：調査員が対象者の所に出向き、対面式で調査をする。面接員の日当、交通費など高くつくが、その分充実した調査が可能だ。

2003年に日本の大学に社会調査士資格が導入された。社会調査士制度の今後の発展が期待される。　　　　　　　　　　　　　　　　　　　　【保坂稔】

文献
原純輔・海野道郎［1984］『社会調査演習』東京大学出版会
宝月誠他編［1989］『社会調査』有斐閣
大谷信介他編［1999］『社会調査へのアプローチ』ミネルヴァ書房
杉山明子［1984］『社会調査の基本』朝倉書店

10 社会学理論小史
Short History of Sociological Theory

社会学の成立

　1839年，フランスのコントが社会学＝sociologie（英語ではsociology）という言葉を作った。だが，社会学の成立を，コントの師であるサン＝シモンまでさかのぼって論じる人も少なくない。コントの議論内容が，既にサン＝シモンの中に数多く見いだせるからである。

　だが，内容から見るならば，社会学の成立を17，18世紀の社会契約説の成立まで戻る議論もある。近代における個人の自覚の高まりに伴い，諸個人が契約によって国家社会を構成するという発想があったからだ。この時期以降，資本主義が発達しはじめ，国家とは異なる産業社会の論理が自覚され，市民社会が意識されるようにもなってきた。ヘーゲルがそれまでの近代哲学思想を集大成する形で，「家族・市民社会・国家」の弁証法を論じたのは，19世紀の初期のことだった。

　要するに，社会学は産業社会の進展に伴い，国家とは区別される社会と個人の自覚をまって，ようやく成立した学問であるといえよう。その意味で社会学は，近代社会の成立と相即的である。それゆえ，社会学を古代ギリシャにまで立ち返って論じようとする立場は，大変刺激的ではあれ，少し無理があるといわざるを得ない。

　もちろん，西洋近代に与えた影響という意味では古代ギリシャの社会思想（特にポリスの学としてのポリティクス＝政治学）は，キリスト教とともに，重要である。しかしながら，その意味では，例えば，ほぼ同時期の中国における儒教の成立（紀元前5世紀頃）も，特に東アジアにおいては重要性をもってきたし，12世紀以来の朱子学などの影響が日本においても（特に江戸期以降）大きいものがある。グローバル化時代の現代の社会学を考えていこうとする場合には，西洋における社会学の成立とともに，イスラム教社会を含めて西洋以外の国・地域のことが考慮に入れられる必要があろう。

　逆に未来に向けて想像力の翼を広げるとすれば，現代社会の先進部分では，時代は既に近代以降つまり脱近代＝ポストモダンの時代に入っているという議論もある。近代的主体や近代国民国家などの「近代」自体が問い直される。そしてさらに情報社会化が加わり，時代様相は一変しつつある。そのことも加味すれば，現代社会学は，近代の枠をも超えて進展する必要があるといえよう。

社会学理論の発展過程

古典期社会学の成立：コントやスペンサーの社会学が生まれ，社会有機体説に基づく「綜合社会学」が提唱された。明治期の日本でも，スペンサーの進化論的社会学やコントの社会有機体説が知られるようになった。

20世紀初頭の社会学：現代社会学の第1世代：ヴェーバー，テンニース，ジンメル，デュルケムなどの社会学が生まれ，個人と社会という軸を念頭に，社会科学の一分野としての社会学の再定義と再構築がなされた。なお，アメリカでもシカゴを中心に社会学が普及しはじめる。日本では，ジンメルの形式社会学の浸透と同時に，それを批判する文化社会学の潮流も動きはじめていた。

20世紀前半の社会学：帝国主義的資本主義の進展を踏まえ，第一次世界大戦やナチズムに見られる全体主義などとの関係を背景にして，（社会）批判理論で知られるフランクフルト学派やマンハイムなどの知識社会学が進展する時期。アメリカでは，ヴェーバーやデュルケムの影響を受けたパーソンズが社会的行為論を展開して，社会学がさらに進展した時期。ただし日本では，戦前の軍国主義時代に突入しており，社会学の批判精神は発揮しにくい状況となっていた。

1960年代：機能社会学と意味社会学の対立。戦後の社会学は，マルクス主義社会学への着目，アメリカ実証的社会学の浸透などがあり，さらに多彩な展開を見せるようになる。だが，この時期，パーソンズは機能主義的社会学（「機能社会学」）をベースに社会システム理論を展開した。もっとも同時期に，パーソンズ社会学が誇大理論で個々人を視野に入れていない人間なき社会学理論だという批判も立ち現れ，現象学的社会学やシンボリック相互作用論などの「意味社会学」も着目された。つまり，マルクス主義社会学との関係の取り方（対立・受容）のみならず，機能と意味の対立も社会学理論の1つの流れを構成した。

1970-80年代：統合的社会学理論。だが，その対立を乗り越え，両者を統合すべきだという潮流も現れ，ハーバーマス，ブルデュー，ギデンズ，そしてルーマンなどの統合的な社会学理論が出現し，ミクロ-マクロ問題が着目された。

1990年以降：グローバル化時代の社会学。しかし，1990年前後の東欧・ソ連の激変，EUの成立，地球環境問題の自覚，情報社会化の進展，中国の改革開放などに促されて，社会学はグローバルに思考し活動する時期に入った。現代社会学は，今まさに未来を問う大きな転換期にさしかかっている。

10 Short History of Sociological Theory

各国の社会学の特徴と展開

フランス社会学：コントの社会有機体説に対して，フランスでは心理学的社会学が登場した。だが心理に還元するだけでは社会はわからないとして，個人意識に還元できない集合意識に着目する「社会学主義」がデュルケムによって唱えられ，デュルケム学派が形成されて人類学にも影響を与えた。そしてその流れは，構造主義的社会学にも繋がっている。

ドイツ社会学：他方，ドイツ社会学はヘーゲルやマルクスの思想が常に意識されて展開されてきた。その点は，ドイツ社会学の祖シュタインに見られるだけでなく，テンニースやヴェーバーからハーバーマス，ルーマンにおいても見られる。ドイツ社会学では，社会哲学の伝統が今も生きている。

アメリカ社会学：19世紀末のアメリカの社会学では，スペンサー流の綜合学問的な社会学を展開した者もいる。だが新興国アメリカでは，「人種のるつぼ」シカゴを中心に移民問題が着目され，20世紀に入ってフィールドワークを重視するシカゴ学派が形成された。他方，コロンビア大学では統計的・数理的な社会学が発展し，科学性・実証性が重んじられる社会学が展開された。その後のパーソンズ機能社会学とそれを批判する意味社会学も展開され，アメリカ社会学は戦後社会学の1つの中心を形づくってきた。

イギリス社会学：20世紀初頭のイギリス社会学では，社会改革を目指す一環として「優生学」的思考が見られた。その後，労働党に近い社会主義的社会学，および人類学的思考が長くイギリス社会学の中心にあった。その流れは，ギデンズ社会学が登場した70年代頃から変化した。今日，文明論，宗教論，身体論，さらには間主観性論を展開する社会学者など，多彩な社会学が展開されている。

中国社会学：中国社会学は，イギリスで人類学と社会学を学んだ費孝通の活躍抜きに語れない。彼の動向は，中国社会学の動向そのものであった。だが1950年代はじめから70年代末まで，費孝通の活動のみならず社会学そのものが禁止されていた。1980年代に社会学が復活し，今日では活発な活動が見られる。

日本社会学：明治期の米国人による社会学の導入後，綜合社会学→形式社会学→文化社会学とヨーロッパの社会学の影響を受けた日本社会学は，戦後はアメリカ社会学の実証的傾向が強まる。今日では数量化中心の実証社会学への反省や，国内に閉じられた研究対象などに対する反省もまた生じはじめている。

社会学理論／社会学説を学ぶ意義

　社会学理論や社会学説の流れを学ぶことは，専門的すぎるように思われるが，じつはその流れ自体が，まさに時代の流れと，それが展開された各国の事情とを示す貴重な証言だ。理論や学説を学ぶことには，そうした興味深さがある。

　だとするならば，新たなグローバル化の時代における現代社会学は，このグローバル化を反映するはずである。とはいえ，変化の過渡期には，過去の残滓と新たな兆候が共存する。先に見たように，社会学は国家とは区別される社会と近代的個人の存在をまって成立したが，基本的には，国家内部の市民社会とそこでの人々の動向に議論が限定されがちであった。近代国民国家の枠は，非常に強いものがある。他方，EUを考えてみればわかるように，現代社会は脱国家的な傾向を強めている。現代の社会学は，そうした「ナショナルな枠」を超えるような思考と活動にいったいどこまでコミットできるのかが問われている。

　政治学における国際関係論，経済学における国際経済論といった論点は，グローバル化の今日，もはや常識に属する。では，社会学が論ずべき点は何か。それは人々の国際交流の問題ではないか。人々がさまざまな理由で移動し，インターネット／電子メールで人々が脱国家的に交通・交流している。この事態は，国家の枠を超えた日常社会レベルでの，それゆえ社会学の対象とする領域での，人々の相互行為や相互理解の活性化のチャンスでもある。もちろん，そうした交流が軋轢や摩擦を引き起こすことも多い。だが，交流なくしては相互理解の可能性がないことも明らかだ。戦争は，そのような相互理解の欠如から生じやすい面があることも忘れないでおこう。

　したがって，社会学が時代を反映するというだけでは消極的すぎる。社会学が世界に広まっている現状を踏まえれば，各国家の枠を超えた重なり合う社会学的思潮を媒介に，グローバルな相互理解もまた可能になる場がある。交流・交響しあう社会学の視点から，相互理解の扉を開くことも考えたい。　　　【西原和久】

文献
新睦人編［2006］『新しい社会学のあゆみ』有斐閣
土井文博他編［2007］『はじめて学ぶ社会学』ミネルヴァ書房
井上俊他編［1997］『岩波講座現代社会学 現代社会学の理論と方法』岩波書店
宇都宮京子編［2006］『よくわかる社会学』ミネルヴァ書房

11 マルクスとヴェーバー

K. Marx and M. Weber

社会科学を代表する2人の巨人

19世紀から20世紀にかけて，マルクスとヴェーバーという社会科学を代表する2人の巨人がドイツに現れる。ドイツ社会学会の設立にも関わったヴェーバーは，まぎれもなく社会学という分野を確立した1人であるが，マルクスはむしろ哲学者ないし経済学者であり，さらにまた革命家であった。

この2人に共通するのは，近代社会が内包する諸矛盾を体系的に描き出したことである。社会学の課題が近代社会の体系的把握とその批判であるとするならば，その後すべての社会学がこの2人を参照せざるを得なかったのは，当然といえよう。

マルクスのイデオロギー批判

マルクスは，旧ソ連の公式イデオロギー「マルクス＝レーニン主義」の名とともに，共産主義思想を代表する人物として知られている。つまりマルクスの思想とは，人類史を階級闘争の歴史ととらえ，資本主義をブルジョア階級によるプロレタリア（労働者）階級の搾取のメカニズムとし，この資本主義の矛盾を克服する共産主義革命が起こることを歴史の必然であると説くイデオロギーであるとされている。

しかし意外にも，マルクスが生涯をかけて取り組んだのは，むしろ「イデオロギー批判」である。イデオロギー批判とは，一見すると客観的な真理であるとされているものが，じつは階級的な利害に拘束されたイデオロギーであることを暴露する作業のことである。

マルクスの主著『資本論』の副題は「経済学批判」であるが，彼はそこかしこで自分の課題を経済学批判と呼んでいる。マルクスが批判したのは，アダム・スミス以来のイギリス古典派経済学である。彼らは18世紀に成立した「市民社会」，すなわちブルジョア社会を，自然的な自由の秩序であるかのように説明する。しかしマルクスは，資本主義において利潤が生ずるのは，労働によって生み出される剰余価値を資本家が搾取するからにすぎないと考える。さらに「市民社会」はあくまで歴史的に形成されたものであるため，変革可能であることを主張する。経済学という学問は，じつは搾取を隠蔽するブルジョアのイデオロギーであったというわけである。

マルクスと唯物論

　こうした批判を支えていたのが，彼の唯物論という思想，すなわち，政治・法・宗教・学問といった観念の世界（上部構造）は，「生産関係」すなわち経済的な関係（下部構造）に規定されているという考え方である。マルクスは，ドイツ観念論哲学を代表するヘーゲルから多くを学ぶが，彼の観念論が「精神」を唯一の実体とし，歴史を精神の運動として描き出していることを批判する。政治も法も宗教も学問も，じつは物質的な生活過程の反映であって，変革すべきは意識ではなく，むしろ物質的な生活過程なのだとマルクスは主張する。

　ここからマルクスは，いわゆる史的唯物論を展開する。例えば，領主と農奴の関係（生産関係）が封建時代の政治や法や宗教を規定していた，といった説明である。しかし唯物論がその威力を発揮するのは，むしろ批判の道具としてである。例えば現在のグローバル化時代においては，宗教的・文化的な差別や対立（ハンチントンのいう「文明の衝突」など）が，じつは経済構造に起因するといった視点は，ますます重要になっているといえよう。

マルクスと疎外／物象化

　若き日のマルクスは，資本主義における賃労働を「疎外された労働」と呼び，その克服を主張していた。本来，労働とは，芸術家が作品を創造するように，生産物の中に自己を投影させるものであり，人間は労働および生産物によって自己を確証するものとされる。しかし生産物が商品として資本家の手に渡ることによって，人間はその生産物から，さらに労働そのものから疎外されてしまう。こうした初期マルクスの疎外論は，疎外なき自由な主体性の回復を素朴に前提していることがしばしば批判されてきた。これに対し，のちのマルクスの思想には「物象化」というもう1つの批判の視座が登場する。

　マルクスは人類史を2段階に分けて考える。労働の目的が貨幣や商品など「物象」を獲得することに変化すると，人格と人格が直接結びつく「人格的依存関係」の段階から，あたかも物象が直接結びついているかのように現象する「物象的依存関係」の段階へと移行する。この第2段階においては，搾取という現実が忘れられ，資本がおのずから利子を生み出すかのように現象する。これが資本の「物神化」である。こうした彼の物象化論は，資本主義をあたかも自然現象であると見なす意識の誤りを正す点で，上の経済学批判と通底している。

11 K. Marx and M. Weber

ヴェーバーとプロテスタンティズム

　社会学史上最も有名な著作といえば，まずヴェーバーの主著『プロテスタンティズムの倫理と資本主義の精神』を挙げなければならない。その中でヴェーバーは，資本主義が勃興するにあたって，勤勉・節約・時間・信用などを重んずる生活態度（資本主義の精神）が関わっていたことを指摘する。そして，その起源とおぼしきものを，宗教改革期のカルヴァン派の「禁欲的職業倫理」のうちに見いだすのである。近代資本主義は，剥き出しの営利衝動ではなく，むしろ禁欲的な倫理がなければ誕生し得なかった。それは，近代資本主義とは場当たり的・投機的に営まれるものではなく，むしろ合理的な経営組織によって継続的かつ計画的に営まれるものだからである。

　ヴェーバーが描くカルヴァン派の信徒たちは，資本主義がはらむ悲劇性をも体現している。彼らが労働に邁進したのは，カルヴァンの「予定説」の教義ゆえである。信仰深い彼らは，神が自分に予定したのが果たして救いなのか滅びなのかという，不安と孤独の中に投げ出されていた。彼らはこの不安を克服するため，「自分は既に救いを予定されている」ことを確証すべく，神の意に沿う労働を，すなわち怠惰と浪費を一切排した継続的かつ計画的な労働を行ったというのである。ヴェーバーは，現代の資本主義を喩えて「鋼鉄の檻」であると表現するが，それは，カルヴァン派の信徒と同じ「自己規律」という原理が，近代社会を覆っているからである。

ヴェーバーと脱呪術化

　プロテスタンティズムは，儀礼的，すなわち呪術的な手段によって救いが得られるとする考えを一切否定した。ヴェーバーはこれを「世界の脱呪術化」を徹底するものであると述べている。呪術が当たり前のように用いられていた時代，自然現象の背後には超自然的な力が存在すると信じられ，呪術はこれを鎮めるために用いられていた。しかし「脱呪術化」の結果，自然は無意味な現象，すなわち科学によって統御される対象となってしまう。ヴェーバーが「主知主義的合理化」と呼ぶこの過程によって，「知ろうと思えば知り得ないものはない」という信仰と，科学の無限の進歩への信仰が確立する。しかし無限の進歩とは，1人の人間の人生が，人類の進歩のほんの1段階にすぎないものとなってしまうことでもある。ヴェーバーはこれを生と死の無意味化であると述べている。

ヴェーバーと社会科学方法論

ヴェーバーは，社会科学の方法についても精緻な理論を展開した。彼は，社会科学において「知るに値するもの」が客観的に存在するという考えを批判し，研究者は，無限に多様な現実の中から，知るに値すると思われる一部分を主観的に選択しなければならないと述べている。ヴェーバーは社会科学が用いる概念や法則を「理念型」と呼ぶが，この理念型も，必ずしも頻繁に生起する現象でなければならないわけではなく，むしろ研究者の一面的な選択によって主観的に構成されたものでなければならない。

またヴェーバーは，社会現象を因果的に把握する際，行為者の動機ないし主観的意味へと遡及して分析する「理解社会学」という方法を提唱した。ヴェーバーはこれを方法論的個人主義とも呼んでいるが，これと対比的に，デュルケムの方法は方法論的集合主義と呼ばれている。

マルクスとヴェーバー

マルクスの唯物論が，経済によって宗教などが規定される側面を強調するのに対し，ヴェーバーの宗教社会学は，宗教によって経済が規定される側面を強調する。しかし，ヴェーバーも理念型として史的唯物論を認めているし，上部構造は相対的自律性をもつとするフランスの哲学者アルチュセールのマルクス解釈も存在する。

一方，ヴェーバーは当時のロシア革命を見て，官僚制による独裁を，すなわち「鋼鉄の檻」の強化を予言していた。マルクスは，革命ののち，いずれ国家が廃棄されることに期待していた。21世紀初頭の現在，予言の成就という点でいえば，ヴェーバーに軍配を上げなければならないだろう。

【鈴木宗徳】

文献
マルクス，K. [1964]『経済学・哲学草稿』城塚登他訳，岩波文庫
マルクス，K./エンゲルス，F. [2002]『ドイツ・イデオロギー』廣松渉編訳，岩波文庫
徳永恂・厚東洋輔編 [1995]『人間ウェーバー——人と政治と学問』有斐閣
ウェーバー，M. [1980]『職業としての学問』尾高邦雄訳，岩波文庫
ヴェーバー，M. [1989]『プロテスタンティズムの倫理と資本主義の精神』大塚久雄訳，岩波文庫

12 テンニース，ジンメル，デュルケム
F. Tönnies, G. Simmel and E. Durkheim

現代社会学の開拓者たち

19世紀末から20世紀にかけて，フランスではデュルケム，ドイツではテンニースやジンメルといった重要な社会学者たちが登場した。彼らは社会学を1つの専門科学として確立させるのに貢献し，のちの社会学の展開に大きな影響を与えることになる。ここでは3人の社会学の特徴と主な業績ついて，特に彼らの社会観と近代化についてのとらえ方に焦点を合わせて検討してみよう。

テンニース

社会観：テンニースは，人間が意志によって互いに結びついたものとして，社会を考えた。そして人々を結びつける意志を，「本質意志」と「選択意志」という2つの類型に分け，それらによって実現される社会集団を，それぞれ「ゲマインシャフト」と「ゲゼルシャフト」の2つに分けた。

本質意志とは，例えば親子の情愛のような，生命の本質に根ざした意志である。このような本質意志に基づいた自然的な結びつきが「ゲマインシャフト」であり，例として，家族や村落，小さな町が挙げられる。一方，選択意志とは，合理的な思惟によって産み出された意志である。そのような選択意志に基づいて，目的のために契約によって形成された人為的な結びつきが「ゲゼルシャフト」であり，例として，大都市や国家，世界が挙げられる。

近代化のとらえ方：テンニースにとってゲマインシャフトとゲゼルシャフトは，単に実際の社会集団を並列的に分類するための対概念ではない。これら2つの概念によって，彼は独自の価値観から近代化を論じたのである。

近代化は，社会関係が共同体的なもの（ゲマインシャフト）から市民社会的なもの（ゲゼルシャフト）へと発展するプロセスである。ゲマインシャフトの方を基底的・本来的なものと見なしていたテンニースにとって，この発展は，人間本来の情緒的な結びつきが失われ，人々が利害打算によって関係しあうようになることも意味しており，無条件に歓迎できるものではなかった。そこでテンニースは，ゲゼルシャフトを乗り越える新たな結びつきのあり方として，「ゲノッセンシャフト」（労働者の協同組合的な結合）に期待を寄せていた。

ジンメル

　しかし，テンニースのような近代化のとらえ方は，古い共同体を美化しすぎ，逆に近代社会を悲観的に見すぎているのではないだろうか。それに対し，19世紀後半にヨーロッパ有数の大都市ベルリンに生まれ育ったジンメルは，近代的な生活にポジティブな価値を見いだしながら，そのうえでなお近代がはらむ矛盾や葛藤を見抜いた。

　社会観：ジンメルは，諸個人の間の相互作用（心的相互作用とも呼ばれる）が社会を形成していると考えた。人々は，互いに協力したり競争したり，上下関係や派閥を形成したりして生活している。そうした相互作用によって人々が関係しあう不断の過程によって，社会は形成されるのである。人々が互いに相互作用し合うことによって社会を生成する過程を，ジンメルは「社会化」と表現した。

　ところで人々の相互作用は，政治や経済の領域にも，芸術や宗教の領域にも見られるものである。これらの領域は社会活動の目的や関心の内容によって区分されており，こうした領域ごとに，政治学・経済学・宗教学などが存在してきた。それに対してジンメルは，人間生活のさまざまな領域を横断して見いだされる相互作用の仕方（競争，上下関係，派閥など）を「社会化の形式」と呼び，それを研究する学問として「形式社会学」を提唱したのである。

　近代化のとらえ方：ジンメルは近代化の中に，社会の分化と人々の個性化を見いだした。すべての生活が共同体の中で営まれていた前近代社会（あるいは村や小都市）では，家や村における地位（"〇〇家の嫁"など）がその人のすべてであった。ところが近代社会（あるいは大都市）では，人々の活動範囲が拡大するとともに，活動の場が多岐に分かれるようになる。多様な人々と接触し，複数の異なった集団に参与することによって，人々は"一個人"として自立するとともに，他の人と違う個性を発展させていく。

　ところが，個人の個性と社会との間には，矛盾や葛藤が生じる。分業が進んだ近代社会では，社会組織が肥大化し，個人に一面的な貢献のみを要求するようになる。結局，自己の全体としての個性は，単に社会の中の細分化された役割の1つに適した個性へと，萎縮させられてしまうのである。

12 F. Tönnies, G. Simmel and E. Durkheim

デュルケム

社会観：デュルケムは，コントの「実証主義」の精神を批判的に受け継ぎ，「社会的事実」を物のように客観的に観察することをモットーとしていた。彼のいう「社会的事実」とは，個人の外部にあって個人を拘束する，行動・思考・感覚の様式のことである。例えば，ある種類の犯罪が多発する時や，ある意見が多数派を占める時には，個人の心理では説明しきれないような，その社会に固有の犯罪や意見の傾向が背後にあると考えたのである。デュルケムにとって，社会とは単なる諸個人の集まりを超えた一種独特の実在物なのである。

この観点から社会現象を研究した代表作が『自殺論』である。デュルケムは自殺という，通常は個人的と見られる現象について，その個人的動機を問わず，各社会に固有の自殺への傾向という観点から研究した。つまり社会には自殺を促進または抑制する傾向があると考えたのだ。そして宗教や家族，政治の状態による自殺率の増減を統計的に検討した結果，社会的統合と社会的規制の度合いが弱すぎる時，または逆に強すぎる時，自殺が増加しやすいという結論を導き出した。

特に注目したのは，社会的統合の弱い時に増加する自殺―「自己本位的自殺」(エゴイズム)―と，社会的規制が弱い時に増加する自殺―「アノミー的自殺」―である。なぜならエゴイズムとアノミーこそ，当時の社会の危機を示すものと思われたからである。エゴイズムはこの場合，集団への結びつきが弱まった結果として各個人が自分のみを拠り所として生きるようになる傾向を指す。アノミーは無規制状態という意味で，社会の急激な発展によって人々の欲求が歯止めを失った状態を指す。それらは近代化に伴って陥りやすい病理的な状態である。

近代化のとらえ方：では，逆に近代社会の正常な（あるべき）状態とはどのようなものか。デュルケムによれば，前近代社会は「機械的連帯」によって特徴づけられる。それは成員同士が類似性に基づいて共同生活を営んでいる状態であり，「環節社会」（ムカデなどのように類似の要素が連なって構成する社会）を形成している。それに対して近代社会は「有機的連帯」によって特徴づけられる。それは異質な（個性をもった）メンバーが分業によって結びついている状態であり，「組織社会」（高等生物の諸器官のように多様な要素が連携しあって構成する社会）を形成している。近代においては分業こそが，諸個人を社会に結びつける絆だと，デュルケムは考えたのである。

三者の比較：ドイツとフランスの社会学

　以上のように，テンニース，ジンメル，デュルケムの3人の社会学は，それぞれ独特である。しかし彼らの社会観に着目して比較した場合，大まかに2つの傾向に分けることができるだろう。そしてこれら2つの傾向は，ドイツとフランスそれぞれの社会学の伝統を表しているようにも思われる。

　テンニースとジンメルは，諸個人が関係しあうことによって社会が形成されると考え，そして「意志」や「心」など精神的・主観的なものを重視するという特徴がある。このような特徴は，ヴェーバーの理解社会学などにも受け継がれるドイツ社会学の1つの伝統といえるだろう。

　一方，フランスのデュルケムは，人々に先立って社会が実在すると考え，個々人の精神・心理よりも社会の中で構造化された思考・感覚様式に焦点を合わせるという特徴がある。このような特徴は，のちの構造主義の思潮やブルデューの理論にもつながるフランスの社会学や人類学の伝統といえるだろう。

　三者の中でも特にデュルケムとジンメルは，前項で取り上げたヴェーバーと並んで，その後の世界的な社会学の展開に大きな影響を与えることになる。デュルケムの社会学は，上に述べたようにフランス国内で展開されるだけでなく，パーソンズの機能主義理論へと吸収され，また社会病理学や逸脱論などの分野にも影響を与える。他方ジンメルは，シカゴ学派によってアメリカに伝えられ，都市社会学やいわゆる「意味社会学」の潮流（ゴフマンなど）に影響を与えるほか，マートンやコーザーといったパーソンズ以外の機能主義的な社会学者にも多くの示唆をもたらすことになる。

【杉本学】

文献
デュルケム，E. [1985]『自殺論』宮島喬訳，中公文庫
飯田哲也 [1991]『テンニース研究』ミネルヴァ書房
中島道男 [2001]『エミール・デュルケム』東信堂
菅野仁 [2003]『ジンメル・つながりの哲学』日本放送出版協会
ジンメル，G. [2004]『社会学の根本問題』居安正訳，世界思想社
テンニース，F. [1957]『ゲマインシャフトとゲゼルシャフト（上・下）』杉之原寿一訳，岩波文庫

13 フランクフルト学派
Frankfurt School

フランクフルト学派の成立

　フランクフルト学派とは，ドイツにおいてナチズムをラディカル（徹底的・根底的）に批判した研究者集団で，社会学のみならず，社会哲学や社会心理学においても本格的展開を試みた一群の人々のことを指す。特に彼らが行った「権威主義」に関する実証研究も，今日では古典として位置づけられている。さらに近年のグローバル化時代にあって，ハーバーマスのコミュニケーション論や公共圏論は，社会運動論やカルチュラルスタディーズにも参照されるなど，フランクフルト学派の展開には大変興味深いものがある。

　創設：ヴァイルによって，フランクフルト大学に1923年創立されたのが「社会研究所」であり，そこに集うさまざまな研究者たちの集団のことを「フランクフルト学派」と呼ぶ。初代所長は，グリュンベルクという人。ヴァイルもグリュンベルクも，マルクス理論の可能性を模索した。

　だが，実質的な初代所長といえるのは，ホルクハイマーであり，そして彼と同時期に研究をともにした世代をフランクフルト学派の「第1世代」と呼ぶ。アドルノ，フロム，ベンヤミン，マルクーゼらがこれにあたる。その第2世代は，第1世代の弟子ともいえるハーバーマスを中心とし，現在は第3世代のホネットが研究所の運営に当たり，第4世代も活躍しはじめている。

　第1世代の著名な活動の1つに，研究所の機関誌『社会研究誌』の刊行がある。創刊号は1932年であり，この機関誌にホルクハイマーの「伝統理論と批判理論」［原著1937年］など，フランクフルト学派を代表する著名な論文が掲載されている。フランクフルト学派の社会理論が「批判理論」と呼ばれるのはここに由来する。

　しかしながら，この機関誌も，ナチズムの台頭によって次第に刊行が困難になっていく。そもそもナチズム下では，社会学者やマルクス主義者は弾圧を受けており，さらにフランクフルト学派第1世代の多くは，ユダヤ系でもあった。『社会研究誌』は出版地を転々とし，最終号はニューヨークで1941年に刊行されたのである。

フランクフルト学派の展開

亡命：ドイツにおいてヒトラー政権が成立した1933年，ホルクハイマーは教授資格を剥奪され，研究所も閉鎖された。1934年にホルクハイマーはアメリカに亡命する。それに続くアドルノやフロムらは亡命に成功したが，ベンヤミンは脱出が遅れる。彼は，スペインに亡命の途中に身柄を拘束され，服毒自殺をしてその生涯を終えた。

アメリカに亡命中のホルクハイマーらは，コロンビア大学内に社会研究所を再建した。アメリカにおける実証研究との交わりの中で『権威主義的パーソナリティ』[原著1950年]を著すが，同時にアメリカでもファシズムの危険性を感じ取った。そして，野蛮が近代全体に生じるということを論じたホルクハイマーは，アドルノとともに『啓蒙の弁証法』[原著1947年]など，後世に残る書物を著した。

戦後：1945年に第二次世界大戦が終結し，ホルクハイマーは1949年，ドイツに戻った。1950年に社会研究所はフランクフルトに再建される。その後，所長はアドルノに引き継がれた。

だが，第1世代のホルクハイマーは，前述した「伝統理論と批判理論」と題される論文の中で，フランクフルト学派の課題の提示をしたといっても過言ではない。伝統理論は，端的にいえば，知識人や思想の実用的・保守的な性格を言いあらわしたものである。ホルクハイマーは，伝統理論のもつ体制順応主義，分業的専門主義といった特徴を鋭く批判し，批判的態度でのぞむ学際的な研究を「批判理論」として構想したのである。

しかしながら，ナチズムを体験することにより，フランクフルト学派の人々は学問の領域を越えた学際的研究を断念せざるを得なかった。そのような状況において，『啓蒙の弁証法』は，「なぜ人類は，真に人間的な状態に踏み入っていく代わりに，一種の新しい野蛮状態へ落ち込んでいくのか」という問題意識のもと，文明の「合理性」をラディカルに批判することになる。また『権威主義的パーソナリティ』では，ヒトラーのような指導者に従う姿勢を「権威主義的性格」と位置づけ，データを用いてその性格を分析した。

こうした「権威主義的性格」については，1930年代にはフロムと共同して研究を進めていたこともあったが，40年代には「社会学」の位置づけをめぐって，フロムとは対立し，フロムは独自の道を歩むことになる。

13 Frankfurt School

第1世代から第2世代のハーバーマスへ

　フロムは，伝統的な下層中産階級の人々の社会的性格が，自由や平等を取り入れた新しい社会（ワイマール共和国）に不安を抱き，強い指導者を求めたと考えた。「社会的性格」は，既存の社会に合えば接着剤の役割を果たすが，合わなければ危険なダイナマイトのように作用する。社会的性格の例として，下層中産階級の権威主義的性格が挙げられるが，わかりやすい例は職人層や小商店主層，さらには下級官吏層などに見られた権威主義であろう。

　さらに，第1世代の研究者の著名な概念としては，ベンヤミンの「アウラ」，マルクーゼの「抑圧的脱昇華」などがある。ベンヤミンは，オリジナルな芸術品と複製品とでは発する雰囲気がまったく異なる点に着目し，オリジナルな芸術品がもつアクチュアリティを「アウラ」と概念化した。一方，マルクーゼの「抑圧的脱昇華」は，例えば，国家が性のはけ口を設けることによって秩序維持を可能にし，結果として国家の抑圧を可能にしているという主張に端的に示されている。1960年代の学生運動では，マルクーゼのこうした考え方が支持を集めた。

　第2世代のハーバーマスは，第1世代が強烈なファシズム体験から，「理性」や「言語」に信頼を寄せることができなくなってしまい，もはや「語ること」さえも拒むようになった状態から脱して，むしろ第1世代の問題点を探り，新たな理性の可能性を模索するようになる。第1世代は，合理性問題を考察する際に，技術性の観点だけから考察したとハーバーマスは批判する。彼から見れば，第1世代は「コミュニケーション」の観点が存在しない「意識哲学」なのであり，第1世代はペシミズムに終始してしまった。そこでハーバーマスは『コミュニケイション的行為の理論』の中で「コミュニケーション」の「合理性」問題を考察した。「真理性」「誠実性」「正当性」という3つの妥当性要求を満たしたコミュニケーションが「理想的発話状況」であると考えられた。

　もう1つのハーバーマスの大著は『公共性の構造転換』である。彼は，18世紀前後に市民がサロンなどで議論を盛んに行い，その意見を政治に反映していた点を「公共圏」ととらえるが，現代では，そうした議論なしに多くの市民が世論を形成し，それによって市民が分裂したと批判的な判断を下す。だが他方で彼は，「教育革命」「新しい社会運動」「静かな革命」などの結果，市民の批判力が高まった点にも注目した。

現在のフランクフルト学派

　第3世代のホネットは，ハーバーマスが「理性」を重視したために，権力の問題や感情的営みを十分に考慮していないと批判する。ホネットは，第1世代には「行為概念」が乏しいという批判をしており，ミードの議論を踏まえつつも，道徳や連帯について論じている。そのポイントは，以下の点にある。

　ホネットは，ハーバーマスが論じた合意の問題を「承認」というテーマに置き換え，近代社会における承認の形式を「愛・法・連帯」の3つの観点で整理した。愛の承認形式では家族関係や友人関係が，法おける承認形式では法的諸関係が，そして連帯の承認形式では社会的な価値評価がそれぞれ取り結ばれる。

　ホネットは，このように承認を獲得する方法を3つの観点から基礎づけることで，現代のグローバル化時代における連帯の可能性を模索しており，今後の展開が期待される。

　ほかにも第3世代は，エーダー（『自然の社会化』）など多様な展開を遂げている。エーダーは，自然を技術的に利用するという意味での「合理性」ではなく，自然と親しむ中で自然との関係を築いていき，新たな合理性の可能性を模索すべきであると主張しており，今日の環境問題への提言を含んでいる。

　ホルクハイマーやアドルノなどの第1世代のペシミズム，第2世代のハーバーマスの理性重視など，問題点はあるものの，この学派は今日の社会を批判的に問うさまざまな視点を提供してくれており，今後さらに展開を遂げていくものと思われる。

【保坂稔】

文献
アドルノ，T./ホルクハイマー，M.編［1980］『権威主義的パーソナリティ』田中義久他訳，青木書店
エーダー，K.［1992］『自然の社会化』寿福真美訳，法政大学出版局
フロム，E.［1951］『自由からの逃走』日高六郎訳，東京創元社
ハーバーマス，J.［1994］『公共性の構造転換』細谷貞雄他訳，未來社
ハーバーマス，J.［1985-87］『コミュニケイション的行為の理論（上・中・下）』河上倫逸他訳，未來社
ホネット，A.［2003］『承認をめぐる闘争』山本啓他訳，法政大学出版局
ホルクハイマー，M.［1974］『哲学の社会的機能』久野収訳，晶文社
ホルクハイマー，M./アドルノ，T.［1990］『啓蒙の弁証法』徳永恂訳，岩波書店
保坂稔［2003］『現代社会と権威主義』東信堂

14 機能主義と社会システム論
Functionalism and Social System Theory

「機能」と社会有機体説

　社会科学の中でも，社会学は他の学問とは違った特徴をもっている。法学が法律を，経済学が経済活動を研究対象とするのはまだわかりやすいが，社会学が社会あるいは社会秩序を対象とする時の社会とはいったい何なのか。法や経済も社会現象であることに違いはない。法や経済を見るのではなく，社会を見るためには，それにふさわしいアプローチが必要になる。その中には社会と呼ぶような実体は存在しないという立場（社会唯名論）すらあった。このように，社会学では社会とは何かということ自体が問題になり，社会をどうとらえるかで研究アプローチも変わる。機能主義は社会をとらえる有力な考え方の1つだ。

　コントやスペンサーのような創成期の社会学者は，社会を考えるモデルとして生物学を参考にした。一般に，これは社会有機体説と呼ばれる。例えば，人間の生体は胃や腸といった部分（器官）からなり，それぞれには各々の働きがあり，それで生体全体の持続に貢献している。これと同様に，社会も何らかの部分からなり，それぞれがそれぞれの働き（機能）を担っていると考えることができる。わかりやすいのが分業だ。自動車を作って売るために，製造や販売といった部門に分け，それらをさらにこまかい部分に分けていくとすれば，各部門は，自動車の生産・販売という目的のための何らかの機能を担っていると考えることができ，そのいずれかの部門の活動が滞れば，全体に影響することになる。このように，全体社会の持続という観点から，社会の諸部分が果たす機能がどうなっているのかを明らかにしていく考え方を，機能主義という。

　ただし，機能については2つの見方が考えられるので，以上では説明が少々あいまいだ。例えば，「家族が子どもの養育機能を担っている」という場合と，「家族は子どもを養育することで社会の再生産機能を引き受けている」という場合とでは，注目点が異なる。前者では，ただ家族のしていることを機能として説明しているにすぎないが，後者では家族（部分）が全体社会に対して寄与する結果（社会の再生産）を機能としてとらえている。この点で，スペンサーは，各自の活動をそのまま機能としてとらえているところがあり，全体に対して部分が果たしている機能を考えるという視点が十分に打ち出されていなかった。

機能：部分が全体に及ぼす帰結

　この2つを明確に区別し，後者の機能概念を採用したのがデュルケムである。彼は，犯罪者の処罰は個々の犯罪を抑止するだけでなく，社会の凝集性を維持するのに役立つと考えた。異常な事件が起こると私たちは心穏やかならぬ気分になるし，また容疑者や近親者に対するバッシングが始まる。これも一種の処罰と考えることができ，そうした行為で私たちはカタルシスを得て，社会の成員としての一体感を保っているところがある。こうした機能主義的な見方は，人類学者マリノフスキーやラドクリフ＝ブラウンに受けつがれる。呪術を単に呪術として考えるのではなく，マリノフスキーは個人の感情を安定させるもの，ラドクリフ＝ブラウンは社会秩序を安定させるもの，と説明した。

　このように機能を，個々の活動内容からではなく，その活動（部分）が全体社会に対して及ぼす結果から考えると，当然，個々の活動に従事している個人は，全体社会に対していかなる機能を引き受けているのか必ずしも自覚していない場合がある。夫婦が子どもを作るかどうかを決めるのに，社会の再生産を考えるというのはありそうもない。また，すべての活動が全体社会に寄与しているとも限らないのであって，逆に社会の統合を妨げるような活動もある。そのうえ，全体社会をどうとるかで機能的な評価も変わる。

　こうした事態を説明するために，マートンは顕在機能／潜在機能，順機能／逆機能という区別を導入した。ヴェーバーの『プロテスタンティズムの倫理と資本主義の精神』を思い出そう。プロテスタントにとって労働は信仰の実践であった。だがそれは，資本主義のメカニズムを作動させるという潜在機能をも担っていた。しかもその帰結は，信仰の基盤を掘り崩し近代社会をもたらしたのだから，近代社会に対しては順機能的，伝統社会に対しては逆機能的に作用していたことになる。ただし，マートンは個別の活動（部分）と全体社会の関係を問題にしたとはいえ，全体社会がどのように組み上がっているかは論じない「中範囲の理論」であった。これに対して，全体社会の均衡メカニズムそのものを視野に入れて社会学理論を組み立てたのが，パーソンズである。パーソンズは，生物有機体からの類比に頼る代わりに，社会システム論を採用するが，このアイデアはパレートに由来する。パレートは，社会を複数の部分の相互依存関係から成立する均衡の体系（システム）だと考えたのである。

14 Functionalism and Social System Theory

社会システム論と構造機能主義

　では，パーソンズは社会が全体としてどのように組み上げられていると考えたのか。パーソンズは，社会は成員が何らかの役割を担って相互に行為することでできあがると考えた。しかし，各自が勝手なことをしていたのでは，相手に合わせて行為を続けていくのは難しい。では，各自の行為はどのように決まるのか，また，その時満たされなければならない要件とは何か。

　社会の中では，実現が望ましいことと望ましくないことの弁別体系ができあがっており（文化システム），それを実現する仕組み（構造）も定められている（社会システム）。例えば，弁護士や医者は地位の高い職業と見なされ，高収入も保証されている。だが，医者や弁護士になるためには，大学へ行くなどクリアしなければならない構造的制約がある。そうした条件にあわせて，各自は実現したい目的を定め（パーソナリティ・システム），しかもそれに見合った能力なども必要になるから生物学的条件もついてまわるだろう（有機体システム）。以上がそろって，私たちは行為に踏み出すことができる。

　このように，パーソンズは4つのシステムの組み合わせで行為システム（＝社会）が存続すると考えた。この時，4つのシステムは社会の存続に貢献する機能的要件を充たしており，それはAGIL図式で説明される。有機体システムは，個人が社会の中で生きていける条件を提供するから適応機能（A）を担っている。そのうえで個人は目的を定めるから，パーソナリティ・システムは目標達成（G）の機能を担う。ただし，この目標は他者と相互行為する中で実現されていく。だから，その仕組み（構造）を定めている社会システムは，統合機能（I）を担う。そして，個人が一定の仕組みのもとで目的を実現しようとするのは，そのような価値が社会に流布しているからである。個人はこうした価値のもとで目的を実現し，その価値を確認する。だから，文化システムの担う機能は潜在的パターンの維持（L）といわれる。つまり，個人が実現すべき目標や踏むべき手続きを最終的に提供してくれるのが文化システムなのだ。このようにパーソンズが社会秩序を説明する基礎には，価値やそれを体現する構造がある。

　しかし，パーソンズの考え方には多くの批判が向けられた。システム存続から機能を評価する限り，それは均衡状態を標準に想定しており，逸脱現象にすぎなくなる変化を予測できず，社会変動を説明できないと批判されたのだ。

機能構造主義：オートポイエーシス・システム

　ところで，社会現象の因果的説明は難しい。機能分析は実際に起こったことを説明できているのか。機能分析は十分な因果的説明にはなっておらず，目的論・循環論になっているという批判もある。つまり，機能分析の説明は，そのようにも記述できるという程度のことかもしれないのである。

　この行きづまりを打開したルーマンは，もはや社会の成り立ちを価値や構造からは説明しないし，機能によって実際に起こった事柄を確定しようともしない。機能はむしろ比較可能性を提供する。家族が養育機能を担うのであれば，同様に保育園も養育機能を担う。保育園は家庭の養育機能を代替する。だが保育園がどのような経緯で生まれたかは別の問題だ。社会が複雑になれば，ある機能を担っていた活動に代わり，同じ機能を担う他の活動が分化する。この機能的代替をとらえていけば，原因を考慮することなく機能の置き換えを通して社会の変化を説明できる。これを等価機能主義という。

　この時，一定の機能を担う活動は，単純な因果的関係からではなく，それぞれが独自のやり方で自らの活動に意味づけしながら続いていく（基底的自己準拠）。構造や機能はそこから確認されるにすぎない。また，私たちはこうした活動の意味づけを，コミュニケーションを介して行う。だから，社会は，コミュニケーションのみを要素とするオートポイエーシス・システムだといわれる。ルーマンは，このように継続していくさまざまなコミュニケーションを環境から識別できるということ，つまりシステムと環境との差異から話を始める。

　ところで，それぞれの活動は活動継続の見通しをつけやすくするために，そのやり方を類型化して，行動期待を一般化している。例えば，命令は受諾するか拒絶するかのいずれかであり，拒絶すればサンクションが予想される。この継続を容易にする仕組み（構造）を「象徴として一般化されたコミュニケーション・メディア」と呼ぶ。権力，貨幣，真理，愛などがそれにあたる。コミュニケーションはメディアに応じて機能分化し，独立のシステムをなしている。ルーマンはそれらを比較しながら，社会の全体像を記述しようとしたのである。　【芦川晋】

文献
長岡克行［2006］『ルーマン 社会理論の革命』勁草書房
高城和義［1986］『パーソンズの理論体系』岩波書店

15 ミードとシンボリック相互作用論
G. H. Mead and Symbolic Interactionism

ミードの生きた時代

　ミードは，今からおよそ 100 年前にアメリカ第 2 の都市シカゴを中心に活動した人である。ミードの思想は，プラグマティズムという哲学思想に位置づけられている。100 年前の思想家であるミードのどこに現在の社会学とのつながりがあるのかを考えてみよう。ミードと現在の社会学には少なくとも 3 つのつなぎ目がある。そのつなぎ目は，①シカゴという環境，②弟子，③ミードの理論それ自体，にある。順番に見ていこう。

　シカゴという環境：アメリカ社会学の草創期を担ったのは，シカゴ大学を中心にしたシカゴ学派の研究者たちだった。草創期のシカゴ学派は，「社会学を，それまでの宗教的な観念や道徳論から独立させつつ，大学や学会に科学として制度化していった，世界で最初の世代に属していた」（徳川［2004: 2］）。ミードは，草創期から見て次世代に当たるシカゴ学派第 2 世代の研究者たちと同じ時代を生きた。ミードと現在の社会学を架橋する第 1 のつなぎ目は，ミードとシカゴ学派が，シカゴという環境を共有し，同じ問題意識を抱いていたことにある。

　シカゴ学派の研究者たちは，移民問題や都市問題など当時のシカゴが抱えていたさまざまな社会問題と向き合った。彼らは，インタビュー，参与観察，日記や手記などの言説，関連するデータといった複数の素材からモノグラフという資料をまとめ上げた。そして，モノグラフに記述することで，問題に関与する人々が何を考え，どのように行動しているかを明らかにし，問題解決を考えるための土台を提供した。だが言説分析や日記，個々人のライフヒストリーといった資料の分析には，膨大な時間と手間がかかる。なぜシカゴ学派は，このような手間がかかる手法を用いたのだろうか。

　それは，シカゴ学派が現実の社会問題を人間の問題ととらえていたからだと思われる。シカゴ学派は，モノグラフを通して人間を語ることで社会を論じる道筋を見いだしていたのだろう。さまざまな社会活動に関わっていたミードにとっても，この現実の社会を生きる人間の問題は，大きなテーマであった。こうしたテーマの重なり合いは，互いに刺激し合いながら，現代社会学にも活かされている。

ミードの後継者とシンボリック相互作用論

　社会問題と社会問題の温床となる社会のあり方そのものとを人間の問題として考えること，この課題は現在の社会学にあっても探求され続けている。ただし，どうやって社会を人間の問題として考えるのか，そのアプローチはさまざまである。社会学の世界でミードを有名にしたのは，社会へのアプローチをめぐる論争だった。この論争に関わった論者が，ミードの弟子の1人であったブルーマーである。ブルーマーがミードと社会学との第2のつなぎ目を創り出した。

　ミードの弟子：ブルーマーは，シンボリック相互作用論の名付け親であり，その提唱者である。シンボリック相互作用論とは，「人間の集団をシンボルに媒介された相互行為過程としてとらえ，そこで人々が自他の行為や事物の意味を解釈していることの重要性に着目し，質的方法による社会調査を重視」（伊藤［1999：99］）し，社会へのアプローチを図る理論である。

　ブルーマーは，自らが提唱したシンボリック相互作用論によって，1960年代当時隆盛だったパーソンズの構造─機能主義やコロンビア学派による実証主義という客観性を重視した社会へのアプローチを批判した。その際ブルーマーは，ミードの議論に依拠して客観性重視の方法論を批判した。このことがミード理論を社会学へとつなぎとめた。

　ところが，ブルーマーが客観性重視の方法論にミード理論を対峙させたことで，シンボリック相互作用論だけでなく，ミードの理論も主体性重視の方法論としてとらえられた。そしてこの主体性重視というミード解釈が，次の論争を引き起こした。それは1970年代から80年代にかけてくり広げられた，ブルーマーとその批判者たち（イリノイ学派と呼ばれる）との間のミード解釈をめぐる論争である。批判者たちは，ブルーマーのシンボリック相互作用論を，個人主義的で主観主義的であると批判した。そして，ミードが提唱したのは，客観的に表現されたシンボルの意味を理解し，人間の集団行動や相互行為がもつ意味から社会にアプローチすることであると主張した。

　この論争は，ブルーマーの後を継いだシンボリック相互作用論者たちによって修正された。彼らは，ミードの理論それ自体をきちんと見直し，そこに社会学へのつなぎ目があることを明らかにした。

15 G. H. Mead and Symbolic Interactionism

社会理論としてのミード理論

　シンボリック相互作用論者たちが明らかにした，ミードと社会学とのつなぎ目とはどのようなものなのだろうか。

　シンボリック相互作用論者たちは，ミードが行為を人間の自我（self）や精神（mind）が成り立つ生成の場であると考えたことに着目した。私たちが日々実践している行為には，さまざまな社会的関係，ふるまい方，社会的態度が埋め込まれている。私たちは，神から与えられた自我をもって生まれてくるのではなく，行為をくり返していく成長の過程をへてひとりの自我となる。ミードはこのように考えた。確かに人間の発達は多くの点で他の動物よりも遅い。けれども私たちは他者たちをはじめとする自分たちをとりまく環境の中で，行為を実践し，ふるまい方を身につけ，複数の社会的態度の中から適切な態度をとることができるようになることで，社会に生きるひとりの自我となる。ミード理論は，人々の行為に着目し，人々の心や人間存在のあり方と社会との関係を問う社会学の可能性を切り拓いているといえるだろう。

　ただし，気をつけておこう。ミード自身は〈人がひとりの自我となること〉だけを問題にしたのではない。ミードのまなざしは，人がひとりの自我となる過程それ自体により多く注がれていた。おそらくミードは，人がひとりの自我となる過程に，人と社会との関わり方が顕在化すると気づいていたのだろう。

　例えば，子どもが大人のふるまい方を真似る「ごっこ遊び」（プレイ）には，他者の役割の取得という，人と社会との関わり方が現れる。またピッチャーや野手の動きを予測しながら自分の動きを決める野球（ゲーム）には，さまざまな社会的態度を自身の態度へと組織化しながら行為を実行する，私たちの社会的営みの一端が見いだせる。

　ミードがプレイやゲームを論じる中で示した「他者の役割取得」や社会的態度の組織化という概念は，現在の社会学でも一般的に使用されている。また社会的態度の組織化にあって不可欠な「一般化された他者」という他者の視点から見た客観的な基準，さらには行為にあって対象に働きかける主体的な「I」と客観的に自分たち自身を見つめなおすことで見いだされる「me」という自我の二つの側面など，現在でも使用されているミードの概念は少なくない。

ミード理論からの展開可能性と課題

 以上のように，ミードと現在の社会学には，明確に意識されてはいないけれども確かなつなぎ目があった。それでは，シンボリック相互作用論者たちは，ミードからのつなぎ目をさらにどのように展開していったのだろうか。最後に，この点を簡潔に示しておきたい。

 シンボリック相互作用論者たちは，行為の現場から社会のあり方を問うミードの姿勢を引き継いだ。特に彼らは，人々が行為のもつ意味を共有する過程に着目した。例えば，ゴフマンの儀礼論やグレイザーとストラウスのデータ対話型理論などは，人々がどのように行為の意味を共有しているのかを問い，人々が行為の意味を共有することがどのような社会のあり方を創り出しているのかを考える，シンボリック相互作用論の姿勢を展開したすぐれた試みであるといえるだろう。シンボリック相互作用論の展開は，意味と社会との関係を問う重要な社会学的研究となっていることは間違いない。

 だがミード理論を展開していくためには，社会の変化や維持と行為の実践とを結びつけていく媒体（つなぎ目）——例えば，ミードの時空間論から国際的精神論にいたるまで——をどのように考えるのかという課題が残っている。この大きな課題への取り組みは，今後も続けられていく必要があろう。　　【德久美生子】

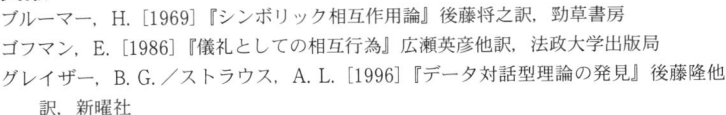

文献

ブルーマー，H.［1969］『シンボリック相互作用論』後藤将之訳，勁草書房
ゴフマン，E.［1986］『儀礼としての相互行為』広瀬英彦他訳，法政大学出版局
グレイザー，B. G./ストラウス，A. L.［1996］『データ対話型理論の発見』後藤隆他訳，新曜社
伊藤勇［1999］「シンボリック相互作用論とG. H. ミード」『社会学史研究』23
ミード，G. H.［1971］『精神・自我・社会』稲葉三千男他訳，青木書店
ミード，G. H.［2006］『G. H. ミード プラグマティズムの展開』加藤一己他編訳，ミネルヴァ書房
德川直人［2004］「サムナー・ウォード・スモールにおける〈科学〉と〈改革〉」宝月誠他編『初期シカゴ学派の世界』恒星社厚生閣
德川直人［2006］『G. H. ミードの社会理論』東北大学出版会

16 合理的選択理論
Rational Choice Theory

出発点としてのヴェーバー行為論

社会学理論にとっての中心的な課題の1つは，社会現象を説明することである。それは，個々の社会的行為とマクロな帰結の接点をモデル化することでもある。ヴェーバーは社会学の課題を，社会的行為を理解し，その軌跡と結果の因果的説明を明らかにすることであると論じた。

合理的選択理論（Rational Choice Theory：RCT）は，このヴェーバーのプログラムに取り組む野心的なアプローチである。現象学的社会学は，局所的に精密で複雑な社会的行為を考えることによってヴェーバーのプログラムに取り組んでいるが，対照的に，RCTは極力単純な社会的行為の概念を採用するアプローチである。RCTは社会学，政治学，歴史学などで近年洗練され，広く用いられている。

RCTは，社会的帰結は個々の行為に還元できるとする。それは，個人の行為と社会的文脈のモデルを構築することによって，社会的帰結や社会システムの動きを説明する。個人の行為と社会の帰結を結びつけるコールマンの有名な図を援用するならば，RCTはマクロな要因からマクロな結果へという関係①を説明するために，マクロな要因からミクロな要因へ②，ミクロ要因からミクロな行為へ③，ミクロな行為からマクロな結果へ④という関係に関する演繹的なモデルを構成するものである（Coleman [1990]）。

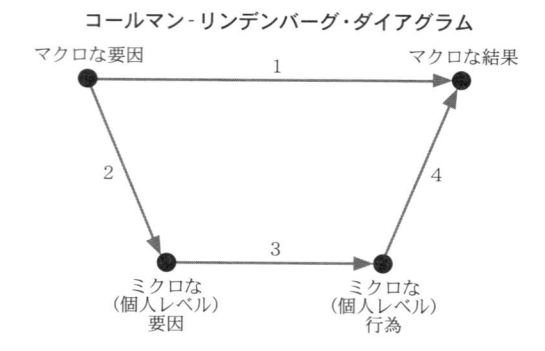

コールマン-リンデンバーグ・ダイアグラム

マクロな要因 —1→ マクロな結果
↓2   ↑4
ミクロな（個人レベル）要因 —3→ ミクロな（個人レベル）行為

コストと便益

　歴史的には，RCTの源流の1つは功利主義にある。アメリカで発達した個人主義的交換理論は，功利主義に依拠して行為者は他者との相互行為を通じて効用を最大化するものであるとの仮定に立脚している（ブラウ［原著1964年］）。個人主義的交換理論は，選択肢のコストと便益，限界効果，交換における均衡などの概念を導入した，RCTの先駆けとなるアプローチである。RCTは，行為者はその選好に従って最適な行為を選択すると仮定する。その時に考慮されるのが，コストと便益である。合理的な行為者にとって，コストは少なければ少ない方がよいし，便益は大きい方がよい。RCTでは，一般に行為者はその目的を設定し，行為の選択肢を吟味し，最適な行為という観点から選択肢の優先順位を決めるものと理解される。

　より厳密には，RCTの基礎はブドンによれば次の6つである。①あらゆる社会現象は個人の決定，行為，態度に影響される（個人主義）。②少なくとも原則的には行為は理解され得る（理解）。③個人の精神にある理由が行為を引き起こす（合理性）。④この理由は，行為者が自分の行為の帰結を自分なりに検討して得られるものである（帰結主義，手段主義）。⑤行為者は主に自分の行為の自分にとっての帰結に関心がある（利己主義）。⑥行為者は行為の選択肢のコストと便益を見極めることができ，最も有利なバランスの選択肢を選ぶ（最大化，最適化）（Boudon［2003］）。

　RCTのこの一見単純な基礎には，大きな理論的意義がある。例えばこの仮定に基づいて，なぜ集合行為がしばしば失敗するかという問題が説明できる（この問題はオルソンが体系的に研究したので，「オルソン問題」といわれることもある）。1人では実現できないような共通の利益を実現するためには，複数の人が協力すればよい。しかし，利害が一致している人たちが常に協力するわけではなく，共通の利益を求める集合行為はしばしば頓挫する，あるいは始められることすらない。なぜか。合理的な行為者にとっては，公共財が手に入るという便益は最大化したいが，そのためのコストは少ない方がよい。他人がコストを負担してくれればコストを負担しない人も便益を享受できるという，公共財の非排他的な性質を考えると，公共財の調達のための集合行為に参加せずに，その便益だけは享受する，つまりフリーライド（ただ乗り）するという選択は自然な選択である。

16 Rational Choice Theory

合理的選択理論の強み――「囚人のジレンマ」を例として

　合理的な行為という概念は，誰にでも理解できる行為の概念である。誰にでも理解できるということは，論理的に単純で心理的に納得できるということである。例えば同じものを買うなら安く買う方がよいということは，それ以上の説明を要求しない，誰にでも理解できることである。RCT は社会現象の説明を，この「誰にでも理解できる」レベルに還元して説明する。

　社会現象を合理的な個人の行為の結果として説明できれば，それ以上の説明は必要ない。この明晰さが RCT の強みである。この単純な仮定によって，他の枠組みでは説明のつかない現象を説明できる。例えば，冷戦の終結やソ連の崩壊は経済の非効率性や人権の侵害という一般的原因をもち出してもうまく説明できない。これらの要因は冷戦の終結に関連してはいるのだが，なぜ冷戦が他の時期ではなく 1990 年代初頭の時期に終結したのかは説明できない。RCT はゲーム理論という分析手法を用いてこの問題に答える。ゲーム理論は，他者の行為を考慮に入れて行為者が自分の行為を決定する状況を分析するための手法である。

　冷戦の終結にいたる米国とソ連の軍拡競争は，ゲーム理論によれば「囚人のジレンマ」という構造をもっている。「囚人のジレンマ」は，2 人の行為者が各々にとって合理的な，しかし双方にとって最も不利な選択をしてしまうゲームだ。

　2 人の人がある犯罪を行い，逮捕される。彼らは別々に尋問を受ける。独房に留置された 2 人の容疑者には，取り調べに対し，自白するか，黙秘するかという選択肢がある。両方が黙秘した場合，証拠不十分で 1 年の刑になる。片方が自白して，証拠を提供した場合，自白した方は釈放され，黙秘した方は 10 年の刑に処せられる。両者が自白すれば両者は 5 年の刑に処せられる。2 人は話し合って黙秘するか自白するか決めることができないので，相手の出方を考えながら自分がどうするか決めなくてはならない。両者がともに黙秘すれば 1 年の刑ですむが，相手が自白した場合に自分が黙秘を続けると，自分は 10 年の刑を受けることになる。相手が黙秘することを確信できないので，囚人は 2 人とも自白してしまい，5 年の刑を受ける。ゲーム理論の用語を用いていうなら，「囚人のジレンマ」構造では，「最適」ではない「戦略」が「支配戦略」となる，ということになる（ゲーム理論については武藤滋夫［2001］『ゲーム理論入門』日本経済新聞社など，平易な入門書が多数ある）。

合理的選択理論の可能性と限界

　冷戦はこの「囚人のジレンマ」構造をもっていた。一方が軍拡を続ける限り，他方が軍事力を削減するコストはきわめて大きい。結局，両者とも「合理的に」考えて，軍事力を削減するという最適な戦略ではなく，軍拡を続けるという戦略を続けざるを得なかった。しかし，当時のアメリカ大統領レーガンの提唱した宇宙にまで拡がるSDI構想（戦略的防衛構想）が，囚人のジレンマ状況を終わらせることになった。ソ連はSDIに対抗するレベルの軍拡を続けることができなかった。なぜ数十年のあいだ冷戦が続き，なぜ特定の時期に冷戦が終結し，ソ連が崩壊したのかという問題は，RCTの説明力を示す好個の例である（Boudon [2003]）。

　しかし，RCTがうまく説明できない状況も現実には多く存在する。例えば，よく知られている例に投票がある。1票が選挙結果に及ぼす影響はきわめて小さいので，合理的な行為者であれば投票しないことを選択するはずである。投票する人は，他人の評価を気にするから投票するとか，自らの投票を自分の支持政党の勝利の証と考えるから投票するとか，さまざまな説明が試みられているが，十分に説得的なものになっていない（Boudon [2003]）。

　また，革命に関するRCT的研究は，立場の選択については明確な説明をしているが，そのためには対立する勢力の目標が安定しているという史実にそぐわない想定に従わざるを得ない（Sewell [2005]）。人々は，非合理的な選択をするように見える場合も少なくないのである。選好，合理性，最適化といった主要な概念の理解には今なお発展の余地があり，近年の研究はその精緻化に取り組んでいる。

【秋吉美都】

文献
ブラウ, P. [1996]『交換と権力』間場寿一他訳, 新曜社
Boudon, R. [2003] "Beyond Rational Choice Theory," *Annual Review of Sociology*, 29: 1-21
Coleman, J. S. [1990] *Foundations of Social Theory*, Cambridge: Belknap
土場学他編 [2004]『社会を"モデル"でみる——数理社会学への招待』勁草書房
Sewell, W. H. [2005] *Logics of History: Social Theory and Social Transformation*, Chicago: The University of Chicago Press

17 社会学と精神分析
Sociology and Psychoanalysis

精神分析とは何か

　精神分析とは，一般的にオーストリアの精神科医フロイトが創始したとされる精神疾患の治療法と，それに付随して成立してくる人間理解の学問を指し示す。治療法としての精神分析（精神分析療法）は，精神療法（心理療法 psychotherapy）の一種であり，古典的には，患者が思いついたことを自由に話す自由連想法を基本に，患者自身が気づいていない事柄（無意識の中に閉じ込められていたもの）を明確化することで，患者の自己理解を助け，症状の消失を促すものである。

　こうした精神分析は，精神疾患の治療法を超え，人間一般に対する洞察としての射程を伴っている。フロイトは，私たちの日常の中には，働きつづけているけれども，決して意識の面には出てこない無意識の思考があり，夢や錯誤行為からその存在が知られることを論じた。こうした無意識が抑圧された欲動であるという認識は，エス（イド），自我，超自我からなる三層の精神構造論で説明されることになる。

　自我は，快楽原則に従うエスに対して，現実原則の支配する外界に適応する役割を果たすが，やがて自己から超自我が分化し，直接的にエスに介入し行動をコントロールするようになり，無意識を生み出すもとになるとした。これらの無意識を含む意識過程の理論は，乳幼時期の体験の分析を基盤として成立している。だから，精神分析学は，自他未分化の対象関係から出発する発達論と適応論を伴うことになる。

　精神分析は，子どもが成人する過程にも目を向ける。なかでも，フロイトが提唱したエディプス・コンプレックス（Oedipus complex）の仮説は，男の子が母親への無意識の情愛的な独占の欲望と，父親への嫉妬心・反抗心とを抑圧することを通して，父親に同一化し男性らしさを確立していくとするものであり，その過程において，男性の性格形成はなされていくとした。

　精神分析学は，フロイトの在命中はドイツ語圏を中心に発達していたが，精神分析学者の多くがユダヤ人であったこともあり，ナチスによるユダヤ人の迫害の結果，多くの学者が移住・亡命し，イギリス，フランス，アメリカなどに広がって，精神分析学の知見が広く知られるようになった。

精神分析と社会学

　精神分析は，一般的には心理学の理論，あるいは精神疾患の治療法として認識されている。しかしながら，フロイトは，精神分析の理論を用いて文化や芸術などを理解しようとしたし，フロイトの教えを受けたユングは，フロイトの主張する個人的な無意識の基底に，より根源的で普遍的な「集合的無意識」を仮定した。こうした見えないものを見えるようにする精神分析的な〈知〉は，文化をとらえるうえでの基礎理論の1つとなり，広い意味で社会に対する分析とつながっている。

　しかしながら，精神分析からの影響が直接的に研究の中に見られる社会学者は多くはない。ここでは，フロムとパーソンズを論じることを通して，精神分析と社会学との関わりを検証したい。

　フロムは，フランクフルト学派のいわゆる「第1世代」にあたる学者であり，ドイツにおけるナチスの台頭を，「権威主義的パーソナリティ」という人々の「社会的性格」の面から研究したことで知られている。こうしたフロムの研究は，個人の性格が乳幼児期の体験により形成されるとするフロイトらの主張に対して，社会経済的な要因やイデオロギー的な要因が個人の欲求と相互作用した結果としても形成されると主張し，フロイトの学説の修正を図った。こうしたフロムの仕事は，フロイトの学説の生物学志向に対して，社会的文化的な見方を強調する「新フロイト派」の仕事の1つに数えられている。

　一方，パーソンズは，20世紀中葉のアメリカ社会学を代表する社会学者の1人である。パーソンズは，自らの社会学理論の構築において，多大な影響を受けた学者として，デュルケム，ヴェーバーとともに，フロイトの名前を挙げ，心理学と社会学との統合を図った者としてフロイトを評価する。パーソンズの精神分析理論を援用した議論は，1950年代から60年代の仕事に顕著に見られるが，パーソンズは，精神分析の理論を子どもの社会化の理論に読み直すことを通して，社会学に引き付けたのである。しかしながら，この試みは，パーソンズが社会化を，個人が文化的価値規範を身につけるプロセスとして，社会統合の文脈でとらえたことを意味している。パーソンズの精神分析の受容は，社会秩序に対する問いや同時代に展開された社会システム論や構造─機能分析とも深い関わりの中にあるのである。

17 Sociology and Psychoanalysis

社会学を精神分析する

　パーソンズの精神分析からの影響に見られる諸事実は，社会学を精神分析する道を切り拓いている。こうした社会学を精神分析する可能性については，ヴェーバーの社会学についても言及することができる。

　ミッツマンは，19 世紀末にヴェーバーを襲った精神疾患に注目し，これにフロイトの「エディプス・コンプレックス」の仮説を適用することを通して，ヴェーバーの仕事の全体像の解明を試みた。すなわち，ヴェーバーは，代議士であった父親の体現する政治的価値や快楽主義と，敬虔なプロテスタントであった母親の体現する宗教的価値や禁欲精神という，2 つの相反する原理を系譜としてもっており，これらの原理の併存からくる葛藤が，ヴェーバーの人と学問に微妙な影を落としているのではないのかとするものである。いわば禁欲精神という「超自我」による世俗的日常的「自我」の否定と，そこからの後退として，ヴェーバーの人と学問を解釈することができるというのである。

　しかしながら，ミッツマンの分析は，ヴェーバーの個人史を超えて，20 世紀の社会学のあり方そのものを精神分析する可能性に導くことができる。ヴェーバーは，精神疾患からの快復期において，社会科学の性格や方法をめぐって学問論的研究を展開した。この中で展開されたのが社会科学の「客観性」や「価値自由」をめぐる議論，すなわち科学（事実判断）と倫理（価値判断）の峻別とその関係づけについての問題であった。ヴェーバーにとって「価値自由」とは，科学における禁欲精神（超自我の支配するところ）の体現であると考えるならば，ヴェーバーが「価値自由」な学問として期待した社会学という新奇の学問は，まさにヴェーバーの症状の代理物としての位置をもっている。

　このことは，ヴェーバーの社会学が，一方ではパーソンズの社会学を生み，他方では理解社会学の系譜を生んだことを考えると，大変意味深長である。ヴェーバーは，自らの社会学の本格的な展開として，社会的行為を対象とし理解という方法で因果的に説明する科学として「理解社会学」を提唱し，経済，政治，法，宗教，集団といった諸領域を解明しようと努めた。しかしながら，そうした「価値自由」な社会学者としてのヴェーバーの仕事は，歴史的な事象の文化意義の理解という主題から逸脱することを通して，社会学者による社会学的人間像の構築という新たな問題を呼び込んだのである。

臨床の知と精神分析

　フーコーは，イギリス功利主義の思想家ベンサムが考案した監獄施設である「パノプティコン（一望監視施設）」をもとに，近代の社会制度の中に，刑務所，軍隊，学校，病院，工場といった「監獄的なもの」を見いだし，近代人の精神構造を論じた。こうしたあり方に特徴的なことは，権力の自動化，非人称化と視覚的な構成であり，いわばパノプティコンの看守のまなざしを内面化することで，主体的＝従属的に振る舞う個人のあり方であった。

　こうした視覚的構成は，精神分析療法においても指摘される。すなわち，治療＝観察行為の客観性を保証するために，実際に分析者は患者にとって見えない位置に身を置くことによって，治療を効果的に行う工夫がされてきた。しかしながら，分析者もまた1人の人間であり，患者から完全には不可視の位置に留まることはできない。すなわち，精神分析において，分析者が観察し記述してきたのは，患者の転移であったり，抵抗であったり，無意識的意味の解釈であったりしたのだが，このまなざしは，患者との治療的関係性において分析者自身（の無意識）に対しても振り向けられ得るのである。

　このことは，精神分析がすぐれて臨床の知であり，はじめから社会的な領域において仕事をしてきたことを意味している。だから，社会学が精神分析の知を応用するというよりも，社会学のあり方そのものを根本的に揺り動かす可能性として，あるいは社会学の理論的・方法的基盤を提供するものとして，精神分析を見ておかなければならない。

　しかしながら，それは精神分析そのものによってではない。精神分析なるものはあまりに雑多なものを含んでおり，精神分析が臨床の知として社会学の理論的・方法的基盤を提供するとしても，それは精神分析の一部でしかないし，その時にはもはや精神分析そのものではない。こうした否定によって肯定されるようなパラドキシカルなあり方の中に，精神分析の社会学的可能性は存在しているのである。

【周藤真也】

文献
フロイト，S.［1977］『精神分析入門（上・下）』高橋義孝他訳，新潮文庫
フロム，E.［1951］『自由からの逃走』日高六郎訳，東京創元社
ミッツマン，A.［1975］『鉄の檻』安藤英治訳，創文社
パーソンズ，P.［1973］『社会構造とパーソナリティ』武田良三監訳，新泉社

18 構造主義とポスト構造主義
Structuralism and Poststructuralism

構造／構造主義とは何か

　構造主義の構造という概念はとらえにくい。一般的にいえば，構造とは，人々の認識・思考・行為の背後にあって，無意識のうちにそれらに作用しているパターンや形式や関係などを指す。言語や規範のパターンのようなものを考えればわかりやすいだろう。目に見える形ではなかなかとらえられないので，構造とは何かという問いには難解さがつきまとう。だが，構造主義のモチーフは明確である。すなわち，それは，近代的主体像の解体にある（後述）。

　構造主義の祖の1人といわれるソシュールは「言語には差異しかない」と述べた。対象は，既にそれ自身で不変で同一なものとして存在するのではなく，言語による差異化によってとらえられるにすぎない。しかもその言語自身が，他との差異によって成り立つ差異の体系である。赤は赤でないもの（例：黄色や黒）との差異化の関係において，はじめて赤である。はじめから自存する同一性があるわけではない。

　1つの連続体であるスペクトル（色）の分節を考えてみるとよい。虹は，日本語の体系（ラング）において，7つの色に分節される。だがそのような区切り方に必然性はなく，その意味で恣意的である。言語自身が区別からなる差異の体系であり，関係性の体系である。私たちはこうした「言語による世界分節」によってとらえられる世界に住む。私たちは構造化された世界に生まれ落ち，それに規定される。

　それゆえ人間は，自立した創造の主体というよりも，言語的世界，差異化された構造的世界の中で，それに強く規定されながら生を営む存在である。だから，人間が主体というよりも，言語が主体だといった方がよい場面がある。主体（subject）という言葉には，従属という意味もあることを思い起こしてもよい。……このようにして，近代の自立・自律の人格的主体像，近代的個人像に反省が加えられ，近代の知の発想それ自体が構造主義の批判対象となった。

　しかし他面，このような言語至上主義的あるいは構造決定論的な発想だけを強調することも，事柄の反面でしかない。それゆえ，構造主義内部から反省も生じた。それがポスト構造主義である。ポスト構造主義は，後述するように多様な形態をとるとはいえ，近代的な理性に基づく主体観だけではとらえられない，無意識の欲望，欲動，情動，非合理的なもの，あるいは身体などに着目した。

構造主義的思潮の展開

　ポスト構造主義は，人間社会の時空間的なダイナミズムを復活させ，近代批判という構造主義のモチーフは維持しながら，多彩な展開を見せるが，社会学的思考とどう関わるのか。これからあとは，この点をめぐって考えたい。

　さて，言語哲学者ソシュールについては既にふれた。だが構造主義を語るには，もう1人，人類学者レヴィ＝ストロースにふれないわけにはいかない。さまざまな「未開社会」の研究を通して，彼は西洋近代の分析理性ではとらえられない，それとは別の「野生の思考」があることを見いだした。「未開社会」（この表現自体が既に西洋の進化論的・近代化論的な思考の表現であるが）においても，母方交差イトコ婚に見られるようなみごとな社会組織化を無意識のうちに実践していたり，植物のみごとな分類体系をもつことなどを示して，彼は，主体を実体化し，主体の不変の同一性を前提とする近代の発想に対して，差異性ないし関係性の先行を主張した。この視点も，ソシュールとともに，実体的・自存的な対象（客体）を理性的な人間主体が把握するという構図をとる近代の主客二元論に対する批判へと，密接に繋がっていくのである。

　だがポスト構造主義者は，構造主義のもつスタティック（静態的）な視点を批判する。ソシュールの言語論をもじっていえば，ラングという構造的なものに対して，パロールという言語活動それ自体をも重視する姿勢である。ただしここでいうパロールとは，狭い意味での言語使用だけを指すのではない。フロイトの無意識の欲動，あるいはニーチェの「力への意志」，つまり生きようとする人間のいわば生命力それ自体を含意する，広義の社会的行為がパロールである。

　デリダもまた，差異という固定的関係ではなく，むしろ差延という時間的要素を加えた動き，つまり差異化のたえず時間的に伸延する活動である「差異の戯れ」に着目し，西洋近代のロゴス（理性）中心主義を批判し，その思考の構築物（「西洋形而上学」とデリダはいう）を，脱構築（deconstruction）しようとした。

　リオタールもまた理性中心の合理主義批判を行い，理性的に社会をコントロールできるとするような近代の「大きな物語」を批判し，さらにドゥルーズは，単独でしっかりと大地に根を張り，太い幹に豊かな枝葉を茂らせる近代のツリー状の発想ではなく，根茎同士が自由にネットワーク的に結びつき，各自が多彩な活動をするようなリゾーム状の脱近代（ポストモダン）のイメージを展開させた。

18 Structuralism and Poststructuralism

構造主義的思潮と社会学

　日本でも浅田彰は，過去を積み上げ（積分し），1つのことにこだわる偏執狂的なパラノ型ではなく，差異化（微分）を愉しみつつ他と結びつき，現在において自由に活動するスキゾ型（分裂型）人間の，ポストモダン的な新たな知のイメージを展開した。こうした点を踏まえて，社会学との関係を見てみたい。

　さて一般に，マルクス自身の考えは別として，マルクス主義は経済決定論だととらえられてきた。生産力と生産関係からなる生産様式を中心とする経済的な下部構造が，政治・法・宗教などを含む思考や理念や観念の形態である上部構造を「決定」するという社会構成体論を展開する唯物論的発想が問題とされた。ヴェーバーは，そうした発想を相対化しようとして，宗教的な理念や精神が経済に影響を与えた点を考察しようとした。『プロテスタンティズムと資本主義の精神』という宗教社会学の古典は，まさにこの点の解明を目指した名著である。

　ところで，経済決定論的なマルクス主義の解釈は，ある意味では固定的な構造による決定論という側面をもつ構造主義と共通性をもつととらえられる。そうした見方に対して，「構造主義的マルクス主義者」であるアルチュセールは，社会構成体の各要素（下部構造と上部構造のそれぞれの構造内諸要素）の「重層的決定」を強調してみせ，さらに生産関係とは，人々が呼応し合う社会関係が基底にあるとみて独自のイデオロギー論も展開した。アルチュセールの弟子がフーコーであり，そのフーコーが身体に浸潤する規律＝訓練型の権力作用のあり方を批判して，近代の知のあり方への批判を展開し，社会学にも影響を与えた。

　しかし，こうした近代批判は，モダンの批判，つまりポストモダンの議論として，例えばこれまでの重厚長大な生産経済に立脚するモダン社会に対して，軽薄短小な消費社会こそポストモダン的なあり方なのだという見方をも誘発した。同一品種の大量生産ではなく，差異化（差別化）された多品種の少量生産こそ，ポストモダン時代の経済社会的な知の発想なのだという見方である。このような議論がちょうど1980年代後半の日本のバブル経済と共鳴して，ポストモダン的な言説は時代の寵児となった。だが，商品の差別化（差異化）やマネーゲーム的な差異の戯れの強調は，構造主義やポスト構造主義が提起した問題をズラしてしまう不幸な出来事ではなかったか。そこで，ポストモダン的な問題提起を受けながら，社会学的思考が今問わなければならないのは何か。

構造主義的思潮と現代社会

　構造主義的発想が，近代批判，とりわけ近代的主体の批判にあることにふれた。近代批判とは何か。具体的レベルで考えておきたい。近代は，理性や合理性を尊重し，個人の独立と基本的な人権を重視する自由と平等の民主主義的な社会の構築を理想としてきた。しかしながら，近代の歩みをたどり直してみると，19世紀後半からの本格化する帝国主義は，植民地を獲得し合い，その地で暴虐の限りを尽くしたのではないだろうか。アフリカの奴隷の問題，アジアでの支配（例えば英国のインド支配，例えば阿片戦争以来の各国による中国の半植民地的支配）。自由と平等の民主主義や基本的人権とは，西洋諸国の近代国民国家の内部での自由と平等であって，植民地や奴隷にそれらは適用されなかった。現代社会における基本的人権の問題は，近代国民国家内部の問題ではなく，いわば国際的なグローバルな問題である。

　もう1つ。環境問題を考えてみよう。ヒューマニズムとは大変心地よく耳に響く言葉だが，humanism つまり人間（中心）主義は，人間さえよければ，人間さえ快適になれば，何をしてもよいということなのか。資本主義的な経済発展は，利潤の追求，利益の拡大を目指して，自然を「合理的」「科学的」に改造してきた。そして，そのツケが現在私たちに回ってきている。オゾン層の破壊，酸性雨，砂漠化，CO_2，地球温暖化……。

　構造主義やポスト構造主義は，このような近代的な現代社会を問い直そうとしたモチーフをもつ。狭い「ナショナルな枠」と国内的な人権の発想は，問い直される必要がある。だからこそ，デリダが（外国から来る）他者の「歓待」を表明し，また構造主義に基づきながらも主体の回復を説いて発生的構造主義を標榜した社会学者ブルデューも，反グローバリズムを積極的に説いて回った。構造主義的思潮のもつ問題提起は真摯に受け止められる必要があるだろう。　【西原和久】

文献
アルチュセール，L.［2005］『再生産について』西川長夫他訳，平凡社
ブルデュー，P.［2002］『ピエール・ブルデュー 1930-2002』加藤晴久編訳，藤原書店
デリダ，J.［2005］『パピエ・マシン（下）』中山元訳，ちくま学芸文庫
丸山圭三郎［1987］『言葉と無意識』講談社現代新書
内田樹［2002］『寝ながら学べる構造主義』文春新書

19 現象学的社会学
Phenomenological Sociology

現象学的社会学という名前
　現代社会学において，現象学的社会学という名称は，シュッツの考え方と結びつけられて論じられている。しかし，シュッツその人自身は，現象学的社会学という名称を用いていない。また，シュッツの教え子筋のバーガーやルックマンにおいてもほとんど使われていない用語法である。それどころか，ルックマンは，現象学的社会学という名称は存在しえないといった趣旨の発言さえしている。しかし1970年代の前半に，アメリカの社会学者によってこの名称が用いられた。現象学的社会学は，人間存在のあり方の検討を通して社会のあり方を探究する学問として，それ以降，社会学の中に浸透していった。

現象学的社会学の成立背景
　その浸透には，社会的，社会学的な背景がある。社会的な面では，第二次世界大戦後の新たな秩序の再構成の中で，米ソの冷戦構造に象徴される既存の体制再構築が，国家内および国家間でなされていた背景がある。その時代およびそれ以降，新たな社会秩序の形成，統合はいかにしてなされるべきかが大きな課題であった。アメリカでは，ベトナム戦争に代表されるように，自国の価値観に基づく世界戦略を基調にした体制づくりが上からなされていた。そのような体制づくりの既成の権威が国際的，国内的に確立しはじめていた時代が，1960年代前後であった。
　しかし同時に1960年代前後は，そのような体制の権威に反対・反抗する力をも生み出していた。アメリカでは，ベトナム戦争に駆り出される当時の若い世代を中心に，反戦運動や公民権運動を含む黒人運動といった形で，そのような社会のあり方を変えようとする流れが形成されはじめた。その基本的な発想は，上からの権威づけられた社会秩序形成ではなく，下からの人々の日常生活に根ざした主体的な社会形成にあった。
　社会学的な意味では，当時のアメリカにおいて大きな力を発揮しつつあったパーソンズの社会学に反対する形で，1930年代に主著を刊行していたシュッツの現象学的社会学が（再）評価される。もちろん，そのような動きは現象学的社会学だけではない。エスノメソドロジーやシンボリック相互作用論などもまた，その時期に社会学の表舞台に登場しはじめるのである。

パーソンズ vs. アンチ・パーソンズ

　パーソンズの機能主義的社会学は，相互行為を出発点としながら，地位と役割の体系を重視した社会システムを論じ，また1950年代半ばからは，社会システムの維持・存続のための機能要件（そのために必要な諸機能）を確定して，適応（A：経済），目標達成（G：政治），統合（I：社会），動機づけ（L：文化）からなる4機能図式（AGIL図式と呼ばれる）を提示し，かつその図式を現実社会に適用して社会分析を行っていた。

　早い段階で社会学者ミルズは，パーソンズ社会学に「陽気なロボット」だけが存在する人間なき社会理論を見た。またエスノメソドロジーの名付け親ガーフィンケルは，パーソンズ社会学が人間を「判断力喪失者」ととらえて，高みから社会を論じる学問だと批判した。さらにシンボリック相互作用論の名付け親ブルーマーは，明確に反パーソンズの姿勢を打ち出しながら，ミード自我論のうちの客観的・社会的な側面である「客我（me）」に対する主観的・主体的側面である「主我（I）」への着目を説いた。このような一連の流れの中で，だが以上の流れとはひと味違う考え方として，シュッツの考え方に注目が向けられた。

シュッツにおける社会学と現象学

　若きシュッツは，ヴェーバー理解社会学に学ぶが，そこには哲学的基礎づけが不十分だと感じて，その欠落をフッサールの哲学などで補強する試みを行った。その集大成が1932年の著作『社会的世界の意味構成』である。ただし，社会学と現象学の結合は，シュッツのみならず，その時代のドイツ語圏の他の社会学者も複数試みていたことは記憶されておいてよい。

　しかし，1930年代はナチズムに代表されるようなファシズムが猛威をふるった時代である。ユダヤ系のシュッツは亡命を余儀なくされ，1939年，最終的にアメリカに渡る。その後すぐにシュッツは，同様にヴェーバー社会学を論じていたパーソンズと往復書簡で議論を交わす。しかし，この論争はすれ違いに終わる。ともにヴェーバー社会学の主観的観点に着目する両者ではあったが，その理解は異なっていた。パーソンズは客観的な社会学的理論の展開のために行為者の主観的観点に着目したが，シュッツは行為者それ自身の理解のために主観的観点を重視した。パーソンズが社会学における「第2次的概念」を重視したのに対して，シュッツは行為者の「第1次的概念」を重視したのである。

19 Phenomenological Sociology

現象学の展開

　シュッツにとって，フッサール現象学は刺激的であった。現象学は，第1に，私たちの意識や経験の仕組みと働きを解明しようとする哲学だ。現象学は「意識に現れる形（象）」を論じる。だが第2に，フッサールは，ナチズムの野蛮に対しても哲学的思索を加えた。ナチズムのような危機の起源は，意味基盤を忘れた近代の数学的物理学中心の科学主義的思考にある。忘れられた意味基底としての日々の生の営みからなる「生活世界」を——非科学的として切り捨てるのではなく，それこそが科学を基礎づける基盤であることを自覚しつつ——復権しなければならない。それが危機の時代に対処するフッサールの発想であった。そして彼はその時期，シュッツの生存中には未公開であった膨大な草稿を書いていた。それは，生活世界という意味基盤を喪失した科学や学問が，認識論的・実践論的にどのような過程で「発生」「生成」してきたのかを解き明かす哲学的思索であった。それがフッサールの第3の思索である。筆者（西原）は，このようなフッサール現象学における思索の展開を，①意識経験の文脈，②危機認識の文脈，③意味生成の文脈とまとめてきた（西原他［2006］参照）。

　第1の文脈は主に実存主義者サルトルに受け継がれ，第2の文脈はハイデガーに，第3の文脈はメルロ＝ポンティに主に受け継がれた。ここでは，シュッツの思索の展開を追うために，メルロ＝ポンティに注目してみよう。メルロ＝ポンティは，比較的早い段階にフッサールの未完の草稿に検討を加え，フッサールが主観性問題から出発しながらも，最終的に間主観性とりわけ間身体性に着目していたことを明らかにした。主観が発生・生成するには，他の主観との社会的な関係性（間主観性）が取り結ばれなくてはならない。乳児や幼児を考えてみればわかるように，その関係は言語以前の身体を媒介とするコミュニケーション（間身体性）を基盤とする。メルロ＝ポンティの思索が間主観性，特に間身体性の哲学だとされるのは，このように主観性が発生する間身体的な間主観的基盤を論じたからである。

　1950年代，自らの主観的観点の思索にある種の行き詰まりを感じていたシュッツは，このようなメルロ＝ポンティの思索，したがってフッサールの第3の文脈に着目しはじめる。そしてそこに，1960年代とは異なった現象学的社会学の現代的意義があると思われるので，次にこの点を論じておきたい。

現象学的社会学の現代的意義

　1960年代のシュッツ思想への着目は，（1930年代のそれと同様）現象学の第1の文脈と，部分的には「生活世界」という語の使用を含む第2の文脈に着目した社会学の動きだった。社会に対して個人を，科学に対して生活世界を，客観性に対しては主観性を対置し，行為者が社会を解釈しなおし変革する主体的な社会学的思考の源泉としてシュッツが着目された。その意味で，シュッツの思索全体を現象学的社会学と名づけることは可能である。だが現象学のみならず現象学的社会学それ自身もまた，時代や社会とともに強調点が変化してきている。

　その最も重要な強調点の1つが，間身体性を含む間主観的な事柄への着目である。ハーバーマスもまた，パーソンズ流のシステムがもつ行為成果志向的なコミュニケーションを批判するものとして，シュッツ流の生活世界における対話的コミュニケーションを重視する。そして，その対話による理想的発話状況のもとでの討議を土台とした民主社会の間主観的構成を説く。しかし，生活世界は牧歌的な世界ではない。そこにも対立や闘争がある。だからこそ，日常的な生活世界からの人々の連帯なくしては，社会全体の平和や安定もまたない。

　現代はグローバル化の時代だ。だとするならば，世界の平和や安定もまた，国を超えた社会の連携・連帯を基にしなければ達成が難しい。近代国民国家論の検討は本項の課題ではないが，国家間の政治経済的依存を超えた生活世界での人々の相互理解，つまり国と国との関係だけでなく，国を超えた人と人との交流と理解が求められている。それは主観的・主体的（subjective）努力を必要とし，その意味で1960年代の主体的・日常的な相互行為論は生きつづけている。だが，現象学の第3の文脈やその展開を踏まえた間主観的関係に着目するならば，主観性を超えた豊かな間主観的関係の構成こそ現在問われるべき課題である。ナショナリスティックなこだわりは時代錯誤だ。ナショナルな枠を超えた間主観的なあり方，それを筆者は国際関係（inter-national relation）ならざる人際関係（inter-subjective relation）の問題と考えている。この現代的問いを意義の1つとして内包する社会学的思考が，現象学的社会学なのである。　　　　【西原和久】

文献
西原和久・岡敦［2006］『聞きまくり社会学：現象学的社会学って何？』新泉社
シュッツ，A.［1983-98］『シュッツ著作集』（全4巻）渡部光他訳，マルジュ社

20 エスノメソドロジーと構築主義
Ethnomethodology and Constructionism

エスノメソドロジーの原点

　エスノメソドロジーとは，1950年代の半ばにガーフィンケルが創った名称であり，学派である。ここでエスノとは普通の人々を指す。メソドロジーとは方法論のこと。つまり，エスノメソドロジーとは，日常生活を営む普通の人々が社会を構成しているその方法について論じる社会学の一学派のことである。

　ガーフィンケルはパーソンズのもとで社会学を学んだが，パーソンズ社会学には疑問を感じ，シュッツと書簡をやりとりするなどしてシュッツに影響を受けている。つまりガーフィンケルは，シュッツが日常世界に着目し，人々が日常的に使用する第1次概念に焦点を合わせようとしたことに影響を受けた。パーソンズ社会学のように科学・学問の高みから，あるいはそのような外部者の視点から日常生活の世界を記述・分析するのではなく，日常生活者の視線において見られる日常的合理性を明らかにしていこうとするのが，ガーフィンケルの方向性であった。

　特に初期のエスノメソドロジーは，日常的な自明性の世界にあえて疑問を投げかけるような行動をとってみるという違背実験（期待破棄実験とも呼ばれる）によって，日常世界がいかに自明な秩序から成り立っているかを明らかにするような試みも行っている。例えば自宅に帰った時，あたかも自分が下宿人であるかのように振る舞ってみよう。すると親や兄弟はどう反応するであろうか。おそらく「あなた，頭おかしくなったの？」と異常視されるだろう。逆にいえば，日々の生活は正常で・自明な行動の連続として秩序づけられていることがわかるはずだ。

　日常生活の世界は，このように自明な行為のやりとりによって秩序づけられている。あるいはむしろこう言った方がよいかもしれない。社会秩序は，そのような相互行為によって日々自明なものとしていわば無意識のうちにも構成されている，と。社会がそうした相互行為の連続・集積のうえで成り立っていることを，エスノメソドロジーは改めて強調してみせた。それは，日常生活者が「判断力喪失者」なのではなく，日々「社会秩序」を相互行為的に達成している社会的行為者であることを再確認することであった。

エスノメソドロジーの展開

　このようなエスノメソドロジーの原点は，その後「会話分析」として知られるアプローチに反映される。例えば，「問い」という行為は，「答え」という対応行為があってはじめて，「問い」という社会的な相互行為として秩序ある形で成立する。挨拶と返答，依頼と応諾，命令と服従などに見られるこのような相互行為論は，言語行為論として知られる知見と重なり合う。

　さらにエスノメソドロジーは，会話の仕組みを分析して諸知見を提示してきた。そこでは，会話の順番取り，発話者が交代する場面（移行適切場），割り込み，発話の意味の文脈依存性，そして会話の開始と終了の形などが論じられた。しかし，そのような会話分析の構造的な分析は，会話場面の単なる記述・分析にとどまることなく，その背後にある社会学的知見を提示する試みでもあった。

　例えば，複数の男女たちの会話において男性側の「割り込み」発言が多いというデータの中に，私たちは性差別の権力作用を読み取ることができるだろう。権力は，日々の相互行為という「末端」の場面で作動してこそ，権力という力を発揮する。その作用の場を会話分析によって明らかにしたのは，エスノメソドロジーの功績だ。それは，障害者差別や部落差別などといった差別現象においても検討されてきた。「あの人は……だから」といった私たちの日常のさりげない会話における相互了解・決めつけが，結果として差別現象を社会的に構成していることを明らかにしてきたといってもよい。

　そのようなアプローチは，例えば科学という場においても同様である。科学（研究）者が，日々の科学的作業の中で相互行為的に科学的業績を積み上げていることを記述・分析することも可能だ。あるいはコンピュータ技術者の世界で起きていることも分析できる。シュッツが述べたような科学，宗教，芸術，あるいは遊びの世界などといった「多元的現実」において，まさにその世界での限定された意味領域において現実として通用する相互行為的達成場面が，エスノメソドロジーによって論じられたのである。初期エスノメソドロジーにおいては，日常性への着目が個々の行為者の主体性の強調であるととらえられる面もあったが，今日のエスノメソドロジーは，むしろ「言語ゲーム」論（後述）として知られる視点から論じられることが多い。

20 Ethnomethodology and Constructionism

構築主義とは何か

　ここで話をいったん，本項のもう1つの論題である構築主義に移そう。構築主義は，エスノメソドロジーのように誕生日ははっきりしていない。論者によって原点はさまざまに論じられている。例えばシュッツの弟子筋のバーガーとルックマン。彼らは『現実の社会的構成』という名著を1967年に著した。まさに現実は日々の相互行為によって構築されていることを，行為という場面で自らの意識の外在化，制度化，正当化，内在化という活動として描いたのがこの著作であった。そこに構築主義の原点を見る人もいる。

　しかしながら，社会学においては，「社会問題の構築主義」として知られている立場がまず基本にあったように思われる。それは，ラベリング論として知られるベッカーの次のような視点である。「逸脱とは，人がコミットした行為の性質ではなく，むしろ他者が規則と制裁とを『違反者』に適用した結果なのである。逸脱者とは，首尾よくそうしたラベルを貼られた人間のこと」なのである。

　そこから，社会問題とは，それを「問題」として取り上げ，「社会問題」として構築していく過程の結果，生じてくるものだと見なされうる。取り上げるのは，メディアであったり，識者であったり，研究者である場合もあろう。いずれにせよ，誰かが「現実」を構築する過程が構築主義によって研究対象とされた。

　したがって，構築主義には，今日「物語論」として知られる考え方にも非常に近い。私たちがストーリーを物語ることによって，現実がそうしたものとして形づくられる。アイデンティティ論と関わる「自己物語論」，精神障害の治療場面でなされる「ナラティヴ・セラピー」（自己物語の書き換えなど），あるいは戦争や過去をめぐる「記憶の社会学」なども「現実」を構築する作業であるからだ。さらに，そのような視点が，ジェンダーの場面にも及ぶことはすぐに理解できる。ジェンダーとは，生物学的な性（セックス）とは区別された社会的構築物だからだ。だが，このような議論はさらに深めていくこともできる。例えばバトラーは，上述の「セックス」という生物学的性差それ自体も，生物学という科学の営みの中で科学的・普遍的なものとして構築されてきたことを強調した。私たちの自明性の世界は，これまでの社会的・歴史的な過程でいかに構築されてきたのかという点の記述が，エスノメソドロジーによる「自明性」の自覚／解体とともに，構築主義のもつ反本質主義的／反実在論的な関心の焦点であった。

構築主義とエスノメソドロジーの現在と課題

　以上のようなエスノメソドロジーと構築主義のまとめから見えてくるのは，〈言語を用いた相互行為による世界構築〉という論点ではないだろうか。そして，その論点は，哲学者ヴィトゲンシュタインが「言語ゲーム論」と主張した内容と非常に近い。彼は，言語は行為であり，言語行為は規則に従った行為であって，「言語とそれが織り込まれる行為の全体を『言語ゲーム』」と呼び，言語の限界が世界の限界だとした。だから，外部は問えない。語り得ないものには沈黙をしなければならないのに，「近代」は根拠を求めて語り得ないもの，いわば大きな物語を語ってきた。言語ゲームは説明してはならず，記述に徹しなければならない。Why ではなく，How こそ問わなければならない。このように考えた。心という近代的概念も，むしろ相互行為の中に埋め込まれた事態の実体化にすぎない。そのことを徹底した記述は明らかにする。そしてそれは，一種の近代批判としての意味をもつ。その点において，エスノメソドロジー（特にヴィトゲンシュタイン派のそれ）や構築主義の一部は徹底した近代批判を伴った議論であった。

　しかし，そのような徹底した批判的議論だけ強調しても，あるいはすべてが言語による社会的構築だと述べても，社会学としてはそれほど認識利得はない。鋭い批判精神はいうまでもなく必要だが，そして自明性を解剖し解体することは非常に重要だが，そこから何を構想するのかが次に問われなくてはならない。その営みもまた「大きな物語」の構築にすぎないとしても，私たちは現在および未来を物語りながら生きざるを得ない以上，いかに現在や未来の社会構想を思い描くかが問われている。そして，社会学という学問的営みの課題もまたそこにある。単なる方法論的議論から現実分析と未来構想をいかに紡ぎ出していくのか。エスノメソドロジーや構築主義の課題もまたここにあると思われる。　　　【西原和久】

文献
ベッカー，H. S.［1978］『アウトサイダーズ』村上直之訳，新泉社
クルター，J.［1998］『心の社会的構成』西阪仰訳，新曜社
中河伸俊［1999］『社会問題の社会学』世界思想社
サーサス，G. 他［1989］『日常性の解剖学』北澤裕他訳，マルジュ社
平英美他編訳［2000］『構築主義の社会学』世界思想社
上野千鶴子編［2001］『構築主義とは何か』勁草書房

21 カルチュラルスタディーズ・ポストコロニアリズム
Cultural studies/Postcolonialism

文化とは何か

「文化人」という言い方がある。普通この言葉でイメージするのは，芸術や学問で名の知れた人（作家，画家，思想家，学者など）や，マスコミに登場し，社会的影響力のある発言をする人だろう。かつて「文化住宅」と呼ばれる住宅があったが，高度経済期に建設されたモルタル2階建ての集合住宅をこのように呼んだのは，各住戸に便所や台所が独立して設置されており，かつてそれらが共有されていた長屋に比べて「文化的」であるという理由からだった。このような場合，「文化」は人間の生み出した，価値ある，高級な何かしら（高級な芸術や思想や生活）の意味をもつ。

しかし，少なくとも，文化人類学やカルチュラルスタディーズ，さらには社会学など，文化を対象とする今日の諸学問が「文化」という語を用いる時，それは「高級な何か」に限定されず，人間が地上で生み出し，後天的に学習される生活様式の全体を指す。

文化の「記述主義的」な立場：特定の文化を「高級」「正統」としてむやみにありがたがったり，もち上げたりするような，いわば文化の規範主義的立場から，文化をより広く考える記述主義的立場に移行する時，これまで見えなかった側面が見えてくる。

記述主義的な立場からは，例えば若者たちの生活様式や，サラリーマンの生活様式といった世代や「階層」に特有な生活様式，さらにはニートやフリーターの生活様式も1つの文化なのであり，当然のように日本には――より一般化すれば1つの国の中には――常に複数の文化があるということになる。また，世界に目を向ける時，世界は文明／野蛮，先進／後進といった二項対立的図式で把握されるのとは異なる様相で見えてくるだろう。さらに文化に対する規範主義的態度から脱した時には，従来，「高級」で「正統」とされてきた文化（例えば古典と呼ばれるような国内外の文学）の中にある植民地主義的思考を暴いたり，逆に周辺に追いやられてきた文化のうちに権威への抵抗を読み取るといった批判実践が可能になってくる。そして，こういった文化の政治性を批判的に解明していくことが，まさにカルチュラルスタディーズの重要な課題の1つである。

カルチュラルスタディーズの出発点と文化概念の革新

　カルチュラルスタディーズは 1964 年，イギリスのバーミンガム大学に現代文化研究所（Center for Contemporary Cultural Studies, 以下 CCCS）が誕生したことをもって始まった。この，カルチュラルスタディーズの出発に最も直接的な影響を与えたのは，CCCS の初代所長のホガートや文芸評論家のウィリアムズらによるイギリス労働者文化の研究であった。彼らの研究がカルチュラルスタディーズにとって意義深いのは，何よりも従来の文化概念を変革させたからである。

　イギリスにおいて従来，「文化」という概念は，先に見たような規範主義的な立場から把握されていた。例えば 1869 年に出版されたアーノルドの『教養と無秩序』では，文化を偉大な芸術や哲学としてとらえ，それらの文化が教養のない大衆から保護されるべきだと主張された。こうした中でウィリアムズやホガートは，労働者階級の文化を研究するに際して，文化という概念を変革する必要があった。その時彼らが注目したのが，タイラーに始まる文化人類学から生まれてきた文化概念，すなわち「社会生活の中で獲得したあらゆる行為／生活様式」であった。この概念を援用することで，彼らは労働者階級の文化を「文化」として記述することが可能になったのである。

　カルチュラルスタディーズとポストコロニアリズム：文化人類学から新しい文化概念を取り入れた CCCS のカルチュラルスタディーズは，非カノン（非正典）的な「文化」を主要な研究課題とした。そしてホガートののちに，ホールが CCCS の所長になると，文化人類学者のレヴィ＝ストロースの構造主義やアルチュセールの構造主義的マルクス主義，バルトの記号論的分析を取り入れると同時に，民族誌（ethnography：フィールドワークに基づく人間社会の記述）を取り入れるようになった。

　そうする中で，「文化」の研究も労働者階級の「文化」だけではなく，非白人，特にアフリカ系移民の文化や，女性や若者といったマイノリティの文化についても研究されるようになっていった。こうしてカルチュラルスタディーズは，植民地主義的言説とそれによって劣性を付与された他者を視野に収めるポストコロニアリズム理論と同じ課題を共有するようになっていったのである。

Cultural studies/Postcolonialism

ポストコロニアリズム理論と『オリエンタリズム』

オリエンタリズム：ポストコロニアリズム理論（その主要課題などについては「韓国とポストコロニアル」の項を参照）が構築されるうえで最も重要な契機となったのは，サイードの『オリエンタリズム』[原著1978年]である。同書においてサイードは，フーコーの言説（ディスクール discours）の権力性の議論を踏まえて，主に18世紀から20世紀中葉までの英仏の著述家による「オリエント」（東洋）に関する言説を辿り，西洋が世界を西洋と東洋に二分し，後者に対して，観念的で，歪曲されたイメージを押し付けてきたことを批判した。彼によって明らかにされたのは，このようにオリエントに対して否定的他者像を描くことで，西洋は合理的，進歩的，論理的であるといった肯定的自己像を生み出してきたということであった。

しかしながら，『オリエンタリズム』に対しては，それが西洋の二項対立図式と本質主義（essentialism：現象の独自性や多様性や混淆性などを消去し，対象を本質という均質的カテゴリーの中に押し込めてしまう考え方）を強調しつつ批判する中で，逆に西洋の画一化的な像をもたらしているため，サイードの意図とは別に，二項対立図式が強化されてしまうことになるのではないか，という批判も起こった。その代表にバーバがいるが，彼は支配者と被支配者との間の境界は流動的であり，そこには異種混淆性（hybridity）やアンビバレンツ（両面価値性）がはらまれていると主張している。

本質主義をめぐって：境界の流動性や異種混淆性を強調するバーバのような立場は，二項対立図式を脱構築しようとする反本質主義／構築主義の徹底化である。しかしこのようなバーバの考えに対しては，すぐに批判が起こった。異種混淆性の称揚が，植民者と被植民者の間の支配関係を曖昧にし，両者が対等であるかのように見せてしまうだけでなく，被支配者側の抵抗の基盤である民族的アイデンティティを崩してしまう恐れがあるからだ。また周蕾（チョウ・ライ）もバーバの議論には批判を向けており，異種混淆性は支配的文化が平衡を維持する方向に回収されてしまうと主張する。ここには，他者を均質的なカテゴリーの中に押し込める本質主義を批判する時，被支配者側の抵抗のための基盤である民族的アイデンティティをもまた崩してしまうという困難・難点があるのだ。

カルチュラルスタディーズとアイデンティティ

　本質主義批判が，同時に被支配者側の抵抗の基盤としてのアイデンティティを，さらには抵抗のための被支配者側の連帯をも崩してしまうという問題については，1つの解決として戦略的本質主義という立場がある。すなわち理論的には反本質主義の立場に立ちながらも，マイノリティへの差別に反対するなどの目的のもとでは戦略として本質主義を認めるべきだとする立場である。

　またカルチュラルスタディーズでは，ホールらが折衷主義的な議論を展開している。すなわち，場合によっては，被支配者側が内部の差異に「こだわる」よりも，包括的な集合的カテゴリーの基に結集・連帯して解放闘争をする仕方（例えばカリブ海，東アフリカ，パキスタン……からの移民が「ブラック」を旗印に連帯した1970年代イギリスの反人種主義闘争）の有効性を認めるとともに，特にローカルな場においては，個々の経験の多様性や差異を打ち出していく政治をも認めるという立場である。

　現在の日本ではさまざまな要因により，「不安型ナショナリズム」と呼ばれる現象が起こっている。特にネットという匿名空間では，在日，韓国／朝鮮人，中国人に対するあからさまな攻撃的で嘲笑的な言説が飛び交っている。

　その一方で，日本国内の外国人は増加の一途を辿っている。こうした状況にあって，生活様式において日本人にほぼ完全に「同化」している一方で，明瞭ではないにせよ朝鮮出自に対する意識をもっている在日が，「新しい外国人」と，差異を認めつつも，連帯の道を模索するとすれば，日本人に限りなく近いという自分の条件そのものによって日本社会に残る植民地主義的言説を攪乱させる可能性をもっている。

　ほかならない日本において本質主義について考えるには，こうした可能性をも見据えたうえでなされるべきであろう。　　　　　　　　　　　　　【郭基煥】

文献
綾部恒雄他編［2006］『よくわかる文化人類学』ミネルヴァ書房
周蕾［1998］『ディアスポラの知識人』本橋哲也訳，青土社
姜尚中編［2001］『ポストコロニアリズム』作品社
本橋哲也［2002］『カルチュラル・スタディーズへの招待』大修館書店
本橋哲也［2005］『ポストコロニアリズム』岩波新書

現代社会学理論の諸相
Some Aspects of Contemporary Sociological Theory

現代社会学理論の展開

　既に本書の多くの箇所でもふれられているが，1990年代に入ってから，現代社会も現代社会学も大きな転換点を迎えている。だが特に西洋の社会学理論に関していえば，1980年代に入ってから，それまでの社会学理論の伝統を踏まえて社会学理論を統合する傾向が目立った。とはいえ，東欧・ソ連の激変に象徴される現代社会の変化は，社会学の理論領域にも大きな影響を与え，新たな対応を迫られることになった。

　本項では，1990年代以降の主要な西洋の現代社会学理論の展開に焦点を当て，同時にこれからの社会のあり方を考えたい。そこでまず，1980年代における代表的な西洋の社会学理論家の理論展開を押さえておきたい。

1980年代を中心とする統合的な社会学理論①

　ブルデューの場合：構造主義の思考と深い関係を持つ中で人類学的なフィールド調査の経験ももつブルデューは，1960年代には学歴と階層の関わりとその社会的意義とを論じた鋭い議論を展開した。そこで彼がとったスタンスは，構造主義のような決定論的な立場ではなく，主体（の実践）を社会的な場において復権させる立場であった。その理論的背景となる社会学理論は，1980年代には『実践感覚』〔原著1980年〕や『構造と実践』〔原著1987年〕などにおいて明示されるようになり，ハビトゥスと文化資本といった概念が中心として広く知られるようになった。

　身体化された心身の処し方の体系としてのハビトゥスは，出身階層を含む過去の蓄積のうちに無意識的，自動的に行うようになる即自的，即応的な行為のあり方（性向）であり，文化資本は，経済資本だけではとらえきれない社会的現実を，社会関係資本とともに，人々の実践レベルからとらえる概念だ。それは，技能などの身体化された文化資本，骨董品のような客体化された文化資本，学歴などの制度化された文化資本といったものからなるが，そうした資本やハビトゥスが人々の実践に際して客体を差異化＝卓越化（ディスタンクシオン）する基盤ともなる。

　このようにして，実践が発生・生成するメカニズムを社会学的に考察した彼の立場は，自らが「発生的構造主義」と呼ぶ立場として展開されたのである。

1980年代を中心とする統合的な社会学理論②

ハーバーマスの場合：批判理論で知られるフランクフルト学派第2世代のハーバーマスは，公共性論や社会科学の論理に関する議論を積み重ね，1981年に大著『コミュニケイション的行為の理論』を刊行した。そこでは，未完のプロジェクトとしての近代の理念が擁護され，体系的に歪められたコミュニケーションを是正して新たな方向性を示すために，これまでの社会学理論が再検討された。そして現代社会は，成果志向的な戦略的行為が中心の「システム」（パーソンズらの視点）と，了解志向的ないわば対話的行為からなる「生活世界」（シュッツらの視点）が分離しており，しかも「システムによる生活世界の植民地化」が顕著な社会であるととらえられた。そこで民主的な社会の実現という近代の理想は，対話的行為を基盤にした理想的発話状況に基づくコミュニケーション的行為によって実現されなければならないとされた。理想的発話状況とは，事実に基づく真理性，嘘や詐欺ではない誠実性，規則に準拠する正当性のうえでなされる発話のことだ。かくして，この状況を支える討議倫理に基づいた間主観的な合意達成によって民主社会の徹底が目指され，そうした発話状況にいたっていない場合は批判の対象になるという形で，これからの社会展望が示されていた。

ルーマンの場合：このハーバーマスと1970年代に論争したルーマンは，徹底したリアリストとして「社会の普遍理論」を構想した。体験処理の形式としての意味を社会学の基礎概念として重視したルーマンは，1984年には大著『社会システム理論』を刊行し，それ以降明確にシステム論の立場から自説を展開した。かつてパーソンズに学んだ彼は，18世紀後半以降の近代社会を機能分化した社会ととらえ，経済，政治，法，宗教などの領域に徹底した分析を加えて，機能分化し複雑化する社会をシステム自身が複雑性を増大させることで対処しているあり方を描き出した。社会システムはコミュニケーションからなるというのが彼の基本視点ではあるが，「シンボルによって一般化されたコミュニケーション・メディア」（貨幣，権力，愛，真理など）によって，その縮減能力を増大させてきたのが近代社会の特性だととらえられた。彼の社会学理論では，システム自身が自己を自動生成するオートポイエーシス（自己準拠性などとして論じられる）的あり方も示されるが，ここでは先行研究をどん欲なまでに吸収して自らの理論を形成した彼の統合的な社会理論の柱の一つを押さえることにとどめておこう。

22 Some Aspects of Contemporary Sociological Theory

1980年代を中心とする統合的な社会学理論③

　ギデンズの場合：パーソンズの構造―機能主義を批判的に検討しながら，相互行為を取り結ぶ行為主体の反省性・再帰性（reflexivity）を重視して主体の復権を試みたのが，ギデンズの社会学理論である。彼もまた先行する社会学理論（マルクス，ヴェーバー，デュルケム，あるいは相互行為論など）を再検討し，行為主体が相互行為を取り結ぶ中で構造を作り上げる（構造化する）側面と，その行為主体が構造によって作られる（構造化される）側面との二重性からなる統合的な社会学理論，つまり「構造化」理論を提唱した。この発想は1979年には『社会理論の中心問題』（邦訳名は『社会理論の最前線』）において精緻な形で提示されていたが，さらに彼はこの理論を基本として，1980年代には国家と暴力の問題など具体的歴史的な社会分析にも力を注いでいた。

1990年以降の現代社会学の理論と実践①

　だが1990年前後からの変容する世界に対して，現代社会学理論はどう対応しようとしているか。以下では，最先端の社会学理論の諸相を確認しておきたい。
　1990年代，ハーバーマスは，下からの法形成による市民的公共圏の確立を論じ，さらに暴力を回避すべく法とりわけ憲法を重視する「憲法パトリオティズム」に基づく民主的法治国家での承認の問題を提起し，国民国家のあり方と，そこにおける他者の受容の問題を現在，精力的に検討している。さらに21世紀に入ってからは，バイオエシックスの問題に論及していることも付け加えておこう。
　他方，ルーマンは，1998年の死に至るまで自己のシステム理論を彫琢し続けていた。その展開の詳細に立ち入ることはできないが，そうした努力の入門的な著作は，1992年の『近代の観察』であろう。そこでは，ポストモダンの議論に対して批判的に言及しつつ，他でもあり得たという意味での偶有的な近代社会が非知の領域を抱えていることを自覚し，さらに主体を含めた「存在論的形而上学」の伝統にある近代的概念の問い直しを求めて，一種の近代批判を行っている。
　さらに90年代に入ってギデンズは，ハイモダニティの現代社会における左派や右派を超えた「第3の道」を提唱し，ブレア政権のブレーン的存在として活躍し，アクティブな市民社会の確立を制度的に確実にするための人材育成を柱の1つとした社会投資国家という構想を展開する。彼は，英国名門大学の教授や総長となった後，現在は国会議員として具体的な政策にも関与している。

1990年以降の現代社会学の理論と実践②

　ブルデューは，1993年に彼とその研究チームによるインタビュー記録を核とする『世界の悲惨』を刊行し，米仏で貧困や社会的な苦しみにあえぐ人々を描き出した。90年代以後，2002年の死に至るまで，彼は労働運動にも積極的に関与し，ネオ・リベラリズムを徹底批判し，下層のソーシャルワーカーなどの「国家の左手」，つまり社会を底で支える人々を守る国家の役割と，新しい批判的インターナショナリズムを提唱している。

　これらの社会学理論家に見られる現在の活動の諸相は，グローバル化などで大きく変動する現代社会に，社会学で得た知見を踏まえて果敢に挑んでいる姿ではないだろうか……。

　なお，その他にも，現代社会学理論において活躍する人々として，「マクドナルド化する社会」を描くリッツア，現代をリスクやグローバル化の視点からとらえるベック，さらには旅行・観光にも光を当てて移動する人々の脱国家的な市民社会を予見するアーリなどの仕事が，1990年代以降，現在にかけての仕事として注目できる。これらが，変容する現代社会を描き出し，それに対処するための方策を論じた社会学理論的研究であることはいうまでもない。

　こうした現代的なテーマ設定と課題解決へ向けた努力は，文明化の過程を論じたエリアスや官僚制の視点からナチズム問題を再検討したバウマンの研究などのいわば社会学理論の準古典ともいえる仕事，さらに監視社会や情報社会を近代批判的に論じる新しい論者たちとともに，グローバル化時代の現代社会学の理論と実践の方向性を示すものとして注目すべきであろう。　　　　　【西原和久】

文献
Bauman, Z.［1989］*Modernity and the Holocaust*, Cambridge: Polity Press
ベック，U.［1998］『危険社会』東廉他訳，法政大学出版局
ブルデュー，P.［2000］『市場独裁主義批判』加藤晴久訳，藤原書店
エリアス，N.［1977/78］『文明化の過程（上・下）』赤井彗爾他訳，法政大学出版局
ギデンズ，A.［1999］『第3の道』佐和隆光訳，日本経済新聞社
ハーバーマス，J.［2004］『他者の受容』高野昌行訳，法政大学出版局
ルーマン，N.［2003］『近代の観察』馬場靖雄訳，法政大学出版局
リッツア，G.［1999］『マクドナルド化する社会』正岡寛司監訳，早稲田大学出版部
アーリ，J.［2006］『社会を越える社会学』吉原直樹監訳，法政大学出版局

23 他者の社会学
Sociology of the Other

黄金律の前提

「他人にしてもらいたいと思うような行為を他人にせよ」。またはその裏バージョン,「他人にしてもらいたくないと思うような行為を他人にするな」。言い方はさまざまであるにせよ,多くの人がこの種の言葉を聞いたり,言ったりしたことがあるのではないだろうか。例えば,「人をいじめてはいけない」ということを説得するために,「あなたは誰かがあなたをいじめたとしたら,どんな気分か。いやでしょう。だとしたら,やめなさい」と問いかけたりするような場合がそうである。このように相手の立場を,自分の立場から推し量ったうえで行為するべきだとする倫理は黄金律（golden rule）と呼ばれ,多くの宗教において重要な徳目として書かれている。しかし,親切だと思ってした行為が相手にとっては迷惑であったといった,誰にでもあるだろう経験を思い出せば,すぐわかるように,黄金律が自分の立場から相手を推し量るものである限り,しばしば破綻する。黄金律は道徳として機能するためには相手と自分が何らかの同一性がなければならないのであり,言い換えれば,黄金律は自分と相手の同一性を前提としているのである。

黄金律の「暴力」

黄金律はしかも,それを実践する者と相手の間に権力の不均衡がある場合や,それを実践する者が自分のなそうとする行為の普遍的な妥当性を信じてしまっているような場合,きわめて暴力的なものになってしまう。会社の社長が,そうすることが当然,誰にとってもうれしいことだと信じたまま,社員のために慰安旅行を用意したりする場合,社員の誰かがそれをいやだと思ったとしても,まさに権力をもつ社長のウブな信念から生まれたアイデアであるがゆえに,それを口にすることは難しいだろう。黄金律は相手が自分の理解や想像に回収できない差異を伴った者としてある時,すなわち相手が語の正確な意味で〈他者〉（レヴィナスはこうした絶対的差異を伴った他者を Autrui と記す。本項タイトルの Other はその英訳）である時,常に暴力になり得るのだ。そしてこのことは,〈他者〉を前に倫理的であろうとする時には,黄金律を超えた倫理のあり方,〈他者〉の他者性に敏感であることを骨格とする倫理を考えねばならないということを意味する。

〈他者〉の時代

　現代社会は〈他者〉と遭遇する機会を飛躍的に増大させている。それは1つには，グローバル化に伴って日常生活の圏域において外国人と出会う機会の増大として現れる。また現代における社会の流動化や価値観の多様化は，それが1人の人間の価値観や感性の変更を日常化させるものでもあるため，昨日まで「仲間」だったと思っていた人が突如〈他者〉として現れるという経験，さらには昨日まで「自分」だと思っていた「私」が突如，〈他者〉として立ち現れるという経験さえ私たちにもたらす。こういった現象まで考える時，現代社会は〈他者〉と遭遇する機会が増大した時代というよりは，むしろ〈他者〉たちの世界を生きる時代であるという方が適切だろう。そうであれば，〈他者〉をめぐって思索を深めたレヴィナスの，〈他者〉への応答こそが主体を生成させるという理路は，今や形而上学の問題ではなく，社会学の問題なのではないか。〈他者〉への応答は社会生活を送るうえで二次的な課題なのではなくて，それこそが社会空間を開く，そうした時代に私たちはいるのではないか。

旅人同士の付き合いとしての倫理

　現在が上で見たようなものであれば，私たちは馴染み深い空間である故郷にあってさえ，いくぶんかは客地の異邦人であるほかはない。であれば，故郷と客地の諸々の習俗の違いを前に対位法的把握（サイード［2006］）をもって生きる現実の異邦人をこそモデルとするような生のあり方を模索することが求められるのではないか。自分を故郷にあってさえ〈他者〉としてとらえ，その感覚を基点にして，出会われた〈他者〉と向き合う。いうなれば，旅人同士の付き合い，そうした形で他者の他者性への敏感さを骨格とした，黄金律を超えた倫理がイメージできる。もちろんこんな「窮屈な」倫理は，人から生産的生の拠点としての安息地を奪うものだ。しかし私たちは考えねばならない。果たして今，この地上でこれ以上何を生産しなければならないのか。〈他者〉との付き合いをその都度，生産していくことのほかに何を生産する必要があるのか。

【郭基煥】

文献
熊野純彦［2003］『差異と隔たり』岩波書店
レヴィナス，E.［1989］『全体性と無限』合田正人訳，国文社
レヴィナス，E.［1999］『存在の彼方へ』合田正人訳，講談社
サイード，E.［2006］『故国喪失についての省察』大橋洋一他訳，みすず書房

24 物語の社会学
Sociology of Narrative

物語をめぐって

「物語」という概念は，社会学に限らず，哲学，人類学，心理学，医学などにおいても注目されている概念である。だが，物語という言葉はさまざまな場面で用いられるため，意味がつかみづらくなってしまっている。そこで，まずは物語をいくつかに分けて考えることからはじめてみよう。

物語の多様なあり方

大きな物語：第1に，社会の中に住む多くの人が信じるストーリーという意味を挙げることができる。例えば，お金を多く持つことが幸せにつながるであるとか，民主主義が世界平和をもたらすといったものである。私たちの社会生活を意味づける，より広い世界との結びつきをもった物語は「大きな物語（grand narrative）」と呼ばれることがある。これは後述するリオタールの用法で有名になった言葉である。ここではそれを含めた広い意味でとらえておこう。

物語り：第2に，国家の歴史やある個人の私的な体験を他者と共有する経験を挙げることができる。例えば，学校の歴史の授業で日本史を学んだり，同窓会で昔の思い出を（文字通り）語り合うような場面である。これらは，何らかの他者が現前して成立する場面であり，そこでの経験は「物語り（narrative）」と呼ぶことができる。

もの語り：第3に，ある個人が自身の経験を位置づけるストーリーという意味を挙げることができる。例えば，戦争体験者が「悲惨な戦争体験」を回想したり，1日の出来事を日記に書くといった行為である。これは，個人がその過去を現在の視点から再構成する行為であり，個人が行う回想や日記，独白もまた「もの語り（monologue）」と呼ぶことができる。

大きな物語／物語り／もの語りの関係：それぞれの物語は，単独で存在しているわけではない。例えば，個人的な成功の「物語り」は，経済発展の「大きな物語」をモデルとしてつくり上げられることがある。また，従軍慰安婦やハンセン病患者に代表されるように，個人的経験である「もの語り」が，社会的な意味をもつ「物語り」や歴史を形成する「大きな物語」へと発展することもある。

大きな物語の終焉

リオタールは，私たちが現在の世界を認識する知の（時代）形式を，「大きな物語の終焉（The End of Grand Narrative）」と呼んだ。リオタールによれば，近代（モダン）はキリスト教における救済の物語であり，階級の消滅による人間の自由・解放のような「大きな物語」に彩られていた。しかしながら，消費社会・情報社会と呼ばれるポスト近代（ポストモダン）においては，1つの真理や理念に基づく「大きな物語」が成立しなくなった。

こうした「大きな物語」への懐疑的な態度は，現在の私たちの思考方法の特徴の1つでもあるだろう。国家や社会をめぐる社会問題ではなく，身近な他者との関係や自分自身の問題を志向する「私化現象（privatization）」は，現代社会に生きる人々が「大きな物語」よりも身近な他者との「物語り」や個人的な「もの語り」に依存するようになったといえるのかもしれない。

生きることと物語

シンボリック相互作用論の代表的論者であるデンジンは，大切な親類の喪失や偉業の達成といった日常生活から外れた体験のもつ潜在的な力を「エピファニー（epiphany）」と呼んだ。エピファニーは，個人の「もの語り」を書き換える契機であり，ここで人々は「物語り」や「大きな物語」と対話をする。人が社会の中で生きることとは，「もの語り」を通じてさまざまな物語を紡ぎなおしていくことでもある。

グローバル化と物語

グローバル化は，私たちが信じてきた国家（近代国民国家）や伝統を支える歴史が自明性を失っていく過程でもある。グローバル化の進行によって，私たちは自分たちが拠って立ってきた各種の物語の解体に対峙する。グローバル化する時代とは，私たちが新たな物語を形成しながら生きていく時代でもあるといえるだろう。

【渡辺克典】

文献
浅野智彦［2001］『自己への物語論的接近』勁草書房
デンジン，N. K.［1992］『エピファニーの社会学』片桐雅隆他訳，マグロウヒル出版
片桐雅隆［2000］『自己と「語り」の社会学』世界思想社
リオタール，J. F.［1986］『ポスト・モダンの条件』小林康夫訳，風の薔薇・水声社
野家啓一［2005］『物語の哲学』岩波書店

感情の社会学

Sociology of Emotion

感情とは何か

「感情」とはそもそも何なのだろうか。基本的なこととして，まず感情は「直接にコントロールすること」ができないものだ。「今日はお昼に何を食べようかな」と迷うことはあっても，「今日はハッピーとブルーとどっちの感情でいこうかな」と迷うことはないだろう。感情はその人がおかれた状況の反映として体験されることなので，ハッピーな状況（「希望の会社に就職できた」「思ったよりボーナスが多かった」）におかれればハッピーな感情を体験できるし，アンハッピーな状況（「つきあっていた人に突然振られた」「お財布を落とした」）におかれればブルーになる。

要するに，感情は状況と結びついている，ということだ（人，感情，状況の関係は下図を参照してほしい）。となれば，確かに感情を直接コントロールすることはできないが，人は状況を変えることで（下図状況A→状況B）間接的に感情をコントロールすること（下図感情A→感情B）はできる。給料が低いのがブルーの原因なら，もっと努力してたくさん稼げばいいのだ。しかし，言うは易し，行うは難し，である。もっと別の方法で感情を変える（ハッピーになる）方法はないのだろうか。その点を，次の頁で考えてみたい。

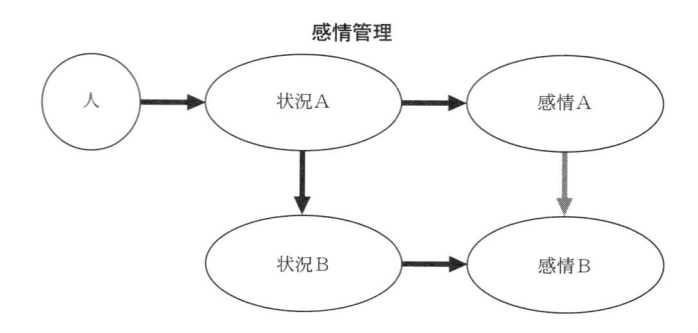

感情管理

人 → 状況A → 感情A
　　　↓　　　　↓
　　　状況B → 感情B

感情管理

社会学では感情を変える技法を「感情管理技法」と呼んでいる。代表的な技法には2つあり，1つは「深層演技（deep acting）」，もう1つは「リフレーミング（reframing）」である。

深層演技とは状況を変えるのではなく頭の中でだけ，つまり想像の世界で状況を変え，それによって感情を操作することだ。仕事がつらい時に休暇中のことを考えることで気を紛らわす，などである。しかしこの技法は日常的にはあまり効果がない。

これに対してリフレーミングの効果は非常に強力だ。リフレーミングとは，状況を変えるのではなく，状況の意味づけを変えることである。実際に「仕事を変える」ことに比べて，「フリーターを仕方なくやっているアイツに比べれば，フルタイムで働けるオレはまだ幸せな方だな」と思いこむことはまだ楽だ。これらはいずれも，感情は状況と結びついている，という特性を利用した感情管理の方法である。

感情規則

感情の社会学には，さらに「感情規則（feeling rules）」という概念がある。これは適切な感情経験や感情表現についてのルールで，アメリカの感情社会学者ホックシールドによれば，通常，ルールは，私的生活環境では公平なルールであることが多いが，一部の人たちは公的生活で「顧客優先」のルールに従わざるを得ず，怒るべきところで怒ることができないなど，自然な感じ方を抑圧することが多くなる。この度合いが強くなると，感情が麻痺してしまうこともある。ホックシールドは，こういった仕事を感情労働と呼び，フライトアテンダントの仕事をする人などを例として挙げた。

感情の社会学は，単に社会学だけの知見ではなく，精神分析学的な知見なども含めて，今後さらに展開されると考えられる領域である。　　　　　　【筒井淳也】

文献

ホックシールド，A. R.［2000］『管理される心』石川准他訳，世界思想社
岡原正幸他［1997］『感情の社会学』世界思想社
髙橋由典［1996］『感情と行為——社会学的感情論の試み』新曜社

身体の社会学
Sociology of the Body

つくられる身体

　身体は社会的につくられる，というと奇妙に聞こえるかもしれない。だが，髪を染めたりピアスをあけたり，はたまた健康を気遣ってジョギングをしたりサプリメントを飲んだり。私たちは一定の社会状況の中で身体変工（body modification）をしている。またモースのいうように，歩き方や泳ぎ方など身の処し方である「身体技法（body technique）」も社会的に獲得している。

　ブルデューはこの考え方を発展させ，私たちが日常的に行う振る舞いを「ヘクシス（hexis）」，それを生み出す社会構造を身体化した図式や性向を「ハビトゥス（habitus）」と名づけ，これらが社会階級に応じて異なること，また社会構造が身体を通じて再生産されていく過程を論じている。

研究対象の広がり

　1980年代以降になって一分野として注目されはじめた身体の社会学は，社会的身体そのものだけでなく身体に関わる社会現象も研究対象とするため，じつに多岐にわたる。例えばターナーは，社会秩序と身体管理の問題を関連づけながら，社会理論の中に身体を体系的に位置づけている。

　ところが，社会学は身体的存在である人間を扱う学問なのだから，すべての問題に身体が関わっていることになり，何でもかんでも身体の社会学になってしまう可能性もある。では，身体の社会学がもつ独自の意義はどこにあるのか。

身体の両義性：「身体の社会学」の意義①

　先に，身体は社会的につくられる，といったが，身体には逆に社会をつくる側面もある。強い忘我的興奮である「集合的沸騰（collective effervescence）」（デュルケム）は，社会を生み出す基盤である。また身体は，ダンスを覚える時のように意識的に動かされる時もあれば，頬の紅潮のようにコントロールできない時もある。また，車の運転のように身体そのものが意識であるかのような時もある。つまり，身体は客体でも主体でもあるということだ。

　このような身体のもつ両義性を「私」にとって現れるままに描き「生きられる身体（lived body）」として探求したのが，現象学者メルロ＝ポンティである。この両義的特質を組み込んだ社会学を展開すること，まずはこれが身体の社会学にとって最重要課題である。

「身(見)分け」と社会:「身体の社会学」の意義②

　ところで,身体とは何だろうか。コンタクトレンズやペースメーカーは身体の一部だろうか。胎児と母親の身体はいつ個々の身体になるのだろうか。人間や事物や現象をそれとして認めること,つまり「身(見)分け」は,単に身体に対するまなざしの問題であるだけでなく,身体を取り囲む社会の問題でもある。したがって身体の社会学では,身体をポジとするならば,「身(見)分け」を可能にしている背景すなわち社会をネガとして問わねばならないのである。

　ここで重要なのは,科学という「客観的」な「身(見)分け」であっても,決してそれは普遍＝不変ではなく,互いに主観をもった「われわれ」の世界である「間主観性」(intersubjectivity),あるいは身体と身体が織りなすリズムの土壌である「間身体性」(intercorporeality)から生成し変化する,ということである。

身体の数値化:私たちの身体の今とこれから

　上で述べてきたことをふまえ,身体の数値化という問題を考えてみる。

　「大きな物語」の終焉により,私たちはいわば先導を失った魚となった。社会的存在である私たちは,社会の中に自らを位置づけようと「数値化」を積極的に行うようになった。自分の数値的データを知ることには,ある種の快感が伴う。なかでも物理的身体は格好の標的だ。

　数値は,他者との差異／同一性を測るための,個人と個人,社会と身体を結ぶためのメディアとして機能している。だが,数値というメディアを介すことで,逆に私たちは個別化し,互いに他者に対して閉じていく。そして「自育」のような形で「独りよがり」な身体の数値化を行うようになるのである。

　一見,強大で絶対的な権力性を帯びるようにみえる数値だが,じつはそこに付帯している「意味」は,常に日常的な自他関係の中で別様に読み替えられる可能性にさらされている。数値の意味を「身」勝手に読み替える実践のような形で,数値の意味をめぐる小さな闘いは今もどこかで繰り広げられている。　【堀田裕子】

文献
ブルデュー,P.［1988／1990］『実践感覚(1・2)』今村仁司他訳,みすず書房
ブルデュー,P.［1990］『ディスタンクシオン(Ⅰ・Ⅱ)』石井洋二郎訳,藤原書店
メルロ＝ポンティ,M.［1967／1974］『知覚の現象学(1・2)』竹内芳郎他訳,みすず書房
ターナー,B.S.［1999］『身体と文化』小口信吉他訳,文化書房博文社

記憶の社会学

Sociology of Memory

記憶の社会学の先駆者

「記憶」が社会的に問題となる場面には,常に他者が介在する。そこは,過去の記憶の実在性と真実性をめぐる闘争の場でもある。記憶についての社会学的研究の先駆は,フランスの社会学者アルヴァックスの集合的記憶（collective memory）の議論である。アルヴァックスはデュルケム学派第2世代として知られているが,哲学者ベルクソンにも師事している。また,ストラスブール大学においてフランス史上はじめて社会学の講座の教授となった人物でもある。アルヴァックスの研究は集合的記憶論のみならず,近代産業化における労働者の心理的・社会的構造についても多大な貢献をしている。

集合的記憶とは何か

アルヴァックスの集合的記憶論が革新的な点は,現在における記憶の再構成を論じることで,記憶の可変性について着目したところである。アルヴァックスが「記憶」という言葉を用いる時,それは過去に関する（現在の）表象を意味しているといってよい。そして私たちの生活において,もっぱら記憶と称しているのは,この過去に関する表象,すなわち,想起（remembering）なのである。ゆえに,アルヴァックスは過去の表象が,私たちの現在の観点から再構成される可能性を論じたといえるのである。

しかしながらこのように記憶を定義すると,私たちの過去の実在性や真実性については,切り捨てられてしまうことにもなりかねない。なぜなら,記憶が現在の観点から常に再構成されるとするのならば,過去の出来事の実在性について問うこと自体が不問となってしまうからである。

過去の実在性をめぐっては,近年において歴史構築主義の観点からも議論が深められ,2つの立場が示された。1つは,構築主義という立場上,そもそも過去の実在性については問わないとするラディカルな「反実在論」の立場であり,もう1つは,過去の実在の問題を現在の認識の問題へと還元して,過去の出来事の（現在の）表象のみを取り扱うことで,穏健に実在性への問いを回避する立場である。しかし,問われなくなった過去の実在性は,マイノリティを含む社会的に抑圧されてきた人々（例えば「従軍慰安婦」）の過去をめぐって,改めて問題化されてきた。

歴史から集合的記憶へ

　私たちが（過去の）「歴史」と呼んでいるものは，現在の私たちの集合的記憶へと転化し得る。逆にいえば，歴史が集合的記憶へといかに転化するのかを明確にすることで，私たちは歴史に関する既存の支配的な解釈から自由になり得る。それは同時に，新たな集合的記憶の発生をも意味する。ここでは，いかに歴史が集合的記憶へと転化し得るのか，そのメカニズムについて論じよう。

　アルヴァックスの集合的記憶論における重要な概念は，「集合的記憶」と「記憶の枠」である。「集合的記憶」は，私たちが現に生きている只中に存しているものである。集合的記憶は常に，過去と現在が混ざり合った地点において形成されるものである。つまり集合的記憶は，《個》のかつての間主観的な経験を基盤としており，《個》の現在の間主観的な生と切り離して考察することはできない。

　これに対して「記憶の枠」は，自らが経験したことのない過去でもあり得るという点で，集合的記憶とは性質が異なる。記憶の枠は過去への標（しるし）として役立ち，さらにこの標は，それを作り出した集団の意味や感情や精神への通路として機能する。つまり，記憶の枠を通して自らが経験したことのない過去の出来事を，自らの生の文脈へと位置づけ得る可能性があるのである。

生きている歴史

　「記憶の枠」を生の文脈へと位置づけ直す作業は，集合的記憶の類比的な特性によって可能になる。この類比的な特性は，そもそもデュルケムによって指摘された。デュルケムは，現在と過去という時間的隔たりを経た異なる表象が類比的に接近することによって，異なった様式のもとで相互に作用しあうことが起こり得ることを述べ，さらにこの類似が結合の原因になることを述べている。そして，この類比的な特性において起こった歴史と集合的記憶の結合を，アルヴァックスは「生きている歴史」と呼んだのである。

　私たちが生活する場は，常に集合的記憶を再構成する闘争の場である。しかも私たちは「生きている歴史」の中にいる。これらの点に意識的になることが，その闘争を問い直すための1つの態度といえるのではないか。　　　　【翁川景子】

文献
アルヴァックス，M.［1989］『集合的記憶』小関藤一郎訳，行路社
デュルケム，E.［1985］『社会学と哲学』佐々木交賢訳，恒星社厚生閣

28 道徳の社会学 Sociology of Morality

道徳の社会学の位置づけ

　昨今よく耳にする,「現代人のモラルが堕落している」式の発言で,「モラル」という言葉の意味は,大概は,ある場面で誰もが当然のこととして認める「やって善いこと／悪いこと」を分別する規準あるいは能力を指しているといえよう。「道徳」とは,何らかの社会集団の一員である以上,そこで従うことが求められる慣習や法などの「社会規範」の一種である。日常的意味と重なる部分もあるが,モラル＝道徳の社会学的定義は,社会秩序の維持や公共生活を守るためにその社会集団で一般的に「望ましい」「守るべき」とされる行為規準である（「倫理」もこれと同様の意味である）。

　「そもそも道徳とは何か」という観点から,人間にとっての道徳の本質や普遍性を追求する分析は,主に倫理学の分野の課題であるが,社会学の分野では,人間の社会生活における道徳の役割や位置づけや成り立ちを分析することが課題とされてきた。社会学で「道徳の社会学」といえば,デュルケムによる道徳の機能分析が代表的である。デュルケムにとって,道徳は社会成員の外部に存在しながら,社会成員の感情や行動を拘束する規則の総体である。産業や経済が激的に発展する19世紀西欧近代化の波に直面しながら,社会秩序や諸個人の連帯のあり方を分析することを「社会学の分析課題」と定めたデュルケムにとって,「道徳」こそが,近代化以前の社会で人々の連帯を保障してきた「宗教」に替わる機能を果たすと考えられた。

　他方,諸個人の倫理観が相互行為によって形成され変容するととらえるヴェーバーのアプローチも挙げることができる。例えば『プロテスタンティズムの倫理と資本主義の精神』では,プロテスタントの「心的態度」に着目しながら,人々の倫理的価値の実践から「資本主義的精神」という特定の世界観や価値観の成立をとらえている。これは,デュルケムとは異なる側面からの道徳の社会学的アプローチとして位置づけることができる。

　また,これらのアプローチの結合を図るパーソンズは,諸個人間の相互行為を社会的な共有価値や規範の実践としてとらえ,それらの内面化による行為の均衡や統合によって社会秩序や社会構造の達成が可能になると考えた。パーソンズの考え方は,「規範主義的」アプローチの代表格として位置づけられている。

現代社会における「道徳（モラル）」をめぐる問題

　以上のように，「道徳の社会学」的分析自体は社会学の新領域ではない。道徳のあり方の分析は，諸個人の連帯や社会秩序のあり方の分析と密接に関連する。常に社会的現実を直視し，私たちが目指す社会像についての構想を追求すること。これこそが道徳の社会学に求められる新たな現代的意義であろう。

　現代の道徳をめぐる知識社会学的分析によると，1980年代末から「道徳回帰」の傾向を示すといわれる。従来の社会学的伝統でも，デュルケム以降パーソンズを経て，現代のハーバーマスによって継承される規範主義的社会観が主流であった。しかし機能分化し，個人化した現代では，パーソンズが想定するような価値や規範の共有による社会統合，ハーバーマスの唱える倫理的討議や合意による包括的な社会構想は難しい。道徳に期待してきた社会的機能や規範による社会秩序維持や社会統合という構想が，容易に通用しなくなる（三上［2003］）。

　昨今の「モラル堕落」論はまさに，「モラル」の自覚を強調しながら，さまざまな社会問題の解決や諸個人の統制を図るものであろう。しかしその発想は，現代人の社会生活をより善き状態にするものなのかどうか真剣に考察する必要がある。例えば現代人は常に自己コントロールが要請される。その結果「人格崇拝」感覚や「感情マネジメント」が高度に規範化し，道徳化する状況が蔓延する。だが，その「意図せざる結果」としてかえってキレる人々の増加，道徳遵守違反者の大量生産という帰結を生む。すなわち，社会を規範的に合理的に統合しようとする発想が非合理性を生むともいえる（森［2000］）。

　さらに「モラル堕落」論は，昔の日本人があたかも非常に「モラル」的であるかのようなイメージを暗に含んでいる。日本人の「品格」として武士道の復活が唱えられたり，伝統的な生活習慣や生活態度を身につけることで道徳の復権を図ろうとする動きも，そのイメージの一例である。「伝統」や「共同体」への回帰と安直に結びつけて「道徳」の復権を図る社会状況の帰結は，今後も注意深く検討される必要があろう。

【関守章子】

文献
デュルケム，E.［1985］『社会学と哲学』佐々木交賢訳，恒星社厚生閣
デュルケム，E.［1992/1993］『社会分業論（上・下）』井伊玄太郎訳，講談社
三上剛史［2003］『道徳回帰とモダニティ』恒星社厚生閣
森真一［2000］『自己コントロールの檻』講談社

29 時間の社会学
Sociology about Time

時間の多様性

　旅先で，時間がゆっくり流れていると感じたことはないだろうか。人々の言葉や動作がゆっくりで，路面電車がゆるゆると街の中心を走っている，そんな街では時間がゆっくり流れているように感じることがある。他方で，時計がリズミカルに刻み日常生活を区切る時間，そして止めることのできない力で人々をいつかくる死へと運んでいく時間の流れもある。時間は，客観的時間，主観的時間，生きられる時間，社会的時間といった多様な形で人々の生活や生き方と関わる。

社会学と時間研究

　古来より，哲学や物理学をはじめとするさまざまな学問の領域で「時間とは何か」が研究されてきた。社会学でも，デュルケム，マートン，ミード，シュッツ，ムーア，ルーマン，ギデンズなど多くの社会学者が時間についての考察を進めてきた。だが社会学の時間研究には，他の学問とは異なる視点がある。社会学がもつ他の学問とは異なる時間研究の視点，それは社会学が「人々の時間意識のあり方に社会のあり方との相関関係を見出すこと」を，時間研究の主要なテーマとしてきたことだ。

　特に社会学の時間研究は，現在一般的だとされている人々の時間意識が，時計時間を中心にした時間のとらえ方に大きく影響されていることに着目してきた。1年を365日，1日を24時間で区切る時計時間は，西洋社会で発明され，近代以降に世界の多くの地域で一般化していった時間の秩序である。「未開社会」や原始共同体には，そこに住む人々の生活に適した，時計時間とは異なる時間秩序が見られた。西洋・近代社会を源とする時計時間がどのような過程を経て一般化していったのか，そしてその過程は社会のあり方やその変化とどのように関わるのか，このことは社会学における時間研究の主要な課題であった。

　ただし，一般的に考えられている時間意識には，少なくとももう1つの大きな前提がある。それは，時間の流れを取り戻せないこと（＝時間の不可逆性）である。時間は，情け容赦なく過ぎていき，人々を死へと運び去る。この時間を不可逆ととらえる時間意識は，遠い昔からさまざまな地域に見られた。

　時計時間と不可逆な時間は，現在の人々の時間意識の中核を占めている。だが絶対的なものではない。人々の時間意識にはより多様な側面がある。

生きられる時間と社会的時間

　ストア学派の哲学者セネカは，「われわれは短い時間をもっているのではなく，実はその多くを浪費しているのである」（セネカ［1980: 9］）といった。充実した生活が人生の持ち時間を長く見せるように，人それぞれの視線からとらえる時，時間のあり方は多様である。そして多様な時間は，人が未来を予測して生命活動を遂行する現在を準拠点にしている。この未来を予測しつつ人それぞれが生きる時間を，ミンコフスキーは「生きられる時間」と名づけた。生きられる時間は，個人の視点からとらえられたリアルな時間意識であると考えられる。生きられる時間の発見，それは個人や自我のあり方に光があてられた近代という時代の所産でもある。

　しかし人は，時計時間や不可逆な時間から解き放たれて生きてはいない。さらに人は，他者と相互に関わりあう時間を生きている。アダムが指摘するように「時間はすべて社会的時間である」（アダム［1997: 23］）。自分自身にとっても他者にとっても時間が不可逆であることを知っているから，人は他者の時間に合わせ，他者の時間に配慮する。他者との時間意識の共有は，人が社会性を身につけるための基盤でもある。

時間の社会学の課題

　現在を生きる人々の時間意識は，時計時間，不可逆な時間，そして生きられる時間いずれにあっても，他者たちと共有されつつそれぞれに独自なものである。さらに循環し回帰する時間意識もある（真木［2003］）。ではこれらの時間意識は，今後どのように変化していくのだろうか。そして時間意識の変化は社会の変化とどのように関わるのだろうか。時間意識と社会との関係をその変化の過程から描き，次の社会のあり方を模索することが，時間の社会学の次なる課題となる。

【德久美生子】

文献
アダム，B.［1997］『時間と社会理論』伊藤誓他訳，法政大学出版局
真木悠介［2003］『時間の比較社会学』岩波現代文庫
ミード，G. H.［2001］『現在の哲学・過去の本性』河村望訳，人間の科学社
ミンコフスキー，E.［1972］『生きられる時間』中江育生他訳，みすず書房
セネカ，L. A.［1980］『人生の短さについて』茂手木元蔵訳，岩波文庫

30 空間の社会学 Sociology of Space

容器としての空間

　日常的な言葉で「空間」とは，その中で出来事が起こる容器として理解される。例えば，「部屋の空間」といえば，部屋の四方の壁に囲まれ，その中で人々が生活する容器がイメージされている。だが，フランスのマルクス主義思想家ルフェーヴルによれば，空間を出来事のための容器として理解するだけでは，人々が生きて活動する様子を十分にとらえることは難しい。

空間の生産

　というのも，人間は部屋に住むだけでなく，家を設計して部屋を作るからである。住みはじめてのちも，より住みやすくするために部屋に手を加えてゆく。このように空間とは，人間が投げ込まれているところのアプリオリとしてではなく，人間が作り出すものとしてとらえるべきである。

　ただし，人間は心に描いた設計図通りに空間を作り出せるわけではない。空間の生産は，それ以前に存在していた空間を変形させ，自分のものとして領有することでなされねばならない。そして，この変形は観念の実現ではなく，身振りの痕跡である点で，人間も他の生物も変わりはない。例えば，蜘蛛は分泌物で巣を作り，獲物を捕らえるための空間を作り出す。人間も，大地を耕し住居を作ることで，自然の空間に身体の痕跡を刻み込み，空間を領有する。

空間と時間

　このような空間の生産は，時間と切り離すことができない。というのも，生物の身体にも，それが領有すべき自然の空間にも，さまざまなリズムが充満しているからである。すなわち，身体は，呼吸のリズム，歩行のリズム，生殖のリズムなど，多くのリズムに従って活動している。他方で，自然の空間にも，四季のリズム，1日のリズム，波のリズムなど，多くのリズムがあふれている。空間の生産とは，これらのリズムが弁証法的に相互干渉することで実現するのである。

　こうして生み出された空間は，座標空間のような均質なものではなく，木の年輪や巻貝の縞模様のようにリズムの痕跡をとどめたものになる。いずれも，幾何学的な模様をなしているかに見えるが，年輪は完全に等間隔でもなければ完全な同心円でもなく，巻貝の縞模様の幅にはばらつきがある。じつに，リズムの本質は，そのつど異なりながらのくり返し，つまり，差異をはらんだ反復にある。

都市空間と資本主義

　近代資本主義以前の都市は，そこに住んできた人々のリズムの痕跡である。さまざまな国や地域の出身者は，それぞれの言葉や身振りのリズムの痕跡を街路や住居に刻み込み，また，リズムを相互干渉させて公共の空間を生産してきた。こうして歴史的に形成された都市を歩いて，そのリズムに身を任せることは，芸術作品を楽しむことにたとえられる。

　ところが，資本主義的生産様式のもとで都市の性格は一変する。資本の効率的な拡大再生産のためには，リズムの痕跡を残した不透明な空間を生産するよりも，均質で見通しのきく空間を生産したほうが効率的だからである。工場では，労働者の身体リズムのゆらぎとは無関係に規格化された商品を生産するために，生産ラインの配置から監督見回りルートにいたるまで徹底的に設計され管理される。こうして，幾何学的に分割された抽象的空間が生産される。

　工場のみならず，都市空間の全体も抽象化される。国家による都市計画のために，生活のリズムと調和した街路は，幾何学的に広がる平坦な車道になる。生活が作り出した住居は，生活を収容する無機質な容器としての住宅に取って代わられる。冒頭の容器としての空間のイメージは，資本主義のイデオロギーだった。

リズム分析

　だが，抽象的空間は本当に透明だろうか。行き先を示す無数の標識や，沿道の整然と並ぶ住宅を眺めつつ車道を飛ばす運転者は，どこにでも行って何でも見ることができると錯覚するが，実際は現実の表層を上滑りしているだけである。抽象的空間の見せかけの透明性の背後には，人々の生活のリズムと，それを抑圧し均質化してきた資本主義と国家の暴力が隠蔽されているのである。

　とはいえ，現代都市空間にもリズムがないわけではない。例えば，ショーウィンドーに並ぶ商品を見ながら街路を歩く人の流れが，ストリートパフォーマンスによって乱されることがある。これは，資本主義の透明な空間と身体の共同性のリズムが作り出す空間の弁証法として解釈できる。このように，空間の社会学的研究をリズム分析として行う可能性をルフェーヴルは示してくれる。　【倉島哲】

文献
ルフェーヴル，H.［2000］『空間の生産』斎藤日出治訳，青木書店

31 情報の社会学
Sociology of Information

情報環境と日常生活の世界

　情報化の社会的進展は，インターネットなどの電子メディアやコンピュータの日常生活への浸透に顕著だが，その社会的性向をどうとらえるかは論点となる。

　現代のメディアの多様化と高度化は日常生活に浸透している。そのような「情報環境」を抜きに，知識を獲得し思考し判断するのは難しいのが現状だろう。

　この「情報環境」には2側面がある。通常「新たな環境」として成立する側面が注目されるが，そのほとんどは「従来の社会環境に上書き」されたものだろう。両者を考える場合に，既に普及し安定した電話メディアが有益である。

　かつてマクルーハンは，電話がコールガールを誕生させたと説いた。その真偽はともかく，少なくとも電話が「テレフォン・セックス」という新たな経験領域を成立させたのは確かだろう。これが「新たな環境」の側面である。

　後者は，電話の普及が「地理的場所の相対化」をもたらした点にある。つまり，人々は従来の社会環境のうえに，新たな電話メディア環境を上書き的に描く。するとどうだろうか，「いつでも，どこへでも」回線がつながっている限り会話ができる社会環境が自明視されるにいたる。

　さらにマスメディアを例にとろう。ここではオリンピックも含めた「近代スポーツ」が好例だ。スタジアムで行われる試合の観戦は「いま・ここ」という固有の一回性の目撃でもあるはずだが，マスメディアはそれを「メディア・イベント」へと上書きし，メディア上にしかない映像，例えばライン上のボールという微細な，スタジアム観戦では不可能な経験を瞬時に大衆的に配信する。

　こうした現代のメディアの高度化は，私たちの日常生活の世界を個々人の「関心」という等高線で多層化し連結する。インターネットに見られる，じつに多様なサブ・カルチャーという社会的世界群の乱立はその結果である。確かに，現況の情報メディアの高度化は「いま」「ここ」「そこ」といった身体性から私たちを解放してくれる。だが，それが「新たな環境」であるのか，あるいは「上書きされた環境」であるのかは，よく吟味されなければならない。というのも，もしもその多くが後者であるとすれば，「いま・ここ」からの解放は，結果的に身体性の希薄化をもたらし，逆にさまざまな仕方で現れる「実存的な問題群」を切実なものとして浮上させずにはおかないからである。

知恵・知識・情報

日常的に見れば，情報（information）とは，「ある事柄についての知識」といった程度の意味で使用される語彙だろう。だが，それは知恵（wisdom）や知識（knowledge）とどのように異なるのだろうか。この点を手がかりにして，情報メディアと経験との関連について考えてみよう。

語源的に情報は，「in」と「form」から成り「形を押し付けること」を意味する。それが今日のような中立的な含意になったのは，主にウィーナーのサイバネティクス（cybernetics）以降のことだ。コミュニケーションの用法も同様であって，そこに「物事の見方」に関わる決定的な転換がある。図式化すれば，知恵→知識→情報という歴史的な展開には，〈知〉をめぐって個々人が生きる場（locality）から離脱するといったギデンズがいう「脱埋め込みメカニズム」の働きをみることができる。

情報社会とメディア論

社会学において情報の重要度が決定的に増すのは，情報社会論の先駆であるベルの「脱産業社会」論以降である。だが，そこではまだ情報は経済的な要因として扱われ，言語的な要因，つまりコミュニケーション的要因とは見られていない。しかし現代社会にあっては，ボードリヤールが示すように「物」も記号として，それゆえコミュニケーション過程において消費されることは見過ごされてはならない。

この点からいえば，従来の情報社会論は生産技術に力点をおきすぎており，メディア・コミュニケーションの視点を欠落させている。今日，マクルーハンやオングのメディア論的な視点が注目されるのは，話し言葉→書き言葉→活字メディア→電波メディア→デジタルメディアといった，それぞれに中心的なメディアの歴史的転換に注目する視点が，情報を社会学的にとらえる際に決定的意義をもつからである。メディアとは情報を運ぶ単なる通路ではなく，それ自体がメッセージ性をもって経験のあり様を規定するものなのである。

【張江洋直】

文献
ベル，D.［1975］『脱工業社会の到来』内田忠夫他訳，ダイヤモンド社
マクルーハン，H. M.［1987］『メディア論』栗原裕他訳，みすず書房
オング，W. J.［1991］『声の文化と文字の文化』桜井直文他訳，藤原書店
吉見俊哉編［2000］『メディア・スタディーズ』せりか書房

32 文化の社会学
Sociology of Culture

「文化社会学」と「文化の社会学」

「文化の社会学」という語を，文化についての社会学的な研究という一般的な意味で解すならば，そこには1920年代のドイツでシェーラーやA・ヴェーバーらによって構想された，芸術や宗教や法についての社会学的研究としての「文化社会学」を含めてもよいだろう。この場合，文化は狭い意味でとらえられている。ある特定の価値と象徴の体系が前提とされ，文化はその中の真なるもの，善きもの，美しきものを指している。

他方で，「文化の社会学」という語で，「文化社会学」とは区別された，日常生活までも含むようなより広い意味で文化をとらえる立場を指すこともある。ここでは，いわば価値と象徴の体系そのものが文化だと見なされ，こうした体系が複数あって相互に複雑に関係し流動しているという認識が含まれていることが多い。この意味での「文化の社会学」には，カルチュラルスタディーズなどとも重なるような非常に多様な研究が含まれ，その境界や内実を確定することは難しい。ここでは代表例として，ブルデューの研究を見ておこう。

ブルデューの階級文化論

例えば，ブルデューにいわせれば，洗練されたテーブルマナーで食事をするのも，マナーを気にせずざっくばらんに食べるのも，いずれも文化的なふるまいだ。まず重要なのが，これらのふるまいは社会的位置ごとに配分されており，人々は，各々の位置に応じた独特の文化を所有しているということである。ブルデューは，1960-70年代のフランスを対象に，支配階級，中間階級，庶民階級のそれぞれに対応する階級文化を描き出している（ブルデュー［1990］）。

さらに注目すべきなのは，これらのふるまいは常に評価され序列化されているということだ。もちろん，これらのふるまいは，各々の階級文化に沿って評価される。洗練されたテーブルマナーは支配階級では当然の望ましいふるまいだが，庶民階級の文化にあっては気取ったよそよそしいものと見なされる。同時に，これらの階級文化自体もまた，その社会において優位にある人々の文化を基準として，評価され序列化されている。支配階級の文化が，庶民階級の文化より高く評価され，社会全体の正統性の基準として機能している限り，やはり洗練されたテーブルマナーは，当の社会では望ましいふるまいなのだ。

文化資本と象徴闘争

こうした事態を背景にして，文化は資本として機能する。ある場の中で高く評価される文化を所有しているものは，それを元手にして優位に立てるだろう。そしてブルデューは，このように人々が各々の社会的位置に応じた文化を手持ちの資本（文化資本）として用いて暮らしていくさまを「象徴闘争」と呼び，それが，大局としての社会的世界と文化のあり様を流動化させるとともに，しばしば再生産（文化的再生産）にもつながることを明らかにしたのである。

文化を語ることの政治性

さて，研究者であろうがなかろうが，文化を語る時には，対象とする文化を，例えば「日本文化」などのように名指ししたうえで，その特徴に言及するのを避けて通ることはできない。ここに「文化の社会学」が見過ごしてはならない事態がある。それは，サイードがオリエンタリズムに関する研究で明らかにしたような，まさにそのように名指し論じること自体が，当の文化を境界づけ，その「本質」を構成することに手を貸しているという事態のことだ。このように文化を実体的で本質的なものにしてしまうことは，その文化に属すると見なされる人々の多様性と可能性を，しばしば抑圧することにさえなる。

もちろん，文化を名指し限取ることを，一律に構成的で抑圧的な作業と断じればよいというわけでもない。必要なのは，どんな立場におかれた人が，何を目指して文化を語り，それがどんな効果を上げ機能を果たしているのかを明らかにすることだろう。このことはさらに，文化を語りえないこと，例えばスピヴァクが論じたような，自身の文化について語り出す資源や手段から隔てられている人々の立場に目を向けることにもつながる。そして，これらの作業は，そうした文化を論じる自分のおかれた位置へ目を向けなおすことを要求することにもなる。このように文化について論じることは，政治的な行為である。これこそが「文化の社会学」の実践にとって，最も重要な認識であろう。　　　【矢田部圭介】

文献

ブルデュー，P.［1990］『ディスタンクシオン（Ⅰ・Ⅱ）』石井洋二郎訳，藤原書店
井上俊編［1998］『新版：現代文化を学ぶ人のために』世界思想社
サイード，E.［1993］『オリエンタリズム』今沢紀子訳，平凡社
佐藤健二・吉見俊哉編［2007］『文化の社会学』有斐閣
スピヴァク，G.［1990］『文化としての他者』鈴木聡他訳，紀伊國屋書店

33 生命の社会学
Sociology of Bioethics

現代社会における「生命」

　「生命」の問題はグローバル化している。人の移動がグローバル化したことで，SARSや鳥インフルエンザ，さらにはHIV/AIDSなどの感染症はグローバルに拡大する。クローンやES細胞をめぐる研究は，産業の発展や国威発揚を背景にして，グローバルな研究ルール作りの必要性を喚起する。しかし「生命」の背後にはさまざまな社会・文化が存在している。グローバル化する「生命」をめぐる問題は，こうした社会的・文化的背景への考察を必要としているのである。

　「生命の社会学」とは，現代社会における「生命」の位置づけを考察することによって，その社会的・文化的背景を明らかにするものである。つまり社会は生命をどのように考え，語り，そして扱っているのかを通して，その社会の特性を明らかにするのである。「生命倫理の社会学」はこうした研究の1つである。

　現代社会における「生命」をめぐる問題は，先端医療技術を抜きにして考えることはできない。脳死・臓器移植や生殖技術は，「死」や「出生」の問題を鋭く社会に突きつけた。再生医療は卵子や受精卵が材料とされることで，「生命」そのものが問題とされている。生命倫理（バイオエシックス bioethics）と呼ばれる問題群である。

「生命倫理の社会学」

　「生命倫理の社会学（sociology of bioethics）」あるいはメタ・バイオエシックスと呼ばれる近年の研究は，生命倫理が社会的な問題となっていることに注目する。生命倫理を「知的次元の出来事であると同時に社会的・文化的な出来事である」と分析し，「どうするべきか」を考える学問としての側面だけではなく，その社会的・文化的な現象としての側面を明らかにしようとするのである（フォックス［2003: 93-108］）。つまり，現代社会において生命倫理の問題は，どのように考えられているのか，どのような社会的背景をもって語られているのか，国家や文化による違いはあるのか，そして生命倫理の問題は現代社会をどのように変容させているのか，こうした問いを手がかりにするのが生命の社会学である。

「生命」と「社会」の探究へ

　脳死臓器移植の問題は，日本において最も広くそして多くの議論が展開された生命倫理の問題である。そしてその特徴としては，脳死となった患者とその家族との関係性に着目する議論が多く提出されたことや，「社会的合意（コンセンサス）」が重要だと考えられたことが挙げられる（森岡［2001］など）。日本の脳死臓器移植問題において「生命」は，人と人との関係性や「社会」といった視点から考えられていたのである。

　こうした視点は，ユダヤ―キリスト教的な伝統を背景とした神と人との関係性から「生命」を考えるものや（パーソンズ他［2002］），権利や契約という個人主義的な諸価値を重視するといわれるアメリカのバイオエシックスには見られないものだった。このように「生命」の考え方は，社会的・文化的背景により異なるのである。

　しかしながらグローバル化の進展は，「生命」の議論を経済的なものにしつつある。ヒトゲノムや再生医療の研究においては，医療への貢献だけではなく，製薬に際した知的所有権が関わり，国際的な競争と経済発展を背景として，その経済的な価値が意識されているのである。

　さらに「生命」は，南北問題に直面する。貧しい人々の臓器は豊かな国の人々に売られている。同じ病気でも，受けられる医療の水準や支払いに対する経済の状況によって，救われたり救われなかったりするのである。

　グローバル化した現代社会における「生命」の位置づけ方は，大きく変容しつつある。社会学的想像力を働かせ，社会が「生命」をめぐって直面している問題を探究することが，今必要とされているのである。　　　　　　　【皆吉淳平】

文献
フォックス，R.［2003］『生命倫理をみつめて』中野真紀子訳，みすず書房
ロック，M.［2004］『脳死と臓器移植の医療人類学』坂川雅子訳，みすず書房
森岡正博［2001］『生命学に何ができるか』勁草書房
パーソンズ，T. 他［2002］「「生という贈り物」とその返礼」『宗教の社会学』油井清光訳，勁草書房
ロスマン，D.［2000］『医療倫理の夜明け』酒井忠昭監訳，晶文社

III

国際社会学の挑戦

01 国際問題の社会学

Sociology of International Problems

基本視点

　現代社会が抱える問題には，グローバル化に伴うものも多い。主要なものとして，軍事，経済，政治，社会，文化，教育，宗教，医療，さらにはテクノロジーやエコロジーなどをめぐる諸問題がある。ここでは，これまでの国家の枠を超えた国際問題を考える際の，私たちのまなざしについて考える。

　軍事的には，19世紀の帝国主義の時代から，20世紀前半の2つの世界大戦，20世紀後半の冷戦，さらには2001年の9.11に象徴される国際テロの噴出という流れが指摘できる。核時代とも称される現代世界で，戦争と平和の問題は，最も大きな国際問題だということができよう。

　経済的には，1990年前後から本格化する現代のグローバル化において，新自由主義的な考え方に導かれたグローバリズムの問題が，国際的な規模での不平等ないしは格差社会の問題と密接に結びついている。富める「北」側の先進国と，貧しい「南」側の途上国との対立を伴って，少数の人々が富を独占する傾向が世界規模で続いている。そして「南」を中心に貧困が大きな問題となっている。いかにこの問題を解決するのかは，「国際支援」の問題を含めて大きな課題である。

　政治的には，たとえば地球環境問題の解決に向けたCO_2削減の交渉に代表されるように，これまでの国家の枠では捉えきれない国際政治的な問題がある。そこでは，国家のあり方が国連などとの関係でも問われなければならないだろう。今日の国家の形態は，近代国民国家と呼ばれる。それは，領土，国民，主権からなる国家形態で，17世紀にその原型が西欧で生まれ，19世紀に本格的な展開をみたものである。この国家の特徴は，主に統治層の「暴力の保持」と国民からの「租税の徴収」からなり，その内部においてはナショナル・アイデンティティを確保しつつ，自らの支配の正当性を確保し，外部からは国家としての承認を取り付けて，国境を画定して独立性と主権を保持し，ときには対外戦争を可能にする近代の社会的構築物である。

　国際問題の社会学を考えようとする際には，こうした国家の問題，戦争と平和の問題，経済や政治の問題を避けて通ることはできない。核時代の地球社会で，平和や貧困の問題はわれわれ人類の生存に関わる最大の国際問題であろう。

学説展開

　しかし，こうした国際問題の根底には，それを支える日常の社会文化の問題がある。社会の成員の「全員」が平和を望むならば，戦争は起きない。しかし現実には「全員」がそう考えているわけではない。社会にはさまざまな問題があり，対立が生まれ，その解決手段の一つとして暴力・武力・軍事力が用いられる。その背景には何があるのだろうか。まず，考えたいのはこの点である。

　近代社会における重要な社会背景のひとつに，自由競争に基づく利潤追求のシステムである「資本主義」という経済体制の問題がある。利潤の追求が国家の枠を超えて植民地へと向かった帝国主義の時代から，新自由主義の名の下で経済力のある国の企業が世界を席巻する今日のグローバリズムの登場に至るまで，資本主義の展開は大きな問題を投げかけている。しかし，それに反対してきたマルクス主義に基づく「社会主義」の国々の多くが崩壊してからは，資本主義に何らかの歯止めをかける有効な方法は見出されていない。ここに，学説上も，大きな問題点が存在している。

　もちろんウォーラースティン以降，資本主義が16世紀前後からの「世界システム」として展開されてきたこと，あるいは世界システムとしての資本主義が，工業化された豊かな国々である「北」の支配と労働者的な地位におかれた貧しい国々である「南」の従属という形で展開されてきている現状を分析し，批判する学説（いわゆる従属理論）も展開されてきた。しかしそれらが，現実政治で有効な手立てをもっているわけではない。

　むしろ現状では，第二次世界大戦後に成立した国際連合のもとで制定された「国連憲章」やそれに基づく「国際人権規約」が理念的・法的に一定の役割を果たしている。それは，どのようにして人々の「人権」を国際的に守っていくかに焦点がある。国際NGOや国際的なさまざまな支援組織を含めて，国際機関や国際組織の充実が，そしてそのことを世界の人々が納得し，合意形成していくための学問的な挑戦が，いま強く求められている。

　そのためにはまた，さまざまな国際問題の社会的基盤を冷静に分析し，把握し，解決に向けた理念を考察する努力も，いま社会学に求められているのである。

01 Sociology of International Problems

歴史的現在

　ここでは，国際問題の基盤の一つである「社会」の問題に焦点を当ててみよう。

　国際という言葉は，国家と国家の関係を前提としたものだと本書では述べられてきている（第Ⅰ部 01 参照）。そしてそれぞれの国家の内部に国民からなる社会（市民社会）があると多くの場合は了解されている。しかしながら，その考え方は少しずつ改めなければならない状況が生じている。すわなち，自国内に多数の「外国人」が居住するようになってきているからだ。住民の半数近くが外国人であるルクセンブルグのような一部の国は例外的であるとはいえ，OECD 加盟の主要先進国の多くでは，総人口の 10％前後の外国人が居住しているのが現状となってきている。ただし，日本は 21 世紀の初頭でも外国人比率が 2％以下ときわめて低い。とはいえ，少子高齢化に伴って外国人労働力の導入が語られはじめており，近い将来にこの比率は上がっていくと予測される。

　前頁で見たように，地球規模の格差社会化の中で，貧しい国から豊かな国への労働力の国際移動という形で，人々が国境を越えて移動する。そのような移動者（移民）に対して国家はどう対処するのかは，各国の入国管理問題と社会統合問題として活発に論じられはじめている。しかし，ポイントとなるのはまず，そうした移動者の「人権」の問題であろう。外国人なのだから，国民と違って，基本的人権が制限されても仕方ないのであろうか。それとも，同じ人間として，対等な扱いが求められるべきなのだろうか。要するに今後は，これまでの国民（国籍所有者）中心の考え方だけでいいのだろうかという点が問われる必要がある。

　じつは，外国人労働者，留学生，国際結婚移動者などの存在は，これまでの国民中心の社会観それ自体に変更を迫るような大きな論点をもっている。今日，16 組に 1 組は国際結婚であるという日本の国際結婚の現状を考えれば分かりやすいが，社会はすでに国境を越えた結びつきで成り立つようになってきている。多重国籍を認める国も出てきている。現在は，私たちのこれまでの国家中心の社会観，いいかえればこれまでの社会観の「ナショナルな枠」を再検討すべき地点に来ている。「ナショナルな枠」（国家の枠）を超える「トランスナショナル」（脱国家的）な思考と志向が求められているのが，グローバル化時代の現在だといえよう。

展望

　貧困・HIV問題・人間の安全と安心・女性やマイノリティへの差別問題などから環境や災害の問題そして戦争と平和の問題に至るまで，国際問題は解決への展望が見出しにくい。そこで国連のような国際機関の役割も大きい。だが国連はUnited Nationsであり，国家の連合体という側面をもつ。そこに国益という問題が立ちはだかる。CO_2の削減問題のように，グローバルな思考での解決の努力が必要だ。その点で国際NGOの活躍にも期待できる。「オックスファム」「国境なき医師団」「グリーンピース」などのグローバル／インターナショナルな団体はよく知られているが，それら以外にも，例えば日中間や日比間などでトランスナショナルに活躍している団体も多い。

　だが一番の問題は，グローバルな視野をもって，環境問題や平和問題を含めた国際問題が私たち一人ひとりの問題でもあるという姿勢をとりうるかどうかだろう。だがこれは一種の理想論だ。とはいえ，この理想にむけて国際的・国家的な法的・制度的整備が求められる現状にいまあることは確かである。この現状を妨げているのが，私たちの思考と行動の「ナショナルな枠」なのではないのか。

　したがってここでは，ナショナルな思考を乗り越えるための2つの展望に触れたい。1つは，ベックが述べているが，これまでの社会学が──階級や権力を考える際に国家内のデータに基づくなどの──「方法論的ナショナリズム」に陥っていることへの批判。もう1つは，人間が傷つき死に至る存在としてつねにヴァルネラブルな（被傷性ないしは可傷性をもった）存在であり，そこを出発点に人間の権利（Human Rights＝人権）を考えようとするターナーの提言である。

　社会学の方法論として，トランスナショナル／グローバルな現象を積極的に対象にしていくこと，そして人間の被傷性に着目して，国民の権利ではなく人間の権利を人権の出発点とすること，こうした展望がいま社会学でも芽生えている。

【西原和久】

文献

ベック，U.［2002］「コスモポリタン社会とその敵」小倉充夫他編『国際社会5　グローバル化と社会変動』東京大学出版会
Turner, B. S. 2006, *Vulnerability and Human Rights,* Pennsylvania State Univ. Press.
ウォーラーステイン，I.［1981］『近代世界システム論　I／II』川北稔訳，岩波書店

02 環境運動の社会学
Sociology of Environmental Movements

基本視点

　環境運動の歴史は，次の4つに分類できる。1) 公害問題に対する反公害運動・被害者運動，2) ダム建設や新幹線開通など開発に対する反対運動，3) 公害の輸出に関連する運動，例えば化学物質問題市民研究会などによる公害の輸出問題を監視する市民活動，そして4) 環境保全・環境創造運動である。これらの各分類には既に多くの論考が存在するので，ここでは，「加害-被害関係から創造へ」という視点から環境運動の歴史を概観してみたい。

　ここでいう「創造」の視点は，「持続可能な社会へ」というスローガンのもと，「地球にやさしく」というエコ活動が普及している現在では当たり前のようにも思われる。しかし歴史をひも解くと，「加害-被害関係」の代表的な事例である公害問題にも「創造」への展開が見えてくる。公害問題は，日本においては1880年代の足尾銅山鉱毒事件に遡ることができ，世界的にも，同じころにイギリスを中心に，産業革命の影響で発生した酸性雨による大気汚染の問題が起きていた。

　足尾銅山鉱毒事件には，田中正造という運動のリーダーが存在したが，当時は十分な解決に至ることはなかった。その後，数十年余りが経ち，事態が一変する。1960年代，新潟水俣病が社会問題化するなかで公害問題に対する世論が高まり，再び足尾銅山鉱毒事件は脚光を浴びる。この動きの中で，新潟水俣病と足尾銅山鉱毒事件に関係した市民たちはつながり始め，さらに運動の目標が反対から創造へとシフトするようにもなっていく。この動きは，2000年前後の新潟県の「ふるさと環境づくり宣言」や「足尾に緑を育てる会」の活動につながる（関他編［2009:227-241］）。公害問題以外でも，ダム建設反対運動の成果として，2012年から熊本県荒瀬ダムで日本全国初のダム撤去がスタートし，目標として自然保護・流域の再生が目指され，単に反対にとどまらない活動が展開されている。

　以上の環境運動の基礎にあるのは，問題を発見する行為である。例えば，公害被害は，当初は社会問題とは考えられず，「単なる病」以上の問題ではなかった。しかし単なる病を超え，社会的責任が告発されるようになって，公害問題は問題として「発見」された。問題の発見は，社会に対するノイズあるいは抗議活動とみなされる。問題の発見が運動の出発点となるのである。

学説展開

　では，問題の発見とはいかなる事態なのか。社会運動論の観点から整理してみたい。問題を発見するということは，問題の定義をすることでもある。例えば，水俣病とは廃液に含まれる水銀によるもので，症状はこうだという具合に。だがその定義には，当然ながら定義主体が存在する。誰が定義するかによって，同じ問題でも異なった見え方をする。政府なのか，問題を見出した医師なのか，あるいは水俣病を告発する当事者や団体なのか。

　問題を定義するということは，問題とは見られない盲点領域を同時につくりだす。この論点を，ニック・クロスリーは次のように語る（クロスリー［2009:310］）。問題の定義によって言説空間は，運動によって取り上げられる中心的言説と，取り上げられない周縁的言説に編成される。こうした編成にはさらに，ドクサと呼ぶべき議論されない世界も存在する。ドクサを含む言説空間は，過去において疑問の余地のないものとして通っていたもののうちで，論争点となりうるものを潜在的に内包している。クロスリーは，メルロ＝ポンティによる身体の現象学の知見も反映させつつ，この言説空間の配置は「身体の性向」が含まれ，知性や理性では容易には変えられないものでもあるとする。

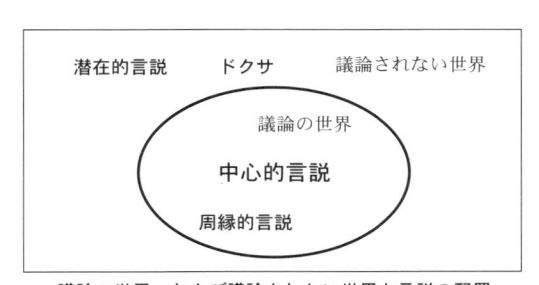

```
潜在的言説    ドクサ    議論されない世界
         議論の世界
          中心的言説
         周縁的言説
```

議論の世界、および議論されない世界と言説の配置

　社会運動が取り上げる中心的言説に誤りがあった場合，周縁的言説や潜在的言説に問題解決の糸口になるような，問題の真実に迫る言説群が存在していたとすれば，私たちはそうした言説群に目を向ける必要がある。

02 Sociology of Environmental Movements

歴史的現在

　21世紀前半の現代社会における特徴的な出来事は，地球温暖化に関する論争である。環境運動団体（例えば日本では気候ネットワーク，欧米ではCAN・インターナショナルなどがよく知られている）は，国際政治の舞台で，あるいは国家の政策形成において，地球温暖化に関する議論の推進者としての役割を果たしてきた。その成果が，1997年の京都議定書の締結である。しかしいまや，国際政治状況の影響や日本の原発事故の問題も絡んで京都議定書の存続さえ危うい。

　ただし，それ以前にも別の形で問題の破綻が存在していた。この事情について，問題の定義という観点から探ってみよう。地球温暖化に関する論争にはいくつかの争点がある。例えば，温暖化の原因とされる物質の特定に関する論争がある。現時点で主要な原因とされる物質は二酸化炭素だ。しかし，この物質の特定にも論争がある。メタンだという意見もあれば，他の物質だという意見もある。

　これを国際的に決定している機関が存在する。それが「気候変動に関する政府間パネル」（Intergovernmental Panel on Climate Change：IPCC）である。IPCCは地球温暖化の科学における国際的権威であるが，科学的知見は他にも存在する。とりあえず温暖化の原因が二酸化炭素だとされたとしても，その原因が人間活動にあるのか，それとも自然現象なのかについてもかなりの論争がある。人間活動が原因ではないという科学的見解も多数存在する。そこから派生して，温暖化ではなく，寒冷化が進んでいるという見解もある。IPCCが虚偽の報告をしているという告発さえある。

　環境運動推進派は，地球温暖化を防止するという立場から，以上のような論争にはあまり目を配らない。というのも，温暖化防止活動に直結しているとみられない活動は，環境運動内部でも周縁に置かれてしまうからである。このような視点に立った場合，環境運動は，盲目的に温暖化を防止すべきだと主張しているように映るだろう。むろん環境運動の多くが否定されるべき事柄ではない。例えば，温暖化防止活動は，現在の社会経済システムへの反省を促す意義があり，エネルギー問題への視点も持ち合わせている。だからこそ問題は，人間社会環境の問題，すなわち人間社会でのいわば「言説のねじれ」をどのように解きほぐすかということになる。

展望

　言説のねじれの問題とは何か。それは，科学的論争にみられるように，本当に正しいことを模索することではない。実践の問題が問われなければならない。地球温暖化に関する議論が本格化して既に十数年になる。その間，一体何ができたのか。国際政治における約束事で，二酸化炭素の排出をどれだけ抑制・削減できたのか。だが，これが抑制・削減の数値ゲームに終始したのでは，真理争いと同様に消耗戦を強いられる実り少ない活動になる。では，どうすれば良いのか。

　そもそも温暖化したら何がまずいのか。産業革命以降，気温が2度以上上昇すると，現在の社会経済活動がまともに行えなくなることが指摘されている。同時に，地球環境問題として資源の枯渇も指摘される。真偽は問わなくても，現代社会の生産・消費活動に対する批判的視線を共有することはできないのか。この視点は，現代社会とは大いに異なった生産・消費活動が目指されるディープ・エコロジーといったラディカルな環境思想に影響を受けた実践（例えば，「生命地域主義」運動や，アメリカ発で日本でも定着している地球環境保護のフェスティバルである「アースデイ」など）とも関係している。実際，「地球を守る」というメッセージに集約される活動群が存在する。もちろん，「地球を守る」という言説だけで活動を結集させようとすれば，地球温暖化に関する実践と同様に分裂の危機が生じてしまうだろう。何が目的で，どのように実践して目的を達成していくのか。これらが，多様な実践のそれぞれが活かされる形で行われる必要がある。また運動が進行していくなかで，便益とリスクの分配に配慮する必要もある。

　重要なことは，問題の定義ではなく，問題の共有である。とすれば，私たちがさらに想像力を広げてみなければならないのは，環境を良くするために，私たち人間存在としての共通点である「身体」，「生きようとする力」がどのように関わることができるかということだ。環境運動の社会学の未来はこの視点を理論的・実証的に取り入れられるかどうかに掛かっていると言えるのである。　【佐藤直樹】

文献
クロスリー，N.［2009］『社会運動とは何か』西原和久他訳，新泉社
関礼子他編［2009］『環境の社会学』有斐閣

03 脱原発の社会学

Sociology of Denuclearization /
Anti-Nuclear Power Plant

基本視点

　原子力という言葉は，核分裂や核融合，放射性物質の崩壊によって放出される核エネルギーのことを主に指す。1930年代後半のドイツで核分裂反応が確認され，後にアメリカのマンハッタン計画で1945年に核分裂反応を利用した世界初の核実験が行われ，同年に広島，長崎に原子爆弾が落とされた。

　原子力発電の実験レベルでの成功は，1951年にアメリカのアイダホ州にある高速増殖炉実験炉EBR-Iが最初のものである。実用としては1954年の旧ソ連が最初で，商用としては1956年のイギリスが初めてである。この間，1953年にアメリカのアイゼンハワー大統領が国連総会で「核の平和利用」（平和のための原子力）を提唱した。

　日本では，第二次世界大戦後は，敗戦国であることから当初は原子力に関する研究が禁止されていた。だが，1952年にサンフランシスコ講和条約が発効後に解禁となった。そして，1955年には「民主・自主・公開」をうたった「原子力基本法」が成立し，その翌年には「日本原子力研究所」が特殊法人として設立され（現在は，独立行政法人日本原子力研究開発機構），茨城県東海村に研究所が設立された。日本における最初の原子力発電は，1963年の東海村の実験炉において始まった。

　原子力発電の事故で有名なのは，1979年にアメリカで生じたスリーマイル島原子力発電所の事故である。運転員の誤操作により炉心溶融が生じ，周辺住民約10万人が避難した。1986年にはソ連のチェルノブイリ原子力発電所で4号炉が炉心溶融のあと爆発し，史上最悪の原発事故となった。1999年には日本の東海村にあるJCOという会社の核燃料施設で，作業手順を無視したことが一因となって臨界事故が発生し，作業員2名が死亡した。そして，2011年3月11日の東日本大震災において，東京電力福島第一原子力発電所が電源を喪失，翌12日に1号機が水素爆発を起こした。現在も収束の見通しは立っておらず，国際原子力事象評価尺度におけるレベル7（チェルノブイリ事故と同値）に該当する事故と位置づけられた。この事故により，多くの周辺住民が避難生活を余儀なくされた。いま，各地で脱原発の声が沸き起こっている。

学説展開

　ドイツでは，反原発の考え方や運動が定着している。その理由はさまざまに考えられる。チェルノブイリ原発事故の惨劇を見て，たとえば社会学者ベックはリスク社会を論じ幅広い支持を受けた。彼によれば，かつてのリスクは炭鉱の労働者階級などに偏って存在していたが，現代社会では原発事故のように階級を問わないリスクへと変容したとされる。ベックの議論が，ドイツ人のリスク意識を高めたことは確かだろう。だが，ここでは次の3点を挙げておこう。

　第1に，保守層でも反原発の考え方が根強い点が挙げられる。ドイツではシュタイナーによって創設された人智学という一種の宗教風の考えがある。彼の考えた有機農法は，ナチス農業政策に一時的に取り入れられたが，星座の位置まで考慮に入れた自然や物質の「循環」を説いた。原発は，核廃棄物のように物質の循環とは相容れないとし，右派エコロジストにも反核の考え方を持つ人がいる。ナチス政権が1933年に成立させた各種の環境保護法は戦後ドイツで影響力を持ったこともあり，環境運動における保守層の果たした役割も見逃せない。ドイツ反原発運動の本格的幕開けとなったバーデン地方フライブルク近郊ヴィールの反原発運動（1975年）は，ブドウ農家と大学生がともに戦った保守的地域の環境運動として名高い。

　第2に，環境団体が多い点が挙げられる。有名なグリンピースや世界自然保護基金（WWF）はもちろんのこと，ドイツ全土で活躍するドイツ環境自然保護連盟（BUND）などに加え，地域の環境団体も数多い。BUNDの会員数は約48万人だ（日本の環境団体は会員数万が多い）。さらに，前述の人智学も有機農園を進め，シュタイナー学校も反原発の考えを広めるのに貢献している。多くの人が反原発関連の組織と関わることは，その世論拡大の大きな要因である。

　第3は，反原発運動の持続という点である。核廃棄物の最終処分施設候補地であるニーダーザクセン州ゴアレーベンでは，反対運動が30年以上持続し，ニュースでも取り上げられる。1983年に連邦議会に進出した環境政党「緑の党（Grünen）」は1990年選挙では敗退したが，1998年には政権与党入りし，2011年には州レベル初の緑の党州首相が「保守の牙城」バーデン・ヴュルテンベルク州で選出された。以上のことが反原発の発想とつながっているのである。

　こうしたドイツの経験は，他の国々にどのような影響を与えるのであろうか。

03 Sociology of Denuclearization / Anti-Nuclear Power Plant

歴史的現在

　ここでは，日本の反原発運動について見ていく。日本における反原発運動の事例としては，青森県の六ヶ所村や新潟県の巻町（現在は 2005 年の住民投票の結果に基づき，新潟市に合併されている）の反原発運動がある。巻町の事例は，保守政権が長く続いてきた保守王国で，東北電力による原子力発電所計画を完全撤回させたことで有名である（伊藤他［2005］）。2003 年に東北電力は，新潟県の巻町に計画していた原発建設を断念した。巻町原発計画が 1971 年に東北電力から正式に発表されて以降，長年にわたる住民運動や裁判を経ての決着である。人口 3 万に過ぎない，土地改良事業で農業が発展した保守的な巻町で，反原発派が勝利するきっかけとなったのは，保守層による住民投票への働きかけであった。これまで保守層の中に身を置いていた自営業者たちが，反原発の意思を固めたのは，原発建設に伴う地域振興が明るい未来を必ずしももたらさないと考えたためだとされている。「反原発」という言葉を用いることを避け，「住民投票」というフレームを用いることで住民主体の運動を展開することができたのである。この場合「フレーム」とは，個人にその生活空間や社会のなかで起こった諸現象を位置づけ，ラベルづけすることを可能にする枠組みのことである。

　巻町では，他にも運動が成功した理由がある。その大きな理由としては，政治的機会構造が不安定だった点が挙げられる。長谷川公一は，巻町の運動で保守層の参加が見られた一因として，保守層が歴史的に分裂して政治的不安定性があったという政治的機会を挙げる（長谷川［2011］）。また，運動の進め方に工夫が見られた点にも触れておく必要がある。運動を展開する上で，古くからの住民と，新しい住民とが力を合わせていく工夫として，誰にでも参加が容易である平和のシンボル「折り鶴」を折る運動（8 万個を折り，町長に提出）などが挙げられる。ここに，反原発の思いを脱原発社会へと結びつける一つの運動のあり方がある。

　最後に，日本のナショナルレベルの政策について触れておく。民主党政権下では，2030 年代までに原発ゼロを目指す動きが目立ったが，2012 年の政権交代で，自民党政権下ではこの動きは目立たなくなっている。今後どうなるかは政権の意向によって未確定の要素が大きいが，それは間違いなく人々が原発に関してどのように考えるかという視点と連動しているといえよう。

展望

　福島原発事故以前は，環境先進国といわれたドイツでも，原子力については論争があった。1998年に成立したドイツの社会民主党（SPD）と「新しい社会運動」として位置づけられてきた緑の党との連立政権は，2000年に主要電力会社と平均32年で段階的に廃止するという合意を取り付けた。この連立政権は，2002年の総選挙での脱原発公約を掲げて勝利した後に，原子力法を改正することになった。しかしその後，2005年選挙でのこの連立政権の敗退と，2009年選挙での社民党の敗退に伴い，保守政党であるキリスト教民主同盟（CDU）が政権につき，メルケル政権は平均12年間の原発運転期間の延長を決めた。

　だが，日本の福島原発事故以降は反原発の気運が急速に高まり，ドイツの連邦議会（下院）は，2011年6月30日に，2022年までに国内の原子力発電所17基をすべて閉鎖する「脱原子力法」を可決した。同案は，7月8日に連邦参議院を通過して成立したのである。

　日本では福島原発事故以降，金曜デモが首相官邸周辺で行われている。ドイツの事例を考えれば，運動には持続性が必要である。環境団体の幅広さも必要だ。また，広島とともに世界でただ二つの被爆都市の一つである長崎を例にとれば，長崎の被爆の記憶は，平和運動のフレームとなろう。平和都市長崎というフレームと自然エネルギー転換は，一定の「共鳴性」をもつ可能性がある。この場合の「共鳴性」とは，フレームに類似点があると共鳴しあい，受け手が社会運動に動員されるという考え方である。実際，2011年の長崎原爆忌の平和宣言は，福島原発事故を受けて，自然エネルギー転換を求める内容となった。同じく2012年の平和宣言も，自然エネルギーの具体策を求める内容となっている。こうした例は，日本での脱原発をめぐる新しい動きとして今後注目していくことができるだろう。

【保坂稔】

文献
ベック，U.［1986］『危険社会』東廉他訳，法政大学出版局
長谷川公一［2011］『脱原子力社会へ』岩波書店
保坂稔［2013］『緑の党政権の誕生』晃洋書房
伊藤守他［2005］『デモクラシー・リフレクション』リベルタ出版

04 被爆経験の社会学
Sociology of Hibakusha's Experiences

基本視点

　第二次世界大戦末期の1945年8月，広島市と長崎市に原子爆弾（原爆）が投下された。それは，ウラン核分裂の発見（1937年末）から7年後，アメリカで極秘裏に原爆の開発が始まってから5年後のことであった。原子力が持つ圧倒的な破壊力を速やかに爆弾に転用し，敵国に対して使用するという戦時の政治的判断は，原爆を投下された敵側に生じる悲惨に目をつぶることなくしては実行されえない。政治的な判断が無視したものとは，瞬時に生あるものを溶解し，あらゆるものを粉々に吹き飛ばし，人々の体を焼き，人間の細胞を破壊する，原爆による惨禍の実情であった。原爆の惨禍の中で，多くの命が奪われた（1945年末までに広島市で約14万人，長崎市で約7万人が命を落としたと考えられている）。また，原爆の惨禍をくぐり抜けて生き残った人々も心身に大きな傷跡を抱えた。

　ところが，原爆がもたらした惨禍の実情や生存者たちが抱えた傷跡に関する語りは，第二次世界大戦の終結後しばらくの間，封印されることになった。原爆を投下した側であるGHQが言論統制をしたからであるが，自らの経験を語る生存者も極めて少なかった。彼らは口を閉ざすことで傷跡に蓋をしたのである。

　1950年のストックホルムアピールをきっかけに核兵器廃絶運動が世界的な規模で立ち上がったこともあり，GHQによる統治の終了後は，被爆経験が公に語られるようになった。被爆者運動がおこり，被爆者援護法の制定（1994年）につながった。被爆体験記が収集され，出版された。こうして語られた被爆経験は，核兵器を開発し戦争を遂行する政治権力に対抗し，平和を希求する勢力の中心に位置づけられた。ノーモア・ヒロシマ，ノーモア・ナガサキは，世界へ向けた反核・平和運動の合言葉となった。

　だが原爆投下から70年近くの歳月が流れ，〈戦争対平和〉という対立軸だけで国際社会の未来を考えることが難しくなった現在，被爆経験を捉えなおすグローバルな視点が必要とされている。少なくとも劣化ウラン弾や繰り返される核実験，原子力発電所の事故などにより，被曝問題は世界中に拡散している。こういった問題と対峙するために，放射能と向き合い生き抜いてきた被爆者たちの戦後経験を捉えなおし，グローバルな文脈へと活かしていく必要がある。

学説展開

　まず，日本における反核・平和運動を，第二次世界大戦後に展開された世界的な反核・平和運動の過程に位置づけ，その運動に被爆経験が持った意義を考えたい。その上で，この過程でどのような被爆者像が提示されたかをみていく。

　東西冷戦が自明の事実となり，アメリカと旧ソ連との間の核開発が進行しつつあった 1950 年，世界平和協議会が呼びかけたストックホルムアピールに応答し，世界中で 5 億人が核兵器の禁止と厳重な国際管理をもとめる署名をした。ストックホルムアピールは，世界の反核・平和運動の先駆けとなったと言われており，当時まだ米軍の占領下にあった日本でも 600 万人を超える人々が署名した。

　だが日本において反核・平和運動が組織的に展開されるようになったのは，1953 年ビキニ環礁でアメリカの水爆実験に巻き込まれ被曝した第 5 福竜丸の被曝事件をきっかけにして，杉並区の主婦を中心に大規模な原水爆禁止署名運動が巻き起こってからであった。原水爆禁止運動は，やがて各地で結成されていた被爆者の援護団体と提携し組織化され，1955 年には第 1 回原水爆禁止世界大会が広島で開催されるなど大きな盛り上がりをみせた。

　こうした被爆者の援護団体と反核・平和運動との連携には，少なくとも二つの意義があった。第 1 に，反核・平和運動と原爆が心身に残した影響に苦しむ被爆者の援護を求める運動が結びつき組織化されたことで，被爆者援護法の制定や実情に適した改定がなされたこと，第 2 に被爆経験が反核・平和をアピールするための重要な手段として活用されたこと，である。被爆被害の実態や被爆者が直面した苦難の歴史を語る被爆経験は，核廃絶と平和を訴える「ノーモア・ヒロシマ，ノーモア・ナガサキ」の主張をその根底から支えていった。

　石田忠は，自らの被爆経験を公的な場で証言し，反核平和運動に寄与することで，原爆によってもたらされた負の記憶と現実生活の困難を乗り越えていく被爆者のあり方を，反原爆の思想の体現であるとして紹介した（石田［1986］）。石田が提示したこの「証言活動によって被爆経験を克服する被爆者像」は，1980 年代の世界的な反核・平和運動の高まり，ヒロシマ・ナガサキへの修学旅行の増加という社会的背景もあり，被爆者のイメージを固定化した。そして 1980 年代後半以降議論されるようになった「被爆の記憶論」にも引き継がれていったのである。

04 Sociology of Hibakusha's Experiences

歴史的現在

　しかしながら，反核・平和の言説として語られた被爆経験と平和を希求し証言する被爆者像からは抜け落ちているものがあった。被爆者が語る苦難の物語からは，戦争における加害責任の問題が欠落していた。また日常を懸命に生き抜いてきた多くの被爆者たちと苦難の物語とは異なる彼らの戦後経験には，光があてられてこなかった。

　他方で反核・平和運動も問題を抱えてきた。大きく盛り上がった原水爆禁止運動は，6年で政治的な理由から分裂した。また被爆者の援護を担ってきた被爆者運動は，運動の継続のために新たな問題を発見し続けなければならず，その過程で，被爆者と非被爆者を，そして活動に寄与する被爆者と活動から距離をおく被爆者とを分断してしまった。核の平和利用に対しても，両者は反対運動を組織化していくことができなかった。

　だが，より大きな問題は，現在，反核・平和運動それ自体が対立軸を喪失していることにある。たとえば吉岡斉が言うように「世界の原子力開発利用体制は，本質的にグローバルな性格のものであり」，核戦力に対する秩序維持を基本目的とする原子力国際管理体制のもとで管理されている。この体制は，「核クラブ内の秩序」を前提にしている（吉岡［2011: 10］）。だが現実に核の利用を制限するのは，核保有国によるこの国際管理体制である。核保有国との対立は，核廃絶にはつながらない。

　さらに根本的な問題もある。被爆者という定義それ自体が曖昧になっていることである。被爆者援護法のもと，被爆者を1号から4号に分類した厚生労働省の定義はある。しかし，10日以内に被爆地域に入った2号被爆者と原発事故により放射線を浴びた被曝者たちとの境界線はどこにあるのだろうか。さらに劣化ウラン弾による被害者，核実験で汚染した土壌に住む人々のことを考えれば，グローバルな視点から被爆者の定義を問い直すことが必要となる。被爆者あるいは被曝者という問題には，グローバルな視点が不可欠になっている。

　このような被爆あるいは被曝という国際社会が直面する問題に対して，放射能の影響と向き合いながら生き抜いた被爆者たちの戦後経験を糸口として，解決の道筋を探っていくことはできないだろうか。

展望

　解決の糸口を探る上での課題は，広島・長崎の被爆者たちの戦後経験と，放射能の影響という現実に直面している人々との間に，いかなる共感の回路を築けるかである。またその共感の回路をくぐり抜けた先には，〈戦争対平和〉という対立軸とは異なる核兵器を必要としない国際社会のあり方や，異なった文化をもつ他者たちとの共存へとつながる多様な道筋の探求というより大きな課題もある。

　2012年現在，広島・長崎の被爆者の平均年齢は77歳を超えている。残された時間に限りはあるが，研究者には，安易な結論を避け，戦時において「そもそも生きているものとして捉えられない」（バトラー［2009: 9］）存在と見なされた被爆者の戦後経験と深く，じっくりと，慎重に向き合う態度が求められる。だがこれらの課題と取り組む上での手がかりはある。広島と長崎には，対立軸を想定せずに国際的に活動する多様なNPOがある。被爆者の戦後経験をNPOの多様な活動へとつなげることができれば，共感と継承への一つの道筋は見えてくるだろう。

　最後に，困難を乗り越え前向きに生き抜いた被爆者がもつ強さと明るさについて触れておきたい。広島・長崎で出会う被爆者たちは，他者の「生のはかなさ」への深い共感を抱きながらも独特の強さと明るさをもっている。死してなお人間の尊厳を奪う原爆への激しい怒りと，逆境を生き抜く被爆者の強さと明るさを同時に描ききった作品もある。『はだしのゲン』である。「麦」は『はだしのゲン』の大きなテーマのひとつであるが，「寒い冬に芽を出し，何度も踏まれて大地に根をはり，やがて豊かな穂を実らせる」（中沢［2012］）。『はだしのゲン』が，英語，ロシア語をはじめ10カ国を超える言語に翻訳され読まれているのは，漫画という読みやすい形態であるからというだけではないだろう。被爆経験からの共感の回路は決して一つだけではない。

【徳久美生子】

文献

バトラー, J.［2009］『戦争の枠組み』清水晶子訳，筑摩書房
石田忠［1986］『原爆体験の思想化』未來社
中沢啓治［2012］『はだしのゲン　わたしの遺書』朝日学生新聞社
吉岡斉［2011］『新版　原子力の社会史』朝日新聞出版

05 国際移民の社会学
Sociology of International Migrants

基本視点

　移民（migrants）を「他郷に移り住む」（『広辞苑』）人々と考えると，強制的に移動させられる人々と，自発的に移動する人々が存在する。前者には，アフリカからの黒人奴隷や，さまざまな理由によって移動を余儀なくされる難民がいる。自発的な移動の場合には，新天地（たとえば北米や南米など）での仕事・労働に期待して移住する狭義の移民の例が挙げられるだろう。さらに移民には，出移民（emigrants）と入移民（immigrants）が区別できる。日本から外国に行って居住する人々は出移民だが，日本に来て居住する人々は入移民である。また移民には短期，長期，永住といった区別もある。そこでここでは，移動し移住する人全体を，移動者ないし移住者とよびたい。

　移動者は16世紀を中心とする大航海時代に注目された。これは，ヨーロッパからアジアや南北アメリカへの植民的・交易的な移動であった。また18世紀以降は「奴隷貿易」が活発となり，1000万人以上がアフリカから欧米へと移動させられた。さらに19世紀後半から20世紀前半は，ヨーロッパから新大陸へ6000万人近い移動が見られた。ヨーロッパから北米・南米あるいはオセアニアなどへの移動が顕著だった。日本でも旧満州への開拓移民は30万人に上るとされている。そして20世紀後半からは，アジアやアフリカ，カリブ地域などからヨーロッパへの（ときにゲストワーカーと呼ばれる）外国人労働者が注目されるようになり，日本でもデカセギの外国人が，1980年以降，着目されるようになった。

　このようなトランスナショナル（脱国家的）な移動者／移住者に関し，送り出しに前向きな国（例えばフィリピン）や受け入れに前向きな国（例えばカナダやオーストラリア）もある。さらに受け入れ国では，入国管理と社会統合の問題が生じている。移住者の受け入れに前向きな国は，多文化主義政策をとる場合が多い。だが無条件で受け入れているわけではない。入国管理は各国の重要な課題となる。そして移住者と既存の国民との共存という問題も，社会統合の問題として課題となっている。日本における「多文化共生」という表現はこの点に関わっている。

　しかしながら，なぜ人々は国境を越えて，トランスナショナルに移動するのだろうか。「移民理論」とよばれる学説は，このことに考察を加えてきた。

学説展開

「移民理論」にはいくつかのタイプがある。例えば，これまでの国では生活が苦しいので，新天地での新たな生活への魅力に惹かれるようにして移動するような場合には，一定の追い出し要因（プッシュ要因）と一定の引き付け要因（プル要因）があることに着目する「プッシュ－プル理論」がある。しかしこれは，どちらかというと，移動者の主観的な判断や動機に重きが置かれ，そのような判断や動機が生じる環境的要因には十分に配慮していないなどの批判もある。

そこで，「歴史構造論」とよばれる考え方が注目される。これにもいくつかの下位タイプがあるが，近代以降は，中心，半周辺，周辺の国々がグローバルにシステムをなしているとみる「世界システム論」や，北の資本家的な先進国が南の労働者的な後発国（途上国）を支配・従属させているとみる「従属理論」などが，その典型である。そのような歴史的に作り上げられたグローバルな構造が，労働者を中心とする人々をトランスナショナルな移動へと導く要因であるとする考え方だ。それは一種の国際分業論である。

ちなみに，今日では「新国際分業」とよばれるような現象，すなわち先進国の製造業が途上国に移動し，そこで世界市場向けの商品の製造に多くの（国内移動の）女性労働者が投入される「労働力の女性化」を伴う現象も注目されている。だがトランスナショナルな移動者との関係では，先進国の主要な大都市（世界都市ともよばれる）で生じているサービス労働やケア労働への担い手としての外国人労働者の必要性が注目される。日本でもアジアからの看護師・介護福祉士（候補）の受け入れが始まっている。こうした世界規模での構造的な要因が，移動者／移住者を生み出していると考えるのが「歴史構造論」である。

しかし以上の説明では，個人の動機というミクロレベルと，歴史的な社会構造というマクロレベルの指摘にとどまっており，その中間のメゾレベルに見られる社会関係的な側面には十分な着目が見られないという批判もある。移動先に知り合いがいて，受け入れてくれるようなネットワークがある場合，人々のトランスナショナルな移動は比較的容易になる。あるいは，インターネットやテレビ電話の普及によってコミュニケーションがより容易になったことが，トランスナショナルな移動に影響していることも考えられる。このような社会関係的なネットワークの存在や情報ツールの進展も重要な要因であると指摘されてきた。

05 Sociology of International Migrants

歴史的現在

　移民の問題は，20世紀初頭のシカゴにおいても大きな問題であった。「人種のるつぼ」とよばれたシカゴには，世界各地からさまざまなエスニシティの移民が集まって生活していた。すでにいた住民と移民との関係は，まず互いの接触がみられ，そこに競合関係もみられるが，やがて適応（応化）しながら同化していくと考えられていた。しかし事はそんなにうまく進むわけではない。黒人やアジア人への差別もあれば，エスニシティ間の対立も絶えず，いわゆる人種暴動も多発する。そして何よりも，同化を強制することになれば，各エスニシティの出自や文化やアイデンティティなどを否定することにもなる。やがて同化論は批判的に捉えられ，新たに「多文化主義」の考え方が前面に出てくる。

　多文化主義とは，社会の内部において複数文化の（あるいは異文化間の）共存を認め，その共存がもたらすプラス面を重視する考え方のことだ。政策的には，1971年にカナダのドルドー首相（当時）が多文化主義政策宣言を行って広く知られるようになった。さらに翌年には，オーストラリアでも，それまでの白豪主義政策を転換して多文化主義導入宣言がなされた。日本でも，1990年前後から外国人居住者の多い地域を中心に多文化共生が語られはじめ，21世紀に入ってからは総務省も研究会を発足させて「地域における多文化共生」の報告書をまとめた。そこでは，「地域における多文化共生」を「国籍や民族などの異なる人々が，互いの文化的ちがいを認め合い，対等な関係を築こうとしながら，地域社会の構成員として共に生きていくこと」と定義するとされた。これらは，一種の社会統合モデルであるが，もちろん問題がないわけではない。

　まず多文化主義は，時間的・空間的に変化しうる文化を固定的に捉えること，しかも多くの場合は，国別の文化（国民文化）を既存のものとして固定的に捉える傾向があること，などといった原理的な批判がある。さらに政治社会的にも，右派からは多文化主義が社会のタコツボ化といった社会分断を招くものだと批判され，逆に左派からは多文化主義の美名のもとに社会的不平等を黙認することになり，マイノリティの権利の否定につながる新たな同化主義だという批判もある。寛容・調和・多様性の承認などを謳う多文化主義は，現時点では，例えば経済発展のために政策的に利用されてしまうなどといった危うい存在でもある。

展望

　今日，多文化主義の方向性を打ち出してきた国々は，移民を選別して受け入れる傾向が出てきている。ポイント制とよばれる入国時の審査の実施で，高度専門職の人材を優先して受け入れたりする一方で，単純労働力となる人々には制限を設けたりして，「選別」する傾向が出てきている。国家への忠誠の宣誓を条件とする場合もある。外国からのいわゆる単純労働力（非熟練労働者）の導入を認めていない日本の研修生／実習生制度（2009年からは技能実習生という呼び方に一本化され3年以内という年限付である）も，実質的には労働者であるが，実習生といった呼称で研修・実習を受けるために来日していることになっている。

　一定額の税金も納めている外国人労働者を含む外国人移住者は，しかしながら国民に認められている権利を同等に持ちうるわけではない。多くの場合，その国家社会のいわば下層でその社会を支える大きな役割を果たしながらも，不平等な扱いとなっているケースが目立つ。日本の場合にはさらに，永住を認められ何世代も定住している在日コリアンの市民権（シティズンシップ）の問題もある。シティズンシップとは，もともと市民の権利を示す言葉だが，同じ国の市民・住民でも権利の異なる状況が生まれてきているのである。

　それゆえ，国民や市民（あるいは人民）といった発想を超えて，トランスナショナル／グローバルに移動する，多様性や多数性をもつ民衆こそこれからの社会の主要な担い手として考えようとする「マルチチュード」の発想も生まれている。世界に四散し移住している「ディアスポラ」の果たす役割も大きい。国家の絶対性を批判して国民国家に特権性を認めることを拒否し，国家を超えた形で人々の平等なあり方を考えていこうとする志向性をトランスナショナリズムとよぶとすれば，その活性化にとってマルチチュードやディアスポラの存在は大きいだろう（第Ⅰ部の28参照）。そこにグローバルな未来社会への展望の一つがある。

【西原和久】

文献
樽本英樹［2009］『よくわかる国際社会学』ミネルヴァ書房
佐藤成基編［2009］『ナショナリズムとトランスナショナリズム』法政大学出版局
ネグリ，A.＆ハート，M.［2005］『マルチチュード（上・下）』日本放送出版協会

06 国際養子の社会学
Sociology of International Adoption

基本視点

　現在「国際養子縁組」という言葉が，日本で生活している私たちの日常において身近に語られることは少ない。強いて言えば，メディアを通じてアメリカのハリウッド女優や歌手が異国の地であるアフリカやアジアから子どもを引き取り育てている様子を見て，「アメリカでは実の子どもではなく，しかも肌の色が違う子どもでも家族の一員として育てられているんだ」と驚く程度ではないだろうか。

　ここでいったん「国際」という言葉を外して「養子縁組」について考えてみると，それは日本でも馴染み深い言葉となってくる。その典型は，家父長制の影響をいまだに受けている「家の存続」のための養子縁組である。あるいは財産の相続に関連する養子縁組であったり，親の再婚に伴う子の養子縁組の場合もある。さらに成人が養子縁組の対象者となることも少なくない。これらは西洋諸国の視点からは奇異に映るらしい。というのも，西洋諸国における養子縁組は「家の存続」のためではなく，主に「恵まれない子どものため」の制度とされているからである。

　ただ西欧諸国の人々が「恵まれない子どものため」という目的のみで，養子縁組を行っているわけではないことには注意を払う必要があるだろう。西洋諸国も日本と同じように少子化の問題を抱えているが，その要因として，女性の高学歴化や社会進出の増大に伴い，出産時期が高齢化し，場合によっては不妊となるケースも増えていることが挙げられる。また避妊技術の向上により，いわゆる望まれない子どもたちが減少しつつあり，養子に出される事例も減少しつつある。そのうえ国内から養子を引き取った場合には「オープン・アドプション」方式，つまり実親・養子・養親の三者間で良好な関係を継続していく方式が推奨される傾向にある。この方式では，養親たちが「せっかく子どもを迎え入れたのに，いつか実親がその子どもを取り返しにくるかもしれない」と不安にさいなまれることも想像に難くない。そこで国内ではなく国境を越えて，実親が取り返しにくることが距離的にも不可能な海外の子ども，あるいは戦争や飢餓に苦しむ「恵まれない子ども」を養子縁組することが盛んになってきた。このようなグローバル規模での利害関係の一致によるメカニズムの一端を担っているのが，国際養子縁組である。

学説展開

　グローバル化にともない，私たちの日常生活にもさまざまな国際移民が立ち現れている。その現象のうち，国家間での経済格差を前提として，女性が移民先で担うケア労働に言及する研究がある。特に近年では，国際的な女性格差を前提とする国際結婚による女性の移動と，彼女たちの子育てについて論じる，いわゆる生殖・養育に関わる再生産（reproduction）の論点（再生産労働の国際分業）についても着目がなされてきている。事実，日本でも，特に農村地帯の嫁不足に悩む地域へ，中国やフィリピンといった国々から女性たちが嫁いでくる事例は少なくない。さらにこうした事情は，韓国や台湾においても同様である。ただし，女性が国際的に商品化されているという批判的な指摘もある。それが一種の人身売買につながるケースもあるのではないかと警鐘が鳴らされているのである。こうした女性たちを対象とする国際結婚研究の進展には目覚ましいものがある。

　それと同時に，国際結婚カップルの子どもや移民家庭の子ども，いわゆる帰国子女，そして日本ではいまだ少数ではあるが，国際養子縁組による子どもなど，（再生産労働に関連する）子どもの多様化も進んでおり，「外見と中身が一致しない」子ども——日本においても，例えば外見は非アジア系であるが日本育ちである子どもや，逆に外見は日本人であるが日本育ちではない子どもなど——が増えている。また彼らの中には家族とともに移動を繰り返す子どもも少なくない。たとえばブラジルから日本へデカセギにやってきた親とともに来日し，日本の学校に通い，学校での勉強内容や友人に馴染みつつあったところで，親がリストラに遭い，ともにブラジルへ帰国する子どももいる。そしてまた親が日本での仕事を見つければ，その子どもも再来日し，勉強も友人作りもまた一から始めなければならないケースもある。このような多様な文化にまたがって生きざるをえない子どもたちに対する教育支援や，子どもたちのアイデンティティ模索の様相についての研究も，蓄積が進んでいる。

　移民ではあっても，実親や家族に育てられる場合，「自分が何者であるのか，そしてどのような文化圏で生きているのか」という，いわゆるルーツ探しのヒントは得やすいだろう。しかし生まれてまもなく養子縁組され，海を渡っていく国際養子たちの場合は，ルーツ探しなどの作業は複雑さを増す。

06 Sociology of International Adoption

歴史的現在

　国際養子の半数近くが，アメリカへ送り出されていると言われている。その数はピークであった2004年の2万3,000人弱からは減少傾向にあるが，2011年でも9,300人あまりが確認されている。アメリカは移民大国だといわれるが，日本のように見た目が同じような人々が大半を占める国で，遠い国から肌の色が違う子どもを家族として迎え入れているところはあるのだろうか。その例は北欧にある。その一例として，ここではスウェーデンを取り上げたい。

　まず，在スウェーデンの韓国養子たちについて特筆すべき点を2つ述べたい。

　1つ目は，スウェーデンを含む北欧社会のマジョリティはいわゆる白人であるが，北欧における国際養子たちの出身国は現在，アジア諸国が中心となっている点である。また韓国からの国際養子縁組は歴史が長いことから，韓国からの養子がこの地域での養子人口に占める割合が特に多くなっており，現在ではスウェーデン国内に9,000人程度で，北欧に居住するエスニック・コリアンの大部分を占めているとされる。

　2つ目は，世界で初めて韓国養子たち自身による自助団体（Adopterade Koreaners Förening: AKF）が1986年スウェーデンで立ち上げられた点である。スウェーデンはかつて「均質社会」と表現されたこともあり，アメリカのような移民大国，そして多文化社会ではなかった。そのスウェーデンへ国際養子縁組でやってきた子どもたちは，母国――母国に関する事柄，文化――について養家族から特段教えられることもなく育てられてきた。しかし韓国養子たちは，鏡をのぞきこむたびに突きつけられる「自分はマジョリティである白人ではない」ことを確認するたびに，「自分は果たして何者であるのか」と悩んでいたという。そこで彼らはその問いに対する答えを自ら見つけようと，自助団体を立ち上げたのだった。

　この団体では，養子同士および彼らをとりまく人々との間で，社交活動，韓国（朝鮮）民族としてのルーツ学習，そして養子関連政策の検討を行ってきた。この団体は，韓国養子という立場同士で経験を分かち合いつつ，また国内・国際社会における韓国養子の立場の改善を，外部団体からの支援も受けつつ目指している渦中にある。

展望

　在スウェーデン韓国養子の自助団体であるAKFに同調する形で，その後世界各地で韓国養子の自助団体が発足した。彼らがともに探求していることは「自分は何者であるのか」という問いに対する答えである。スウェーデンで育ったからといっても，外見上まったくのスウェーデン人であるとは言い切れない自分。そして韓国で生まれ韓国人の外見をしているからといっても，韓国で育っていない自分は果たして韓国人であるといえるのか。このようにいわゆる境界線上で自分たちの立ち位置を計りつづける養子たちに対し，母国・韓国はひとつの可能性を与えた。それは2011年の国籍法改正により，国際養子縁組で送り出された人々の韓国籍を回復し，複国籍をも認めるとしたことである。これにより彼らは，国籍上では韓国人でありスウェーデン人であることが可能とはなった。だが多くの場合，そのことと「自分が何者であるのか」という答えを得ることとは別であると考えているようだ。むしろ彼らは，トランスナショナルな連帯をベースとした国際養子固有のアイデンティティや文化を確立させる方向に向かっているように思える。

　国際養子縁組はその法的基底をなすハーグ条約（2012年現在，日本は未批准）によれば，「やむなく海外に送り出す場合も児童の利益最善化に最大限の配慮がなされるべき」だとされている。韓国養子たちの動きは，「児童の利益最善化」がこれまで十分に反映されてこなかったことを示しているのではないか。実は日本からも戦後の混乱期，いわゆるアメラジアンと呼ばれたような子どもたち，そして少数とはいえ現在でも毎年海外へ子どもが送り出されている事実が確認されている。このようなトランスナショナルに移動する子どもたちが抱える問題に対し，私たちもトランスナショナルな視点・連携で手を差し伸べていくことが，いわゆる共生への第一歩となるのではないだろうか。　　　　　　【芝真里】

文献
賽漢卓娜［2011］『国際移動時代の国際結婚』勁草書房
高倉正樹［2006］『赤ちゃんの値段』講談社
スパー, D. L.［2006］『ベビー・ビジネス』椎野淳訳，ランダムハウス講談社

差別禁止法の社会学

基本視点

　グローバル化時代には，差別が人種差別や民族差別といったエスニシティに関わる問題として注目できる。さらに，グローバルな視野の下での南北問題に見られる世界の格差問題や，新国際分業の下でのジェンダー差別も論じられている。だが，ここでは障害者差別問題を取り上げ，この差別をめぐる国際的な動きに着目したい。それは現在，障害者差別を禁止する法制定が国際的な動きとなっており，この事例を通して現在の国際社会の一端を垣間見ることができるからだ。

　日本国憲法第14条では，「すべて国民は，法の下に平等で」，「人種，信条，性別，社会的身分又は門地により，政治的，経済的又は社会的関係において，差別されない」と明記されている。差別されないことは，私たちに保障されている権利の一つである。だがこの社会において，差別が存在することもまた事実である。

　差別をなくすためには，差別が起きるメカニズムを解明することが必要となる。私たちは目に入るすべてのものを同じ程度に認識しているわけではない。あるものは細かく認識できるが，あるものは単純化された形でしか認識されない。人を認識する場合はどうか。私たちはあまり会うことのない人たちに対しては「〇〇は〇〇の特徴をもっている」と単純に類型化してしまう。たとえば，障害者という類型に当てはまる人を考えてみよう。障害者とされる人にもいろいろな人がいる。男性・女性，作業所で働く人・会社員・学生・医師，高齢者・年少者，生まれつきの人・ある時点で障害をもつようになった人など。しかし，社会における障害者のイメージは，「がんばる障害者」や「なにもできない障害者」といった形で固定化されている。さらに，こうした類型化に対して類型間の順序付けが生じることもある。多くの場合，自分が所属する類型にはポジティブな意味づけが，他者と見なされる人が所属する類型にはネガティブな意味づけが与えられる。

　いろいろな社会を見渡したときに，社会の主流をなす人々から「他者」とされ，価値が低いと見なされがちな類型がある。その類型に属するのが，障害者・女性・外国人など，つまりその社会における少数者（マイノリティ）である。類型化され固定化されたイメージを与えられて他者化される結果，こうした人々が社会において不利益をこうむる。このようなメカニズムで差別が生じやすい。

学説展開

　差別論では，性差やエスニシティに基づく差別に関して早くから議論がなされてきた。だが，このリストに「障害」が付け加えられるのは，比較的最近である。研究史的にみると，1970年代に入ってアメリカやイギリスにおいて障害をもつ研究者が登場し，新しい動きが生じた。そのなかで「障害の社会モデル」の創始者として知られるイギリスの社会学者マイケル・オリバーがいる。オリバーは障害者がこうむる不利益の原因が個人にあるとする見方を批判し，社会に存在するさまざまなバリアが障害者に不利益を生じさせていると主張した。そして彼は，前者の見方を「障害の個人モデル」，後者を「障害の社会モデル」と名づけた。

　「障害の個人モデル」においては，障害者が社会においてさまざまな不利益をもつのは障害者自身が機能障害（足が不自由，目が見えないなど）をもつからだとされる。その結果として障害者に求められるのは，医者や福祉専門職の言うことを聞き，少しでも健常者に近づく努力をすることである。ここには社会の責任という発想がみられない。こうした当時一般的であった見方に対して，オリバーは，障害者に対して制限を課すような社会こそが変わるべきだと主張したのだ。ある特定の人々を障害者にさせているのは，点字資料を用意しないような会議の制度や，道に段差をつけることで車いす利用者が外出できなくなるような物理的バリアである，と。「障害の社会モデル」においては，社会の側が責任を持って物理的なバリアや制度・政策（社会的障壁）を変えていく必要があるとされる。

　ところで，イギリスにおける「障害の社会モデル」の支持者たちは障害者をDisabled peopleとよぶことがあるが，この言葉の含意は「社会によって障害者とされた人」というものである。本稿でも障「害」という表記を用いている。つまり，社会によって，ある特徴が障害（差し障りがあるもの，害があるもの）とされるという意味を込めて，障害という表記を用いている。ただし，オリバーの「障害の社会モデル」に対しては以下のような問いかけがなされてきた。果たして社会的障壁がなくなれば，障害者は存在しなくなるのか。日常生活において，障害があるがゆえに人とうまくコミュニケーションできないということもあるが，これもまた社会の責任なのだろうか。これらの問いに対して「障害の社会モデル」の精緻化が現在も進められている。

07 Sociology of Anti-Discrimination Law

歴史的現在

　障害の社会モデルのいわば実践編が障害者差別禁止法だ。このモデルの生成・発展に障害当事者が関わっていたのと同様に，障害者差別禁止法の成立においても当事者が多く関わっている。障害者差別禁止法は1990年の「障害をもつアメリカ人法」が始まりだが，その後，オーストラリアやイギリス，香港や韓国でも障害者差別禁止法が制定された。日本にはいまのところ，こうした法案はない。

　では，障害者差別禁止法の主な目的，対象，差別の類型についてみていこう。まず，目的の第1は，雇用・労働，教育，交通アクセスなどの領域での障害者差別を禁止することである。すべての障害者差別禁止法には，その捉え方は多様だが，差別の定義がある。定義が示されることで，誤解も減り，議論も行われやすくなる。第2の目的は，差別を受けた者を救済することである。法がない状態では，訴訟で敗れることが多々ある。国によっては独自の機関を設け，司法以前の段階で調停や斡旋を行う仕組みも整えられている。

　次に，障害者差別禁止法で，障害者差別禁止法の対象となるのは誰か。それを示す「障害」の定義には幅広い人々が含まれる。いま障害をもっている人だけではなく，障害を過去にもっていた人（例：精神病歴がある人），今後持ちうる可能性がある人（例：症状が現れていないHIV感染者），障害をもっていると見なされる人，さらに障害者の関係者（家族・介助者）なども，障害者差別禁止法の対象となる。

　最後に，差別の類型に触れよう。一般に，障害者差別禁止法における差別には「直接差別」「間接差別」「合理的配慮の欠如」の3つがある。直接差別とは，障害を理由として人を区別，排除，制限などすることだ。障害者だから雇用しないといった例が直接差別である。間接差別とは，一見中立である取り扱いが実際には障害者に不利益を与えることになるときに，それを差別と認めるものである。例えば会社の昇進試験で，業務内容には関係のない英語のリスニングテストを課すといった例である。最後に，合理的配慮の欠如とは，障害者に対して適切な配慮を行わないこと自体が差別であるとするものである。障害者を障害のない人と同様に扱うだけでは，障害者排除を招いてしまうことがある。そこで，車いす利用者に対してスロープを設置するような配慮が求められるのである。

展望

　国連は差別禁止を積極的に進めてきた。世界人権宣言，国際人権規約などの取り組みに加え，属性に基づく差別を禁止する条約も採択してきた。1965年「人種差別撤廃条約」，1979年「女子差別撤廃条約」，1989年「子どもの権利条約」，1990年「すべての移住労働者及びその家族の構成員の権利の保護に関する国際条約」，2006年「障害者の権利条約」などである。条約は各国国内法の整備を求め，日本が「障害者の権利条約」を批准するには障害者差別禁止法の制定が不可欠である。

　だが，ローカルな動きにも着目する必要がある。千葉県（2006年），北海道（2009年）などでは，障害者の差別禁止に関わる条例が制定された。ローカルな取り組みは，ナショナルレベルに影響を与える可能性があるので，ローカルな障害者運動の意義を認める研究も増えている。実際に地方自治体が先に差別禁止法を制定していたオーストラリアの事例や，地方の障害者団体が中央の障害者団体に障害者差別禁止法の制定を働きかけた韓国の事例がある。

　また，アメリカにおいて「最後の公民権運動」といわれる障害者運動は，エスニックマイノリティや女性の運動から影響を受けている。障害者差別禁止法も同様であり，先行する法律での差別類型が使用されている。雇用の募集段階で身長に制限を課すことは女性を間接差別しているのではないか，宗教上の理由で安息日に休む人に対しては合理的配慮が必要なのではないかなど，先行事例に対する人々の議論の中で差別概念の内容が精緻化されてきた。さらに障害の社会学においては，例えば女性と障害という属性を同時にもつことによって，より深刻な差別を受けることになる現象（複合差別）への着目もなされている。

　差別禁止法は万能薬ではなく，法が成立して即座に差別がなくなるわけではない。だが差別禁止法は社会的障壁を消去し，人々の出会いを可能にする。さまざまな出会いがある社会でこそ，差別の解決策は見出されるのではないだろうか。

【後藤悠里】

文献
オリバー，M. [2006]『障害の政治』三島亜紀子他訳，明石書店
長瀬修他編 [2008]『障害者の権利条約と日本』生活書院
杉野昭博 [2007]『障害学』東京大学出版会

08 ハンセン病の社会学
Sociology of Hansen's Disease

基本視点

　ハンセン病療養所がいま世界に開かれはじめている。瀬戸内海の離島・大島にある国立療養所大島青松園が，瀬戸内国際芸術祭の舞台の一つとなった。この国際芸術祭は2010年が最初で，以後3年おきに開催されることになっている。大島では，アーティストやボランティアが時間をかけてハンセン病者や療養所の職員と対話し，大島を世界に開こうとしている。瀬戸内国際芸術祭2010年以降，いまも大島では毎月数日間，ガイドツアー，ギャラリー，カフェといった瀬戸内国際芸術祭2010と類似した活動が行われている。

　ところで，ハンセン病とはどのようなものか。この病気はらい菌に感染することで発症する。1873年にノルウェーの医師ハンセンによって発見されたらい菌は，感染力が弱く非常にうつりにくい。その症状としては，手や足などの末梢神経の麻痺や皮膚の変化が起こる。治療が遅れると，手足などの末梢神経に障害が起き，汗が出なくなったり感覚がなくなったり，体の一部が変形するといった後遺症が残る場合もある。しかし今日では，治療薬があり治癒する病気で，早期発見早期治療を行えば後遺症を残すことなく治癒することができる病である。

　ハンセン病者は隔離の対象となってきた。日本の隔離政策が始まったのは，1897年の第1回国際らい会議でハンセン病が感染すると知られたことや，1899年以降，「内地雑居」の法令により欧米人の日本国内での居住・旅行の自由が認められ，「浮浪患者」が彼らの目に留まって日本の世界的評価を落としかねないという政府の判断，さらには1905年，ハンセン病施設を営む英国人女性宣教師が日本に経済的援助を訴え，それが意図せざる結果を招いたことなどが契機となった。1907年に制定された「癩予防ニ関スル件」は，各地を放浪する「浮浪患者」の収容を目的とし，全国を5区に分け各々に公立療養所が開設された。1915年には東京の全生病院で断種が開始され，1916年には「癩予防ニ関スル件」が「改正」されて療養所の中に監禁所もつくられた。そして，1931年制定の「癩予防法」では患者の入所資格が拡大され，前年の1930年には初の国立療養所長島愛生園（岡山）が開設された。1930年代には，戦時状況なども影響し，地域社会からハンセン病患者を排除する，官民による「無癩県運動」も行われたのである。こうした不幸な歴史は，戦後も人々の記憶に残り，差別が存続していった。

学説展開

　ハンセン病者の多くは隔離され，ハンセン病療養所暮らしを余儀なくされた。だが，その「生」は一様ではなかった。そして，ハンセン病者は現在も，療養所内だけでなく多様な場所で多様な「生」を営んでいる。

　ここでは日本のハンセン病問題の研究を中心に概観しよう。まず，隔離政策の問題が指摘されてきた。隔離政策研究には，優生主義の視点から戦争政策とも関連する形で行われた研究や，「癩」という記号をめぐる権力について論じられた研究などがある。また，隔離政策問題の研究は，日本の植民地や占領地であった朝鮮や台湾だけではなく，「南洋諸島」や「満州」も視野に入れたものも見られる。さらに，近現代の隔離政策を含めた約1500年にわたる日本のハンセン病史をまとめた研究もある。

　こうした隔離政策の制度的な問題は，特に「らい予防法違憲国家賠償請求訴訟」において社会的に主題化された。そこでは被告である国家の控訴断念以降，ハンセン病者が「被害者」として類型化・一元化されるという問題も出てきた。このような問題に対して，社会学では現在，ハンセン病者のライフヒストリーや実践に注目した研究が行われている。その研究は主に，以下の3つに分類することができる。

　第1に，ハンセン病療養所内での生活に着目した研究がある。たとえば，子どもをもつことの意味，ハンセン病者の生活組織や生活実践，さらに現在の療養所内での看護・介護従事者によるハンセン病者に対するケアの研究などがある。

　第2に，ハンセン病療養所の外で生活する退所者に焦点化した研究がある。それらは，療養所の世界に抗する社会関係形成と自己の問題，家族や親族との関係，地域社会との関係，病気の後遺症や教育機会の喪失による職種選択や就職の問題，そして治療を受けることができる医療施設の問題などが論じられている。

　第3に，ハンセン病療養所内外の交流に着目した研究もある。交流に関連した研究では，書くという行為による他者との交流，芸術活動を介した職員や療養所外の他者との交流，交易を介した療養所外の他者との交流，そしてボランティアの人々との交流などが論じられている。療養所外の他者，特に療養所のある地域社会で生活している他者との交流を介した共生の問題なども論じられてきた。

08 Sociology of Hansen's Disease

歴史的現在

　戦後になると，日本でも1947年には特効薬であるプロミンによる治療が開始された。しかし，1948年には「優生保護法」により断種と堕胎が合法化され，この時期に再び「無癩県運動」が活発化した。1950年には厚生省が全国らい調査を実施し，患者のらい予防法闘争も実らず，53年には「らい予防法」が「改正」され，強制隔離規定などはそのまま残ることとなった。日本の隔離政策は，国際らい会議などの国際学会の動向とは違った方向に進んでいった。だがこのような90年続いた国家の隔離政策は，1996年「らい予防法の廃止に関する法律」の制定により廃止された。2001年「らい予防法違憲国家賠償請求訴訟」の判決により，国家のハンセン病政策の過ちが認められ，ハンセン病者が被害者として認定された。

　この判決を受け，2002年にはハンセン病問題検証会議が設置され，2005年に当時の厚生労働大臣に検証結果報告書が提出された。だが2003年には，熊本県が計画した「ふるさと訪問事業」でハンセン病者が県内のホテルを訪れた際，そのホテルはハンセン病者であるという理由で宿泊を拒否する事件が起きた。この状況を受けて，2009年には「ハンセン病問題の解決の促進に関する法律」が施行され，それにはハンセン病療養施設を地域に開放し，また病者の社会復帰を支援する内容などが盛り込まれた。

　では，現在はどのような状況なのか。国立ハンセン病療養所の入所者の平均年齢は82歳を超え，その数は約2,000人である（2012年現在）。また療養所は，国立13ヵ所，私立1ヵ所である。療養所では，入所者の高齢化や病特有の障害などもあって介護や看護が必要となっている。だが国の公務員定数削減の方針の影響を受け，介護や看護が手薄となる。国は最後の一人まで責任をもつと述べるが，療養所の具体的将来構想を提示されてはいない。

　さらに，国家を超えるレベルでのハンセン病の問題化の例を示してみよう。2008年の北京オリンピックでは，中国政府が国内法に基づきハンセン病患者の入国を拒否する姿勢が示された。これは，五輪期間中の入国禁止対象者として「精神病・ハンセン病・性病・開放性肺結核の伝染病に罹患している」という項目があったからだ。このような方針に対してハンセン病問題に関する日本の団体が抗議し，オリンピック開催前にハンセン病の項目は削除された。

展望

　2010年の国連総会で，日本が主要提案国となり「ハンセン病患者・回復者及びその家族に対する差別撤廃のための決議」が採択された。同時に「差別撤廃のための原則及びガイドライン」も人権理事会で採択され，ハンセン病患者・回復者の人権の国際基準が確立され，彼らが国際法上の人権の享有主体であることも明確にされた。2012年時点で世界保健機構（WHO）の規定によるハンセン病未制圧国はブラジル1国となり，2004年から2011年の世界の新規患者数は40万7,791人から21万9,075人に減少した。だが，差別や偏見などの側面の問題は解決されていない。こうした問題にどのような展望が見出されるのか。

　日本のハンセン病問題に関する社会学的研究には，国家を超えたリージョナル／グローバルな視点での研究はあまり見られない。2000年以降の日本と世界のハンセン病問題を中心に見ると，ハンセン病者の減少に伴い，彼らの「もの語り」（第Ⅱ部24参照）を聴くことができる機会は減っている。いくつかの療養所では，ハンセン病者の語りを映像として残しているが，病者がいなくなる療養所はどうなるのか。療養所は他と隔絶された場所にあるものが少なくない。国立療養所大島青松園がその例である。

　医療福祉の機能を終えてしまう療養所はどうなるのか。いくつかの療養所では，2009年に制定された「ハンセン病問題の解決の促進に関する法律」に従い，療養所内に保育園を開いたところもある。また，未来のために記憶や記録を継承し保存する資料館や社会交流会館を開設した療養所もある。資料館をつくる動きは，世界の療養所にもある。可能であれば，ハンセン病療養所を外に開く仕組みをつくるべきであろう。グローバルに他者がハンセン病者や療養所に関わることができる仕組みをつくり出せれば，記憶や記録の継承の可能性もグローバルに広がり，差別一般への警鐘ともなろう。冒頭に挙げた国立療養所大島青松園での瀬戸内国際芸術祭の活動は，まさにその事例である。

【小坂有資】

文献
蘭由岐子［2004］『「病いの経験」を聞き取る』皓星社
藤野豊［2001］『「いのち」の近代史』かもがわ出版
坂田勝彦［2012］『ハンセン病者の生活史』青弓社

09 国際社会学の新展開

New Development of Transnational / Global Sociology

基本視点

　国際政治学や国際経済学などといった学問分野はすでに一定程度確立されているが，「国際社会学」という分野は現在進行形の新しい研究領域である。ただし，それが，①国際「社会学」なのか，②「国際社会」学なのか，あるいは③国際的な社会学なのか，見方は微妙である。ここでは，社会学の立場から現代のグローバル化・国際化されつつある社会を論じているので，①を中心に，③の立場にも言及する。しかしその場合でも，国家を前提とした「国際」という表現に問題があると考える立場もある。現に，日本におけるこの分野での先駆的で代表的な著作『国際社会学』（梶田孝道編）の著作題目の下には，適切にも，International Sociology ではなく Transnational ／ Global Sociology という英訳が付されている。

　いろいろな立場はあれ，21世紀の現代世界がグローバル化時代にあることは間違いない。社会学でも，それぞれの国家内部の社会（国家内社会）に焦点を合わせるだけの「方法論的ナショナリズム」は批判を受けはじめている。第１に現実の世界において，就学・留学・結婚・観光などで人々がトランスナショナル／グローバルに国境を越える移動を志向する現象が目立つようになっている（「事実としてのトランスナショナリズム」）。また環境問題や貧困問題や平和問題など国を超えた対応が必要で，地球規模で対処していかなければならないとの自覚も進みつつあり，グローバルな思考の重要性が認識されはじめている（「理念としてのトランスナショナリズム」）。そして，そのような現状をふまえて，社会学においても研究対象を国家内社会に限定せずに，国家を超える交流・交易・交通などに焦点を合わせる必要が生じて生きている。方法論として，そのように研究対象をトランスナショナルな（つまりリージョナル／グローバルに展開される）相互行為や社会関係に定めて研究する志向性を「方法論的トランスナショナリズム」とよぶことができる。

　以上をふまえて，国際社会学は，より適切には世界社会学やグローバル社会学などとよぶことが望ましいが，日本では国際社会学という用語が定着しつつあり，また国家の力も依然大きいので，現段階では国際社会学とよぶことに一定の意義もある。ただし，それがトランスナショナルな志向をもつ社会学である点は再確認しておきたい。

学説展開

　日本では，1960年代から国際社会学というタイトルの付いた著作も出されるようになったが，それは世界各国の現状を論じるものであり，国際社会学という独自の視点をもつ社会学ではなかった。ようやく1980年代に入って本格的な国際社会学の単行本が出始め，1990年代に代表的なテキストが刊行され，2000年代には入門的な著作も出されるようになった。しかし，都市社会学には都市社会学会があり，社会学理論に関しては日本社会学理論学会があるといったような意味での「国際社会学会」は日本国内では成立していない。

　だが，主に各国の社会学会の連合体である国際社会学会（International Sociological Association：ISA）は成立している（ただし，ISAは50以上の研究部会の連合体でもある）。このISAは，近年では2006年に南アフリカのダーバンで，2010年にスウェーデンのヨーテボリで，そして2014年には日本の横浜でといったように世界社会学会議を，世界各地で4年ごとに開催している。

　だが国際社会学的な思考にとって重要なのは，方法論的トランスナショナリズムの採用と同時に，事実としてのトランスナショナリズムをふまえた理念としてのトランスナショナリズムの追求であろう。その点で，ベックの著作で述べられた次のような立場は示唆的だ。すなわち「伝統的な学問による検討だけでは古い思想の殻を打ち破ることはできない。……私の論述は代表性を重視する考えではなく，もう一つの要請に沿っている。すなわち，未だなお支配的である過去と対照することにより，今日すでにその輪郭を見せている未来を視野の内に据えることを追求するものである。……代表性を重視する論述は過去の忠実な再現でしかない」（ベック［1998:8］）。

　ここに見られる発想は，未来社会についての検討を研究の射程に入れた社会学である。かつてハーバーマスは現代社会をシステムと生活世界の分離が見られ，かつ前者が後者を植民地化していると診断したが，これに対してもベックは次のように述べる。「個人の情況はシステムと生活世界の双方の領域にまたがる形で位置している。……個々人の人生は，ますますその直接的な生活圏から解き放たれる。……政府が（依然として）国民国家の枠組みのなかで行為するのに対して，個々人の人生はすでに世界社会に対して開かれている。さらに，世界社会は，個々人の人生の一部である」（ベック［1998: 269-270］）。

09 New Development of Transnational / Global Sociology

歴史的現在

　現在，世界の移民は2億人とみられている。留学生も400万人近くいるとみられているし，難民の数も多い。さらに海外旅行などの観光で海外に行く人々をふくめれば，21世紀の半ばには15億人ぐらいがトランスナショナルに移動するという予測もある。現在の中国では農村から都市への国内の移動が顕著だが，その流れが外国に向かうとなれば，その影響もかなり大きいだろう。アメリカも移民の流入が続き，21世紀半ばにはヒスパニック系住民やアジア系住民の数が増大して，いわゆる白人の数は過半数を割っているだろうという政府系機関の予測も出ている。アフリカが経済発展を遂げるようになればどうであろうか。

　今日，日本の食卓は外国産の素材なしには成り立たない。魚や肉，あるいは野菜類ですらも，外国産が目立つ。それは「食卓のグローバル化」とよぶことができる。私たちの日常生活のなかに，グローバル化が宿っている。衣服や家具あるいはファストフード，さらには音楽や映画・ドラマ，そしてスポーツから為替の変動もグローバルな展開が日常的となっている。それは不可避な動向であろう。さらに，インターネットでは瞬時に世界の情報が入ってくるし，通信やネットを用いたコミュニケーションのイノベーションも著しい。だとするならば，そうした人，物，金，情報，文化などのグローバルな展開をしっかりと把握することは，社会学にとって喫緊の課題でもある。

　そのためには，ローカルな中に現れるグローバルな事態の把握，つまり「グローカル」な視点も求められる。そして，とりわけ近隣諸国との交流が焦点となる場合には，ナショナルな枠内だけではなく，国家を超える広域圏を包括するリージョナルな検討が求められる。さらに，そうした動向の背後にグローバルな動きがあるために，グローバルな視点も当然必要となる。これまでの国家内社会の検討や，国家間の比較を行う国際比較といった枠を超えるトランスナショナルな国際社会学的研究が現在求められている。そのためには，ヨーロッパ社会学会のようなリージョナルな学会がアジアでも必要になるし，国際社会学会もさらにグローバルな課題に応えていく必要が生じてきている。いま社会学は，過去の蓄積に依拠しながらも，それまでに体験したことのないグローバル化時代のなかで，新たな発想と研究組織の下での未来に向けた研究の進展をはかる段階に来ているのである。

展望

　すでに本書でみたように，現在 200 近い国々が国連を構成し，国際人権規約をはじめとして多様な国際規約・国際条約も提起されている。また 1990 年代以降の地域統合体としての EU の成立や ASEAN などの活性化がみられ，それらが大きな存在となっている。東アジア共同体は，北東アジアの現状を考えると困難も多いが，いずれは課題となるに違いない。現在，一つの国家の頭上には国連・国際規約・地域統合体などが存在し，国家の外部の他の国々との関係が重要なものとなり，国家内のいわば上部には高度専門職に関わる人々の国際交流が進み，国家内の市民社会にも国際結婚移住者が存在し，さらに国家のいわば下部には国家を支える非熟練労働の外国人移住者が存在する。つまり，いまや国家の「頭上」「外部」「上部」「下部」などにおいて，グローバルな論点が問われている。

　今後の社会学は，これまでの歴史，とりわけ近代という土台の上で生まれながらも，それを超えて未来を展望するグローバル化時代・ポストグローバル化時代の社会構想に思いをめぐらす段階に来ていると思われる。一部では，世界社会はプラネット・ソサエティーとも語られはじめている。一つの惑星内部の社会という視点である。また，R. ロバートソンは，いわばグローバル化時代に問われなければならない課題として，次の 4 つの領域を示した。①種としての人間，②個々人の自我，③国民国家的な諸社会，そして④諸社会の世界システム，である。これらの間の関係を含め，ベック流の「方法論的コスモポリタニズム」の視点が今後問われるであろうし，そこまで現実が進んでいない状況では少なくとも「方法論トランスナショナリズム」が課題となるだろう。国と国との国際関係を超える，人と人との人際関係もより重要となる。そしてその際には，単にグローバルな視線をもつだけではなく，日本から世界への発信という方向性も重要となろう。いま社会学はそうした転換点に位置しているのである。　　　【西原和久】

文献
ベック，U. [1998]『危険社会』東廉他訳，法政大学出版局
カースルズ，S. & ミラー，M. J. [2011]『国際移民の時代』関根政美他訳，名古屋大学出版会
梶田孝道編 [2005]『新・国際社会学』名古屋大学出版会（旧版は 1992 年刊）
ロバートソン，R. [1997]『グローバリゼーション』阿部美哉訳，東京大学出版会

10 震災の国際社会学

Sociology of Earthquake Disaster

基本視点

　ここでは，「災害の社会学」を意識しながら，とくに2011年3月11日に起こった東日本大震災を中心に，大震災に関する「国際社会学」の具体的な展開を試みてみたい。焦点は，トランスナショナル／グローバルな人と人との関係（人際関係）にある。

　日本におけるボランティア活動の本格的な活性化は，阪神淡路大震災（1995年）が契機だったと言われる。たとえば，外国人集住地区の神戸では，被災外国人居住者に対して多言語放送を流す臨時FM局が開設され，そこに多くの若い世代の災害ボランティアが集った。東日本大震災では若い世代のボランティアの数が減ったと語られてはいるが，阪神淡路大震災の経験から，少なからぬNPO／NGOが支援に動いたことはよく知られている。多言語放送の臨時FM局も東北の各地につくられ，それを聴取するためのFMラジオの配布も行われた。

　もう一つ特筆すべきなのは，東日本大震災後の2週間以内に，韓国をはじめとして，約20カ国の救援隊が日本で救援活動を開始している点であろう。また，その後の義援金という形での支援も，台湾をはじめとして世界各地からなされた。被災地を回りながら，当座の生活費として数万円を手渡しして歩くという活動をしている100人規模の外国人団体の活動もあった。こうした「国際支援」の問題が際立ったのも，東日本大震災の特徴であったと言えるかもしれない。

　だが，東日本大震災は国際社会学的にみて，もう一つの興味深い論点を明らかにした。2万人近い死者・行方不明者のなかに多数の外国人居住者が存在したのだ。東北は外国人居住者比率が低いが，それでも岩手・宮城・福島の東北三県には，3万人以上の外国人がいた。この数値は，都道府県別にみた外国人居住率の高い東京（3.18％），愛知（2.77％），三重（2.51％）と比較すれば，岩手（0.47％），宮城（0.69％），福島（0.56％）となり，全国平均の1.67％と比較しても少ない（2010年）。それでもこの3県には，留学生以外にも2万人程度の在日コリアン，国際結婚移住者，外国人技能実習生などが存在し，そのうちの少なからぬ人々もまた被災した。外国にルーツをもつ人もまた，震災・津波とその後の辛い避難生活や復興過程を歩まざるを得なかった。「内なる国際化」が語られる日本で，外国にルーツをもつ人々についての考察は決して多くはない。

学説展開

　一般に，災害では自然的災害と人為的災害が区別される。前者には地震や津波，台風（ハリケーン・サイクロン），竜巻などが，後者には公害，薬害，原発事故などが考えられる。もちろん，この区別の境界は流動的だ。防災や減災の備えが不十分であれば，人為的災害の側面が大きくなる。これに世界的な格差社会の問題が関係する。21世紀に入ってからも，2004年のスマトラ沖大地震，2005年の黒人居住者の多いアメリカ南部を襲ったハリケーン，2007年バングラデシュを襲ったサイクロン，さらには2008年の四川大地震や2010年のハイチ大地震などで，経済社会構造の格差が被害の大きさに影響を与えている面が決して少なくない。

　日本における災害の社会的側面の研究は，1923年の関東大震災に関して歴史学などからも多数アプローチされている。この震災時に，いわゆる朝鮮人虐殺などがあったという面も知られている。だが「災害」の社会学的研究の進展に大きな影響を与えたのは，1950-60年代の反公害運動やその後の環境保全などの地域住民運動であろう。1970年代には災害社会学が実質上，展開されていた。だが学説展開に関していえば，1990年代の地球環境問題の意識の高まり，阪神淡路大震災，東日本大震災が災害社会学研究を大きく進展させたと述べてよい。

　そこで問われたのは，主に次の諸項目である。1）被災者の救助・支援，2）国や自治体の復興政策，3）情報メディアのあり方，4）防災・減災のあり方，5）地域コミュニティの復興問題，である。しかしながら，グローバル化時代の災害に関してはさらに，一方で，6）国際支援のあり方や国内の多文化社会に関わる諸問題が，他方で，7）復旧過程における復興関連事業の問題がある。とくに前者6）では，国民優先で外国人居住者を含む多文化共生の問題が後景に退く事態，後者7）では，東日本大震災後の新自由主義的な企業活動（期に乗じた利潤追求のゆがんだ企業活動）の側面が指摘されている。

　要するに，グローバル化時代には，一地域で生じた災害も，これまでの国民国家的な枠内だけの問題ではなくなりつつある点が，国際社会学的には着目されなければならない。いまや一地方のローカルな問題のように見えるものが，グローバルな視野の下で，それゆえ「グローカル」に捉えなければならなくなっていると言えるのである。

10 Sociology of Earthquake Disaster

歴史的現在

　大震災を経た現在，興味深い話がいくつかある。20万人に上る死者を出したとされる2010年のハイチ大地震では，家屋の倒壊が著しく，多くの人びとが住む場所を失った。東日本大震災の場合も同様に，多くの人々が住む場所を失った。そこで，緊急の避難所の設置と，次いで仮設住宅の建設が求められた。福島の場合も，原発事故に伴って警戒区域外への避難生活を強いられた。だが，ハイチ大地震のケースでは，ブラジルの地方政府が仮設住宅を用意して，ハイチの被災者を数次にわたり受け入れたという報告がある。こうした大災害に関して，外国が支援物資や義援金など以外でこうした活動をするということは，日本では考えられないのではないだろうか。

　ただし，個人レベルではこうしたトランスナショナルな支援の例がある。韓国のあるクッキーメーカーの会長は，自分の所有するホテルを，日本人被災者の避難所的な仮設住宅として開放した。ソウル駅からバスで1時間半ほどの丘のふもとにあるそのホテルには，最盛期には30人ほどの東北の日本人被災者が避難生活を送っていた。個人レベルでは，ビザの問題など解決すべき問題も多いが，なによりもこの事実はあまり知られていないという問題もある。

　東日本大震災後，ある新聞はコラムで，外国人はみな帰国してしまったらしいので，日本は日本人が再建する以外にない，と記していた。これが一般の考え方に近いのではないだろうか。しかし，外国人留学生や日系人などが帰国をしないどころか，積極的に被災地でボランティア活動に取り組んでいた例も数多い。このようなトランスナショナルな活動に目を向け，検証・検討していくことも大災害や大震災の国際社会学にとっては一つの研究課題となる。

　そして何よりもこうした点を，この「歴史的現在」で示してきたのは，日本社会の歴史的現在をあぶりだすことになると思われるからだ。第二次世界大戦後から現在に至るまで，「日本は閉ざされた国だ」と言われてきた。外国人比率が低い，難民の受け入れも少ない，非熟練の外国人労働者を正面からは受入れずに研修生や実習生という名目でサイドドアから入れるなど，日本は外国人に正面のドアを閉ざしがちである。グローバル化という時代背景のなかで日本社会を考えることは，閉ざされた日本社会の歴史的現在を超えていく重要な作業なのである。

展望

　近くで子どもが転倒する場面に遭遇すれば，無意識のうちに駆け寄って起こしてあげようとする。怪我して出血し苦しんでいるような場合には，我が事のように感じて身体が共感的に反応する。「災害ユートピア」という言葉がある。ユートピアとは「どこにもない場所」が原義だが，災害時には被害に遭った他者に共振し支援しようとする意識と行動が見られる。それは，通常は見られないという意味で「ユートピア」と語られる。だが，身の回りの小さな災害や不幸に関しても私たちのなかに一定の反応が見られる点を考えれば，こうしたことは「どこにもない」ことではなく，「日常的なこと」だとも言えるだろう。

　多文化社会をめぐって語られる外国にルーツをもつ人々との共生の問題は，グローバル化時代の課題である。その基礎は，上述のような間主観的な「共感」「共振」であろう。それを土台に，「共助」が問われたのが大震災の教訓である。もちろん一方向的な思いだけでは長続きしない。双方向での思いを形にする社会システムのあり方も問われる。いかにして「共利」の道を切り拓き，いかにして「共治」の形を作り出すのか。目指すべき理想は「共歓」（conviviality）である。

　21世紀の中頃には，世界で15億人のトランスナショナルな移動者が生じると言われている。現代社会はトランスナショナル化社会であり，グローバル社会に向かう社会である。プラネット社会という用語も生まれている。社会をスナップ写真のように固定的に捉えるだけではなく，移動する人々に象徴されるような，つねに動き，変容する社会変動の過程として捉えることが重要だ。グローバル化時代に，社会学では方法論的トランスナショナリズムの視点が必要とされるが，同時に，変動する世界の把握と未来に向けた地球規模での構想の視点を付け加えていくことも，国際社会学の，それゆえグローバル社会学あるいは地球社会学の，重要な課題となろう。

【西原和久】

文献
大矢根淳他編［2007］『災害社会学入門』（シリーズ災害と社会1）弘文堂
西原和久［2010］『国家を超える社会の可能性［1］　間主観性の社会学理論』新泉社
ソルニット，R.［2010］『災害ユートピア』高月園子訳，亜紀書房
鈴木江理子編［2012］『東日本大震災と外国人移住者たち』明石書店
吉富志津代［2008］『多文化共生社会と外国人コミュニティの力』現代人文社

人名索引（アルファベット順）

A

アダム（Adam, B.） 245
アドルノ（Adorno, T. W.） 192,193,195
赤川学 59
秋元律郎 33,35
アルチュセール（Althusser, L.）
　　187,214,215,225
アンダーソン（Anderson, B.）
　　13,21,23,46,129,131,133,135
荒木美智雄 74,75
蘭由岐子 287
アーノルド（Arnold, M.） 225
浅田彰 214
浅野智彦 68,71,235
新睦人 183
オースチン（Austin, J.L.） 155
綾部恒雄 227

B

裴富吉（Bae Boo-Gil） 33,35
ベールズ（Bales, R. F.） 51
バリバール（Balibar, E.） 26,27
バーナード（Barnard, C. I.） 156,159
バルト（Barthes, R.） 225
ボードリヤール（Baudrillard, J.） 249
バウマン（Bauman, Z.） 231
ベック（Beck, U.） 13,15,231,259,265,267,
　　289,291
ベッカー（Becker, H.S.） 67,222,223
ベル（Bell, D.） 93,95,249
ベネディクト（Benedict, R.） 41,128
ベンヤミン（Benjamin, W.） 192-194
ベンサム（Bentham, J.） 211
バーガー（Berger, P. L.） 73,216,222
ベルクソン（Bergson, H. L.） 240
ベヴァリッジ（Beveridge, W. H.） 36,38,78
バーバ（Bhabha, H.K.） 226

ブラウ（Blau, P. M.） 205,207
ブルーマー（Blumer, H.） 201,203,217
ブドン（Boudon, R.） 205,207
ブルデュー（Bourdieu, P.）
　　15,139,181,191,215,228,231,238,239,
　　250,251
ブルーベイカー（Brubaker, R.） 22,23
バージェス（Burgess, E.） 49
バトラー（Butler, J.） 60,63,271

C

カーソン（Carson, R.） 115
カサノヴァ（Casanova, J.） 73
カースルズ（Castles, S.） 291
陳嬰嬰（Chen Yingying） 127
周蕾（Chow, R.） 226,227
クリフォード（Clifford, J.） 26,27
コールマン（Coleman, J. S.） 204,207
コリンズ（Collins, H.） 103
コント（Comte, A.）
　　11,105,180-182,190,196
クーリー（Cooley, C. H.） 145
コーザー（Coser, L.） 191
クルター（Coulter, J.） 223
クロスリー（Crossley, N） 261,263

D

ダーウィン（Darwin, C.） 105
ドゥルーズ（Deleuze, G.） 213
デンジン（Denzin, N. K.） 235
デリダ（Derrida, J.） 213,215
デカルト（Descartes, R.） 150
土場学 207
ドベラーレ（Dobbelaere, K.） 75
土井文博 183
土居健郎 41
デュルケム（Durkheim, É.） 65,66,70,72,
　　73,75,114,174,175,181,182,187,188,190,

191,197,209,230,238,240-244

E

エーダー（Eder, K.） 195
江原由美子 63,163
エリアーデ（Eliade, M.） 73
エリアス（Elias, N.） 231
エンゲルス（Engels, F.） 81,167,187
エリクソン（Erikson, E. H.） 69
エスピン-アンデルセン（Esping-Andersen, G.） 38,39

F

費孝通（Fei Xiaotong） 117,125,127,182
フィッシャー（Fischer, C. S.） 45,47
フーコー（Foucault, M.）
　63,109,111,165,167,211,214,226
フォックス（Fox, R.） 252,253
フロイト（Freud, S.） 208-211,213
フロム（Fromm, E.） 146,192-195,209,211
藤村正之 36,39
藤野豊 287
藤田弘夫 167
福武直 117
舩橋晴俊 115

G

ゴルトン（Galton, F.） 105,107
ガーフィンケル（Garfinkel, H.） 217,220
ギボンズ（Gibbons, M.） 100,103
ギデンズ（Giddens, A.）
　15,82,83,181,182,230,231,244
グレイザー（Glaser, B. G.） 203
ゴフマン（Goffman, E.） 191,203
ゴールドソープ（Goldthorpe, J. H.） 37,39
グリュンベルク（Grünberg, C.） 192
グライス（Grice, H. P.） 153-155

H

ハーバーマス（Habermas, J.）
　181,182,192,194,195,219,229-231,243,288
アルヴァックス（Halbachs, M.） 240,241
ホール（Hall, S. M.） 225,227
原純輔 179
ハート（Hardt, M.） 139,147,275
長谷川公一 115,266,267
ヘーゲル（Hegel, G. W. F.）
　50,51,180,182,185
ハイデガー（Heidegger, M.） 218
ヘルド（Held, D.） 15
ヘルバルト（Herbart, J. F.） 70
廣野喜幸 106,107
ホブズボウム（Hobsbawm, E.） 131
ホックシールド（Hochschild, A.） 237
宝月誠 179,203
ホガート（Hoggard, R.） 225
本田和子 69,71
本田由紀 68,71
ホネット（Honneth, A.） 192,195
ホルクハイマー（Horkheimer, M.）
　192,193,195
保坂稔 195,267
干川剛史 87
ハンチントン（Huntington, S.） 185
フッサール（Husserl, E.） 217,218
ハクスリー（Huxley, T.） 125

I

市野川容孝 104,107
飯田哲也 191
飯島伸子 115
石田忠 269,271
イリイチ（Illich, I.） 109,111
イム・ホーフ（Im Hof, U.） 135

井上俊　251
井上達夫　31
伊藤勇　201,203
伊藤守　267
伊藤雅之　75

J

ユング (Jung, C. G.)　209

K

加田哲二　33
梶田孝道　288,291
姜尚中 (Kan San-jung)　123,227
金森修　103
菅野仁　191
加納弘勝　119
苅谷剛彦　70,71
片桐雅隆　235
加藤秀一　63
カッツ (Katz, J. E.)　94,95
河村望　33,35
ケヴルズ (Kevles, D.)　107
喜多千草　88,91
鬼頭秀一　115
小林英夫　33,35
小泉順子　129,131
小松堅太郎　33
小森陽一　123
小谷敏　69,71
厚東洋輔　187
クーン (Kuhn, T.)　97,99,101
九鬼周造　40
熊野純彦　233
栗原彬　163

L

レヴィ＝ストロース (Lévi-Strauss, C.)
　50,51,213,225
ルフェーヴル (Lefebvre, H.)　246,247
レーニン (Lenin, V. I.)　81,167
レヴィナス (Levinas, E.)　232,233
ロック (Lock, M.)　253
ロンブローゾ (Lombroso, C.)　65,66
ルックマン (Luckmann, T.)　73,216,222
ルーマン (Luhmann, N.)
　155,159,181,182,199,229-231,244
ライアン (Lyon, D.)　95
リオタール (Lyotard, J. F.)
　83,213,234,235

M

マッキンタイア (MacIntyre, A.)　31
マッキーヴァー (MacIver, R. M.)
　145,156,159
真木悠介　245
マリノフスキー (Malinowski, B. K.)　197
マンハイム (Mannheim, K.)
　97,99,101.181
マルクーゼ (Marcuse, H.)　192,194
マーシャル (Marshall, T. H.)　19
丸山圭三郎　215
マルクス (Marx, K.)　81,164,167,170,181,
　182,184,185,187,214,230
松田美佐　95
松井洋　68,71
松本三和夫　103
モース (Mauss, M.)　238
マッグルー (McGrew, A.)　15
マクルーハン (McLuhan, H. M.)
　13,248,249
ミード (Mead, G. H.)　149,151,195,200-20
　3,217,244,245
メルロ＝ポンティ (Merleau-Ponty, M.)
　218,238,239,261
メリアン (Merrien, F.)　38,39
マートン (Merton, R. K.)

66,67,97-99,101,103,174,175,191,197,248
三上剛史　243
ミラー（Miller, M. J.）　291
ミルズ（Mills, C. W.）　171,174,217
ミンコフスキー（Minkowski, E.）　245
ミッツマン（Mitzman, A.）　210,211
望月嵩　48,51
モンテスキュー（Montesquieu, C.）　125
ムーア（Moore, W. E.）　244
森岡清美　48,51
森岡正博　253
森真一　243
森田安一　135
本橋哲也　227
マオア（Mouer, R.）　43
村上陽一郎　171
マードック（Murdock, G. P.）　49,51
武藤滋夫　206

N

ネス（Naess, A.）　112
長岡克行　199
長瀬修也　283
中河伸俊　223
中島秀人　103
中島道男　191
中根千枝　41
中沢啓治　271
中里至正　68,71
成田康昭　89,91
ネグリ（Negri, A.）　138,139,147,275
ニーチェ（Nietzsche, F.）　213
新津晃一　119
西原和久　15,43,82,83,151,167,171,219,295
西山茂　75
新渡戸稲造　40
新田孝彦　100,102,103
野家啓一　99,235

野口悠紀雄　33,35

O

小笠原真　147
小熊英二　41
小倉充夫　119
岡敦　219
岡田晴恵　111
岡田朋之　94,95
岡原正幸　237
小此木啓吾　68,71
オリバー（Oliver, M.）　281,283
オルソン（Olson, M.）　205
大村英昭　75
オング（Ong, W. J.）　249
オルテガ（Ortega, y G.）　146,147
尾高朝雄　33
大谷信介　179
大矢根淳　295

P

パレート（Pareto, V.）　197
パーク（Park, R.）　46,47
パーソンズ（Parsons, T.）
　49,51,109,114,174,181,182,191,197,198,201,209-211,216,217,219,220,229,230,242,243,253
ピンチ（Pinch, T.）　103
プラトン（Plato）　105
サーサス（Psathas, G.）　223
パットナム（Putnam, R.）　45

R

ラドクリフ゠ブラウン（Radcliffe-Brown, A. R.）　197
レンジャー（Ranger, T.）　131
ロールズ（Rawls, J.）　29

ルナン（Renan, E.） 131
リースマン（Riesman, D.）
　　146,147
リッツア（Ritzer, G.） 231
ロバートソン（Robertson, R.） 19,291
ロブソン（Robson, W. A.） 37,39
ロスマン（Rothman, D.） 253

S

サイード（Said, E.） 27,139,226,233,251
賽漢卓娜 279
サン゠シモン（Saint-Simon, C.） 180
斉藤純一 31
坂田勝彦 287
櫻井龍彦 123
サンデル（Sandel, M.） 29
佐野正彦 67
サルトル（Sartre, J.-P.） 218
サッセン（Sassen, S.） 46,47
佐藤健二 251
佐藤成基 275
佐藤俊樹 91,159
佐藤慶幸 85,87
佐藤裕 163
ソシュール（Saussure, F. de） 212,213
シェーラー（Scheler, M.） 250
シュッツ（Schutz, A.）
　　216-220,222,229,244
関礼子 263
関根政美 25,27
セネカ（Seneca, L. A.） 245
清水盛光 117
新明正道 33
ショーター（Shorter, E.） 49,51
ジンメル（Simmel, G.）
　　44,46,47,149,151,181,188,189,191
シンガー（Singer, P.） 112
スミス（Smith, A.） 125,184
ソルニット（Solnit, R.） 295

スパー（Spar, D. L.） 279
スペンサー（Spencer, H.）
　　105,125,181,182,196
スペルベル（Sperber, D.） 155
スピヴァク（Spivak, G. C.） 138,139,251
シュタイン（Stein, L. von） 182
シュタイナー（Steiner, R.） 265
ストーン（Stone, C.） 112
ストラウス（Strauss, A. L.） 203
杉本良夫 41,43
杉野昭博 283
杉田敦 31
杉山明子 179
孫立平（Sun Liping） 125
砂原茂一 111
鈴木江理子 295
鈴木大介 91

T

平英美 223
高田保馬 33
高城和義 111,199
高橋由典 237
高倉正樹 279
高根正昭 173,175
竹沢泰子 25-27
田中重好 127
田中正造 260
樽本英樹 275
テイラー（Taylor, C.） 29,31
トンチャイ（Thongchai, W.） 129,131
徳川直人 200,203
徳永恂 187
富永健一 117
テンニース（Tönnies, F.）
　　145,181,182,188,191
ターナー（Turner, B. S.） 19,238,239,259
タイラー（Tyler, E.） 225

U

内田樹　215
右田紀久恵　79
上野千鶴子　63,223
上杉富之　107
梅棹忠夫　93,95
海野道郎　179
アーリ（Urry, J.）　231
内海成治　84,87
宇都宮京子　15,82,83,183

V

ヴォーゲル（Vogel, E. F.）　41

W

脇阪紀行　135
ウォーラースティン（Wallerstein, I.）
　　13,26,27,137,139,257,259
ウォルツァー（Walzer, M.）　29
和辻哲郎　40
ヴェーバー（Weber, A.）　250
ヴェーバー（Weber, M.）
　　73,82,114,149,151,164,165,167,170,
　　171,174,175,181,182,184,186,187,191,
　　197,204,209,210,214,217,230,242
ウェブスター（Webster, F.）　95
ヴァイル（Weil, F.）　192

ウェルマン（Wellman, B.）　45,47
ホワイト（Whyte, W. F.）　175
ウィーナー（Wiener, N.）　249
ウィレンスキー（Wilensky, H. L.）　37,39
ウィリアムズ（Williams, R. H.）　225
ウィルソン（Wilson, D.）　155
ワース（Wirth, L.）　44-47
ヴィトゲンシュタイン（Wittgenstein, L.）
　　223
呉文藻（Wu Wenzao）　125

Y

八木晃介　163
矢島正見　67
山田昌弘　55
山之内靖　33,35
山崎敬一　63
山崎泰彦　76,79
米本昌平　107
吉田純　91,147
吉原直樹　119
吉見俊哉　249,251
吉野耕作　41,43
吉岡斉　270,271
吉富志津代　295

Z

朱安新（Zhu Anxin）　127
折暁葉（Zhu Xiaoye）　127

執筆者一覧（＊は編者、他あいうえお順）

西原和久＊（にしはら かずひさ）　　編者紹介参照
保坂稔＊（ほさか みのる）　　編者紹介参照

秋吉美都（あきよし みと）　　専修大学教授
芦川晋（あしかわ しん）　　中京大学准教授
阿部純一郎（あべ じゅんいちろう）　　椙山女学園大学准教授
井腰圭介（いこし けいすけ）　　帝京科学大学教授
今井隆太（いまい りゅうた）　　愛知大学他非常勤講師
翁川景子（おいかわ けいこ）　　武蔵大学他非常勤講師
大谷栄一（おおたに えいいち）　　佛教大学教授
郭基煥（カク キカン／KWAK Kihwan）　　東北学院大学教授
倉島哲（くらしま あきら）　　関西学院大学教授
小坂有資（こさか ゆうすけ）　　愛知みずほ大学他非常勤講師
後藤悠里（ごとう ゆり）　　名古屋大学障害学生支援室学生相談員
酒井信一郎（さかい しんいちろう）　　共立女子大学他非常勤講師
佐藤直樹（さとう なおき）　　静岡大学助教
佐野正彦（さの まさひこ）　　鹿児島国際大学教授
芝真里（しば まり）　　成城大学他非常勤講師
朱安新（シュ アンシン／ZHU Anxin）　　南京大学副教授
杉本学（すぎもと まなぶ）　　熊本学園大学准教授
鈴木宗徳（すずき むねのり）　　法政大学教授
周藤真也（すとう しんや）　　早稲田大学准教授
関守章子（せきもり あきこ）　　九州中央リハビリテーション学院非常勤講師
瀧則子（たき のりこ）　　ジェンダー論研究者
筒井淳也（つつい じゅんや）　　立命館大学教授
德久美生子（とくひさ みおこ）　　武蔵大学他非常勤講師
葉柳和則（はやなぎ かずのり）　　長崎大学教授
張江洋直（はりえ ひろなお）　　大正大学教授
檜山和也（ひやま かずや）　　朝日大学他非常勤講師
シルヴァン・ブラン（Sylvain BRUN）　　日仏比較社会学研究者
干川剛史（ほしかわ つよし）　　大妻女子大学教授
堀田裕子（ほった ゆうこ）　　愛知学泉大学准教授
皆吉淳平（みなよし じゅんぺい）　　慶應義塾大学他非常勤講師
矢田部圭介（やたべ けいすけ）　　武蔵大学教授
渡辺克典（わたなべ かつのり）　　立命館大学准教授

編者紹介

西原和久 (にしはら かずひさ)

東京都生まれ

現職：成城大学社会イノベーション学部教授・名古屋大学名誉教授，博士（社会学），東京社会学インスティテュート代表，ほか

専門分野：社会学理論，現象学的社会学，グローバル化とアジア，国際社会学

単著：『社会学的思考を読む』人間の科学社，1994年／『意味の社会学』弘文堂，1998年／『自己と社会』新泉社，2003年／『間主観性の社会学理論』新泉社，2010年／『トランスナショナリズムと社会のイノベーション』東信堂，2016年

編著：『現象学的社会学の冒険』青土社，1991年／『権力から読みとく現代人の社会学・入門』有斐閣，1996年／『水・環境・アジア』新泉社，2007年／『現代人の社会学・入門』有斐閣，2010年／『現代人の国際社会学・入門』有斐閣，2016年，ほか

共著：『岩波講座 現代社会学 別巻 現代社会学の理論と方法』岩波書店，2006年／『社会学理論の〈可能性〉を読む』情況出版，2001年／『聞きまくり社会学』新泉社，2006年，ほか

訳書：A. シュッツ『シュッツ著作集』（全4巻）マルジュ社（共訳），1983-1998年／S. ヴァイトクス『「間主観性」の社会学』新泉社（共訳），1996年／N. クロスリー『間主観性と公共性』新泉社，2003年／N. クロスリー『社会学キーコンセプト』新泉社（監訳），2008年／N. クロスリー『社会運動とは何か』新泉社（共訳），2009年／N. クロスリー『社会的身体』新泉社（共訳），2012年ほか

保坂稔 (ほさか みのる)

宮城県生まれ

現職：長崎大学大学院水産・環境科学総合研究科／環境科学部教授，博士（社会学）

専門分野：社会学理論，社会調査論，環境社会学

単著：『現代社会と権威主義』東信堂，2003年／『緑の党政権の誕生』晃洋書房，2013年

論文：「権威主義的性格と環境保護意識――破壊性の観点を中心に」『社会学評論』209号，2002年／「権威主義的性格と子どもの頃の親子関係」『ソシオロジ』第144号，2002年／「『啓蒙の弁証法』における理念の位置――ホルクハイマーの啓蒙的歴史像」『社会学史研究』第24号，2002年／「大規模駅開発「シュツットガルト21」反対運動のフレーム」『環境社会学研究』第17号，2011年，ほか

増補改訂版
グローバル化時代の新しい社会学 ist books

2007年11月30日　第1版第1刷発行
2016年 6月30日　増補改訂版第2刷発行

編　　者＝西原和久，保坂　稔

発行者＝株式会社　新　泉　社
東京都文京区本郷 2-5-12
振替・00170-4-160936番　　TEL03(3815)1662／FAX03(3815)1422
印刷／萩原印刷　製本／榎本製本

ISBN978-4-7877-1308-7　C1036

西原和久 著
間主観性の社会学理論
国家を超える社会の可能性 [1]

いま日本社会学は、国内志向の、実証的・価値中立的な研究に閉じ込められようとしていないか。私たちの思考と行動の「ナショナルな枠」を問い直し、ポスト・グローバル化時代の社会像を追究する社会学的思考を提起する。
四六判上製／320頁／2600円+税

西原和久 著
自己と社会
現象学の社会理論と〈発生社会学〉

自己の問題を社会との関係のなかでとらえ、権力や制度の問題を問い直す著者の社会理論考察の集大成。ヴェーバー、ミード、エスノメソドロジーなどを射程に入れ、現象学的社会学の視点から「社会の生成」を読み解く。
A5判上製／332頁／3800円+税

西原和久、岡 敦 著
ist books
聞きまくり社会学
「現象学的社会学」って何？

グローバル化時代ゆえに進展する社会現象、そして新たな社会の見方をとりあげ、簡潔に、わかりやすく分析・紹介するイストブックスシリーズの第1弾。不透明な時代だからこそ注目される現象学的社会学を解説しまくる。
A5判／160頁／1800円+税

ニック・クロスリー 著、西原和久 訳
間主観性と公共性
社会生成の現場

人間関係や個人の行動を、社会からとらえていく間主観性論の展開。間主観性概念の明解な整理と、この概念のもつ社会理論としての可能性を問う。イギリス社会学の若き俊英の初邦訳。ピエール・ブルデュー論も収録。
A5判上製／384頁／4200円+税

ニック・クロスリー 著、西原和久 監訳
社会学キーコンセプト
「批判的社会理論」の基礎概念57

最新の社会学・社会理論を読み解くために必要不可欠な基礎概念と新しい概念を徹底解説。正確な意味、理論家がその概念を用いる意図、論争点がよくわかる。社会学用語集の新たなスタンダード。
A5判／520頁／3800円+税

ニック・クロスリー 著、西原・郭・阿部 訳
社会運動とは何か
理論の源流から反グローバリズム運動まで

合理的行為者理論・資源動員論・政治過程論・争議レパートリーといったこれまでの社会運動論を批判的に吟味し、反企業闘争、反グローバリズム運動にも論及して、新たな社会運動論を提示する。
A5判上製／392頁／4200円+税

ニック・クロスリー 著、西原和久・堀田裕子 訳
社会的身体
ハビトゥス・アイデンティティ・欲望

「我思うに、ゆえに我あり」デカルトの有名な命題が近代哲学の幕開けとなった。一方で、それは心身の二元論を生み出した。メルロ＝ポンティ、ブルデューを参考にし、人間と自然の関係を問う新しい社会学を提起する。
A5判上製／344頁／3800円+税

西原和久 編
水・環境・アジア
グローバル化時代の公共性へ

グローバルに広がる環境問題の解決に向けて、水俣・琵琶湖・メコン川での取り組みから、これからの公共的・実践的アプローチを提案。宇井純「水俣の経験と専門家の役割」、嘉田由紀子「近い水・遠い水」ほか。
A5判／192頁／2000円+税